작가 사신私信 연구 방법론

박종석

작가 사신私信 연구 방법론

박종석

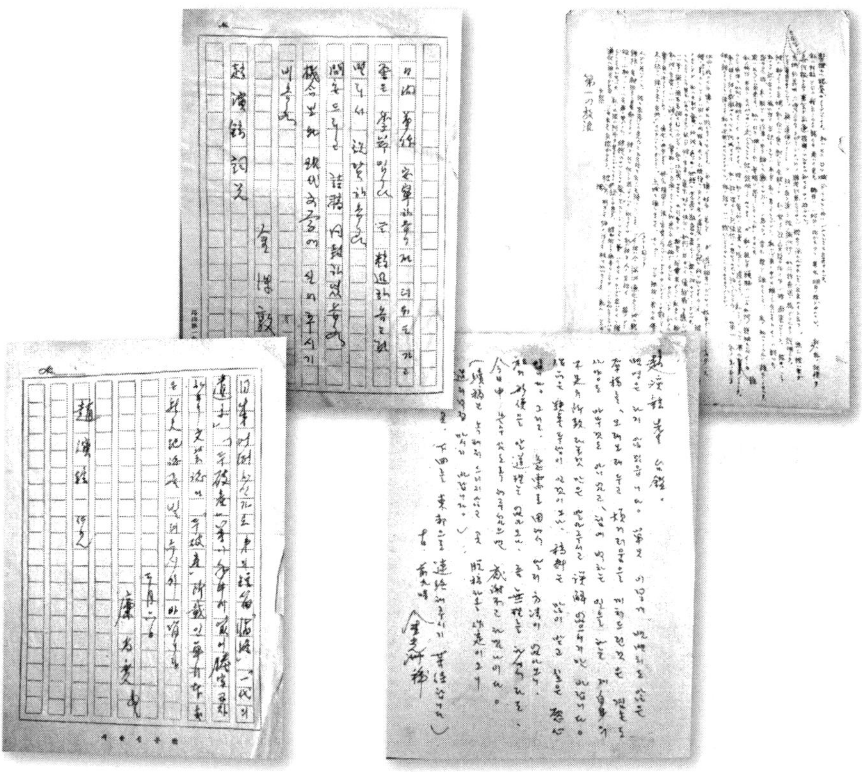

도서출판 월인

목차

Ⅳ. 작가 사신 연구 방향성과 가치

머리말

이 책은 작가들의 문학 세계와 한국문학사의 확장 가능성 그리고 한국문단사의 이면을 밝히기 위해 작가들의 정신세계를 담은 친필 사신 기록물을 대상으로 분석 및 연구 과정과 방법론을 정리한 『작가 사신 연구 방법론』이다. 한국 문단에서 40년이 넘게 잊혀진 작고 문인이며, 《문예》와 《현대문학》의 주간이며 문학사가(文學史家)인 조연현(趙演鉉, 1920~1981)을 찾아 그의 삶과 문학의 명암을 2005년 울산에서 집필해 2006년에 『조연현 평전』을 출간했다. 2005년 조연현의 정릉 자택을 방문했을 당시, '디지털 원고 시대'인 현재로부터 100년이 넘은 근현대 작고 문인들의 사신 기록물을 정리하고 보관한 조연현의 〈작고 문인 사신철〉의 존재를 확인했다. 그리고 17여 년의 세월을 보낸 뒤 2022년 8월, 〈작고 문인 사신철〉과 2022년 10월 또 다른 '작고 문인 사신철 뭉치'를, 그리고 2023년 3월에 '작고 문인 사신' 일부를 본격적으로 발굴하여 분석과 연구를 하는 과정에서 『작가 사신 연구 방법론』의 구상과 집필 그리고 출판이 가능했다.

작품과 작가는 작품론과 작가론을 기반으로 하여 궁극에는 한국문학사와 한국문단사로 정립된다. 작품 세계의 시간적 개념은 전집이나 평전이고, 작가 세계의 공간적 개념은 입체적인 문학관이다. 이 두 접점에서 작가와 작품이 '빛'을 발할 때 한국문학사와 한국문단사는 또 한번 '빛'을 발한다. 이 '빛'을 강렬하게 뿜을 수 있게 하는 원동력은 작가의 전기적 요소와 작품의 문학적 요소를 〈작가 사신 기록물〉이 담고 있다. 이 〈작가 사신 기록물〉의 위치는 당연히 작가의 전집에 있어야 할 것이고, 평전의 사실적 근거이며, 또한 작가의 체취(體臭)를 살아 숨 쉬게 만드는 문학관에 전시되어야 할 텍스트이다. 이 텍스트에 대한 분석과 연구의 방법론이 바로 『작가 사신 연구 방법론』이라는 판단을 필자는 하고 있다.

『작가 사신 연구 방법론』은 『조연현 평전』에서 출발했고, 이 평전은 『작가 연구 방법론』(2002년 초판 / 2005년 수정판 / 2007년 수정 증보판)을 근거로 집필했다. 특히 이 모든 졸저의 출발은 송욱(宋稶, 1925~1980)이었다. 유종호, 홍기창, 전영태, 김유중, 황정산, 황현산, 이승원, 조동구, 이승하, 조영복 등과 함께 필자는 송욱에 대한 논의를 내놓았다(이승하 엮음, 『송욱』, 2001). 송욱은 만해 연구와 관련이 깊고, 최학출 교수가 주목한 비평가였다. 공업도시 울산에 거주하는 필자의 초라한 서가의 중간 중간에는 문학적 열정을 담았던 졸저 몇 권과 함께 최학출, 송욱, 만해 한용운(韓龍雲, 1879~1944)의 사진이 채우고 있다. 최학출 교수는 '깊은 침묵의 빛'을 가진 노학자였다. 송욱은 만해 문학에 독보적인 분석력을 가진 비평계의 이단아(異端兒)이다. 그리고 만해는 민족지사요, 민족 시인이다. 필자에게 이들은 모두 학문과 문학뿐만 아니라 정신적 스승이었다. 최학출 교수는 송욱을 통해 한국문학사의 수직적 깊이를 가늠하고 있었으며, 문학사가인 조연현을 통해 수평적 넓이를 들여다보고 있었다. 필자는 작고 20주기 기념으로 송욱의 수직적 깊이를 『송욱 문학 연구』(2000)와 『송욱 평전』(2000)으로, 작고 25주년이 지나서 조연현의 수평적 넓이를 『조연현 평전』(2006년)으로 정리한 바가 있다.

송욱 문학을 연구하면서 작품 연구만으로는 그 작가의 문학 세계를 모두 밝힐 수 없다는 한계를 인식하고서는 작가 연구의 필요성을 절감했고, 이러한 생각을 구체화하여 『작가 연구 방법론』을 집필하여 출간했다. 작가 연구에 천착했던 필자는 국내에서 작가 연구의 이론적 토대가 부족하다는 결론에서 졸저를 출판해 나름 한국 작가 연구에 변화가 있었다고 생각한다. 이유는 2000년 이후 박사 학위 논문의 이론적 배경이 필요했다는 연구자들의 도움 요청이나 여러 작가들에 대한 평전의 출판이 가속화되었음을 볼 수 있었기 때문이다. 또한 전국 대학에서 작가론의 전공에 부합하는 전공 서적으로 이름이 올랐고, 실제 강의에서 활용되었음을 여러 경로로 전해 들었다. 이는 작가 연구의 중요성과 필요성을 증명한 것으로 필자는 판단한다.

『작가 연구 방법론』을 근거로 필자는 한국문학사와 한국문단사의 위치를 점검할 수 있는 『조연현 평전』을 출판했다. 송욱 작품 연구에만 몰두하여 작품 세계의 지속성과 변화 지점을 정리했으나 작가 연구를 하면서 유족들로부터 건네받은 시집에서 송욱 시인이 자신의 문학 세계를 정리한 메모를 발견했다. 이처럼 작품 연구와 동시에 작가 연구를 병행하면 한 작가의 세계를 입체적으로 밝힐 수 있었다. 여기에는 작가의 친필이 큰 의미가 있음을 알았다. 그래서 작가의 친필은 작가와 작품 연구에 결정적인 영향이 있다는 점에서 특히 작가 사신은 매우 중요한 자료임을 알 수 있었다. 작가 연구자 입장에서 좀 더 정확하고 고증적인 자료 접근의 필요성을 절감하게 되었는데 작가 사신 기록물이 이러한 역할을 한다면 작가 사신의 연구 가치는 분명하다.

작가 연구에서는 유족과 대상 작가와 밀착된 문우들의 인터뷰가 유용하면서도 또한 절실하다. 다만 이들의 상반된 견해에 대한 처리와 판단이 연구자의 큰 고민거리이다. 인터뷰 대상자의 개인적 의견과 시각들이 작가 연구에 긍정적인 영향을 미친다는 점과 함께 작가와 관련된 지배적인 영향이 부정적으로 영향을 미칠 경우, 작가 연구에 오류(誤謬)와 왜곡(歪曲)이 고착화된다는 맹점이 있다. 그래서 필자는 작가 연구에서 수정판의 필요성을 강조한 바가 있다. 사실 이보다 더 중요한 객관성과 고증의 가치는 작가의 육성이나 메모, 그리고 사신 기록물이다. 이 중에 작고 문인의 경우 그의 사신 기록물의 가치는 단연코 결정적인 고증 자료라 할 수 있다. 왜냐하면 일상적인 작가의 삶과 작가, 작품과 관련된 그의 면모를 사신 기록물이 가장 사실적으로 드러내기 때문이다. 뿐만 아니라 작가의 일상생활을 포함한 문단 활동과 관련된 창작 심리, 창작 태도까지 사신 기록물을 통해 전달된다.

'사신은 작가이다'라는 명제는 중요하다.

사신 기록물이 작가와 작품을 떠나는 순간, 일상적인 서간문(書簡文)이 되는 것이다. 그러나 작가와 작품과의 관계 속에서는 일상의 서간문이 아니라 작가 사신 기록물이 되는 것이다. 그래서 작가 사신 기록물은 작품과 작가의 관련성을 찾아 작가와 문학 세계를 밝히는 선행 작업의 텍스트이며 연구 텍스트라고 할 수 있다.

작가의 사신 기록물은 작가의 모습이다.

작가의 모습과 작품 세계가 보인다는 의미이다. 염상섭의 사신을 보면 근현대 소설의 방향을 결정한 염상섭이, 민족 지사 이육사의 절친 신석초의 사신에서는 신석초가 남긴 시 정신이 보인다. 그리고 짧고 강렬했던 고석규의 삶과 평문이 보인다. 작가의 작품을 통해 작품 세계를 파악하지만, 동시에 작가의 사신 기록은 곧 작가의 내면 심리이기 때문에 작품 이해에 도움이 되는 것은 당연하다.

이와 같은 사신 기록물에 대한 연구를 하게 된 계기는 『조연현 평전』에서 출발했다. 필자는 "그(조연현)는 말년에 작가들이 쓴 편지들을 모은 〈작고 문인 사신철〉을 직접 정리해 묶어(Scrap-book)두고 1981년 11월 24일 현대문학사를 떠났다."고 『조연현 평전』에서 밝혀 놓았다. 그리고 2022년 3월 초에 유족에게 연락해 무려 17여 년이 지난 지금, 8월 1일(월)에 본격적으로 〈작고 문인 사신철〉 연구를 시작했다. 이 사신 기록물을 연구하던 중, 한국문단사의 연구 필요성과 작가와 작품의 상관성을 사신 기록물을 통해 연구할 수 있다는 판단으로 『작가 사신 연구 방법론』의 집필에 이르렀다. 『작가 연구 방법론』이 작가 연구의 한 분야로 범주화되었듯이 『작가 사신 연구 방법론』 또한 문학 연구에서 보편적인 틀로 기능을 할 수 있었으면 하는 바람이다.

조연현 작고 후 42년 동안 서울 정릉 자택에 보관되었던 〈작고 문인 사신철〉의 45명의 작고 문인과 따로 보관된 '작고 문인 사신철 뭉치'의 60여 명의 문인들은 한국 근현대 작가들이며, 이들의 사신 기록물을 검토하고 연구하는 동안 작가 사신의 연구에 필요한 이론적 토대가 부족하다는 사실을 알았다. 그래서 작고 문인들의 사신을 열람, 분석함과 동시에 이론적 토대를 정립하여 졸저 『작가 사신 연구 방법론』을 세상에 내놓는다. 물론 졸저에 인용하는 사신 자료의 대부분은 조연현의 〈작고 문인 사신철〉에서 가져왔다. 그리고 통영 시인 차영한이 제공하고 혹은 필자가 발로 뛰어 확보한 사신 자료들도 포함되어 있다.

이 졸저의 출간을 시작으로 하여 아직까지 정리되지 못했거나 연구자료로 활용되지 못한 전국의 수많은 문학관에 수집되어 있는 사신 기록물 그리고 작가 사신 기록물을 발굴 및 연구로 작가들의 문학 세계를 조망할 필요성이 있다. 그리하여 작가들의 문학관의 모습을 갖추는 데 일조할 것이라고 생각한다. 작가의 세계를 공간적으로 형상화한 문학관과 함께 작가의 세계를 시간적으로 조명할 수 있는 작가 평전이나 전기, 그리고 〈작품 연보〉와 〈작가 연보〉 작성까지 포함한 작가 전집에도 객관적인 자료의 역할을 하기 때문에 작고 문인들의 사신 기록물의 연구는 중요하다고 생각한다. 그리하여 작가와 작품이 새롭게 정립되는 한국문학사와 한국문단사를 확장하는 계기가 될 것이라는 점에서 문학 연구자들이 관심을 가져야 한다.

또한 객관적이고 과학적인 문학 연구 방법의 새로운 영역으로 자리잡기를 바라는 필자의 생각이 앞서 다소 부족한 『작가 사신 연구 방법론』이지만 애정을 가진 동학과 후학들의 질책을 기대하며 출판한다.

연구를 위해 많은 도움을 주신 조연현의 따님 조혜령과 유족 그리고 부족한 문학적 안목에 깊은 관심을 보여주신 서울대 김유중 교수님과 바다를 볼 수 있도록 마음을 열어 준 울산 시인 권주열, 그리고 월인 출판사 관계자에게도 감사의 마음을 꼭 전하고 싶다.

늘 사랑하는 가족에게도…

2023년, 울산 〈작가 사신 기록물 연구소〉에서

山淸 박종석

I

사신 연구의 필요성

1

작가 사신(私信) 연구의 개념 및 가치

작가 사신(私信) 연구 방법론은 작가들의 심리와 정신세계 그리고 창작 활동과 관련된 사신 기록물을 검토하고 분석해 얻은 정보를 활용해 작가와 작품의 세계를 입체적(立體的)으로 조망하는 연구이다. 또한 작가의 문단 활동 혹은 창작 활동 등을 구체적으로 분석해 작가의 사회적 환경과 시대적인 배경에서 나타난 작가의 창작 심리, 창작 태도 등도 파악하여 작품의 심층 구조를 이해하기 위해 작가 사신을 텍스트로 하는 연구이다. 나아가 작가의 문단 활동, 작가들과의 교유 관계를 파악하여 작가의 전기적 사실이나 작품의 창작 배경까지도 파악할 수 있는 연구 방법론이다. 그래서 작가 사신 연구는 작가의 문학 세계와 문학사의 영향 관계 등을 규명할 수 있는 작용을 작가의 사신은 반드시 한다는 전제에서 출발한다. 작가 사신이 작가와 작품 세계를 밝히는 자료로서 '빛'을 발할 때 작가 사신 연구 방법론이 문학 연구의 일반형의 범주에 보편화되는 것이다.[1]

---

1 김윤식, 『(속)한국근대작가론고』, 일지사, 1984, 121쪽.
"전기적 자료와 문학적인 것의 관계가 서로 빛을 던져 줄 때 문학 연구 방법으로서 가장 선명한 작가 연구가 된다."(위의 책, 121쪽). 전기적 자료와 문학적인 것의 관계에 필자는

작가 사신 기록물을 통해 작가의 작품과 관련된 중요한 정보를 파악할 수 있을 뿐만 아니라 미발굴 대표작을 탐색할 수도 있다. 물론 작가의 필체나 당시의 표기법에 대한 어학적 연구는 부가적인 연구 가치 부분이다. 당시의 수사적 글쓰기 방식을 통한 문체적 특징 또한 부가적이기는 하나, 작가의 문체적 특징과 작가의 화법 연구까지 가능하다. 이처럼 작가 사신 기록물 연구는 작가와 작품 세계를 밝히는 연결 고리임과 동시에 다양한 측면에서 연구 가치가 있다는 점을 인식할 필요가 있다.

한국문학사에서 거명되는 작가들의 사신 발굴 작업 그리고 소외된 작가들에 대한 연구와 비평이 소홀한 것이 사실이다. 연구 대상이나 비평적 관심 밖에 있는 작가들의 문학성과 작가 정신은 자연스럽게 소외될 수 밖에 없으나, 사신 기록물 연구를 통해 새로 발굴할 수 있는 작가와 작품이 존재한다는 점에서 사신 연구의 계기가 될 것이라는 기대는 현실이 될 수 있다. 가령 박목월(朴木月, 1916~1978)이 추천한 오용수(吳容秀) 시인라든가, 한국시문학사의 무지개로 평가 받은 청록파(靑鹿派)를 추천했던 정지용(鄭知容, 1783~?)에게 추천된 김수돈(金守敦, 1917~1966) 시인, 이태준(李泰俊, 1904~?)에게 추천된 임옥인(林玉仁, 1915~1995) 그리고 목포의 소설가 박화성(朴花城, 1903~1988), 서근배(徐槿培, 1928~2007) 등도 이에 속한다. 그리고 요절한 비평가 고석규(高錫珪, 1932~1958)와 김종후(金鍾厚, 1930~1958), 시인 최인희(崔寅熙, 1926~1958), 소설가 최인욱(崔仁旭, 1920~1972)과 함안의 조진대(趙眞大, 1920~?) 등등….

이들 가운데는 작가의 기본적인 자료인 『한국작가전기연구』와 『국어국문학자료사전』 등에서도 찾을 수 없고, 간혹 인터넷에서 산발적으

주목하여 작가 사신 연구 방법론의 일반형의 범주를 고민했다. 작가의 전기적 요소 가운데 사신 기록물은 가장 중요한 자료라고 할 수 있다. 사신 기록물에서 문학적 요소와 결부되는 점을 탐색하고 분석하여 작가와 작품의 세계를 발견하고 문학사, 문단사까지 정리하는 방법이 작가 사신 연구 방법론인 것이다. 이러한 방법이 문학 연구의 일반적 모형이며 일반형의 범주에 속한다는 것이 필자의 관점이다.

로 확인이 되거나 특정 지역에 답사해야만 파악되는 작가들도 있어 연구가 필요하다. 심지어는 특정 지역에서만 작가 문학상의 수상까지 수십 년째 진행된 작가들도 더러 있는 현실이다. 한국문학사는 적어도 지역적 한계를 벗어나 작가의 문학 세계와 문학 정신을 담보로 평가된 문학의 지형도여야 한다. 이를 위해서는 단연코 연구자들이 폭넓게 작가와 작품 연구에 매달려야 함은 당연하다. 이에 작품과 작가의 정신세계를 밝힐 수 있는 새로운 텍스트인 사신 연구가 반드시 필요하다는 점을 인식할 필요가 있다.

[자료 1]

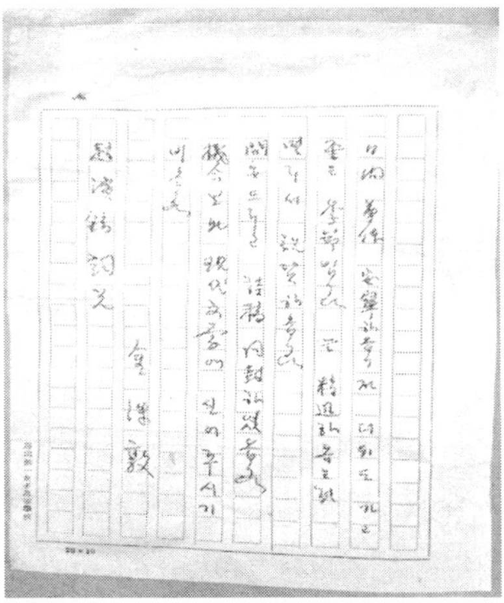

김수돈의 사신

[자료 2]

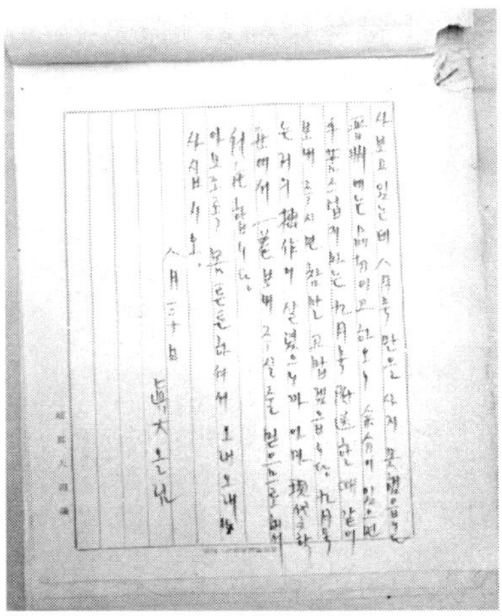

조진대의 사신

위에서 열거한 **[자료 1]**과 **[자료 2]**를 남긴 두 작가의 사신 기록물을 통해 작가와 작품에 대한 자료 발굴과 연구의 계기가 될 수 있을 것이다. 거대한 문학 정신을 정리한 한국문학사에서 작가와 관련된 각종 자료의 보존과 연구가 이루어져야 함에도 불구하고 오히려 흩어져 있거나 소실된 경우도 많다.

서울 강북구 우이동 육당 최남선(崔南善, 1890~1957)의 고택이 2003년 서울시 문화재 지정 대상에서 제외되었다. 이 때문에 육당의 고택에 보관된 편지, 사진첩 등의 유품이 도둑맞아 모두 사라졌다. 유품 속의 사진, 서적 등과 함께 특히 그가 남긴 사신은 육당의 새로운 면모를 밝혀줄 단서들이다. 그런데 이 사신들이 최남선의 입체성을 드러낼 수 있는 고증된 자료라면 참으로 안타까운 일이다. 사라진 육당의 사신이 분명 존재한다면 발굴해 육당의 명암을 다시 조명해야 할 것이다. 한국근대문학에서 1910년대의 문학적 천재성과 역사적 친일성 사이의 명암을 폭 넓게 밝힐 흔적이 지금부터 이미 20년이 지났고, 또한 사라짐과 동시에 앞으로 수많은 시간이 지날 것이다. 물론 춘원 이광수(李光洙, 1892~1950)의 창작 공간도 사라졌다. 안타까운 일은 같은 해 「빈처」 작품으로 한국근대소설사에서 사실주의 대표 작가로 꼽히는 현진건(玄鎭健, 1900~1943)의 고택도 철거되었다는 사실이다. 그리고 박목월이 말년에 시작 활동을 했던 용산구 원효로의 시간도 사라져 버렸다. 또 한 번 한국 근대문학의 흔적이 사라졌다. 이제라도 한국문학의 흔적과 사신의 보존이 절실해 보인다.[2]

무엇보다도 작고 문인들의 사신들을 근현대 작가 사신 기록물로서 검토할 필요성이 있다. 2022년 8월 문화재청에서 민족시인 〈이육사의 친필 편지와 엽서〉가 국가기록물 문화재로 등재된다고 알렸다.[3] 시인이

---

2 박용래, 한성기와 함께 대전의 향토적 시인 정훈(丁薰, 1911~1992)의 고택이 사라질 위기에 처했다고 한다. 일제 강점기였던 1930년대부터 충청 문학의 기틀을 다졌던 시인이었다. 1945년 광복 후, 대전 최초의 문예지인 《향토》와 《동백》을 창간한 요람이기도 하다. 특히 박용래 시인의 창작 공간도 이미 2008년에 사라져 공용주차장 한 편에 표지석으로만 남아 있다(신상구-충청문화역사연구소장, 《중부매일》, 2016, 6. 29).

3 미국의 제16대 대통령(1861~1865) 링컨(1809~1865)이 남북 전쟁 중에 쓴(1861년 8월 19일) 미공개 사신 1통이 대략 1억 원 이상에 경매되었다는 점에서 사신의 현실적 가치를 볼 수 있는 사례이다. 역사적인 인물의 쓴 것이라는 점에서 보면, 〈작고 문인 사신철〉에 등장한 작가들은 한국 문학에 끼친 영향력의 가치를 부여할 수 있을 것이다. 아직 경매가 되지 않았다.

기도 한 이육사(李陸史, 1904~1944)의 일상적인 안부, 생활고에 대한 걱정, 건강을 기원하는 내용 등 1930년대 당시 근황을 담아 친척과 친구에게 보낸 친필 사신과 엽서이다. 한문으로 작성한 친필 사신을 통해서는 《중외일보》 대구지국 시절 당시 그가 겪었던 생활 형편을 짐작할 수 있으며, 2점의 친필 엽서는 시인 신석초(申石艸, 1909~1975)와의 우정을 담았고, 고향을 그리워하는 내용도 담겨 있어 인간적인 면모를 볼 수 있다는 점에서 귀중한 사료의 가치를 공표한 것이다. 이러한 평가 이면에는 무엇보다도 이육사 정신과 시대의 고통을 뛰어넘는 그의 시 정신이 사신 기록물과 결부되어 있기 때문이다.

장편 서사시 「국경의 밤」으로 민족의 고통을 노래한 시인 김동환(金東煥, 1901~?)[4]의 부인이었던 소설가 최정희(崔貞熙, 1912~1990)는 6·25 전란 중 피난(避亂)하면서도 '밥보다 더 중요한 문인들의 편지'를 챙겼다고 하는 이야기는 조연현이 고이 간직했던 〈작고 문인 사신철〉의 가치를 새삼 떠오르게 한다. 〈작고 문인 사신철〉에 등장하는 근현대 작가들이 한국 문학사의 줄기와 뿌리 역할을 담당했다는 점과 함께 한국문단사의 숨은 이야기를 담고 있다. 따라서 이들이 남긴 사신 기록물을 대상으로 연구할 필요성이 있었고, 이 연구를 위한 작가 사신 연구 방법론의 이론적 토대가 반드시 필요한 것임은 분명하다. 즉 문학사적으로 가치있는 작가들의 사신 기록물을 대상으로 이러한 방법론이 일반적으로 적용 및 통용된다는 전제에서 작가 사신의 연구 대상을 정리할 필요가 있다.

작가 사신 기록물 연구의 필요성과 가치를 정리하면 다음과 같다.

첫째, 작가 사신 기록물의 다양한 내용은 작가의 문학 세계를 탐색하는 보조 자료로서 가치가 있다. 기존의 작품 연구에서 선행 연구나 자료 발굴에 의존하는 관행과 달리 사신 기록물에는 다양한 내용이 담

4 1929년 6월 12일 창간한 대중 잡지 《삼천리》 편집인 겸 발행인.

겨 있을 수 있기 때문에 사신 연구 방법론이 필요한 이유이다. 이런 연구 방법론은 새로운 연구 대상과 내용에 대한 가치를 평가하는 데 활용될 수 있을 것이다.

둘째, 작가 사신 기록물에 등장하는 작품 관련 내용 등은 작품의 창작 의도 및 배경을 밝히는 텍스트이기 때문에 작가의 작품 세계를 연구할 수 있다.

셋째, 작가 사신 기록물은 작가의 내면 심리와 창작 태도가 적나라하게 표현되어 있어 작가와 작품 연구에 도움이 된다.

넷째. 작가별 연구자들의 노력으로 정리된 연구서들은 작가의 미발굴 사신 자료가 공개되면서, 작가 세계를 밝히는데 새로운 전기가 마련되기 때문에 작가 연구와 더불어 사신 기록물 연구는 중요하다.

다섯째, 단순한 자료 전시 수준의 작고 문인 사신 기록물이 아니라 전국에 산재한 작가 문학관의 면모를 갖추는 데 사신 기록물 연구는 필수적이다. 이는 작가 문학관의 가치를 세우는 일이기도 하다.

여섯째, 전집류에 소개될 수 있는 사신 기록물에 대한 체계적인 연구는 작가들의 전집이 체계를 갖추는 데 반드시 필요한 연구이다.

일곱 번째, 작가 평전(評傳)이나 작가 전기(傳記) 집필 시에 필요한 〈작가 연보〉나 〈작품 연보〉를 작성할 때 필요한 고증적인 자료로써 사신 기록물은 유용하다. 특히 작가 유족들의 인터뷰와 연구자의 연구 결과로 빚어지는 의견 대립과 충돌에 대한 부담이 있다. 따라서 고증된 사신 기록물에 대한 의미 해석은 공정할 수 있다는 장점이 있다.

결국 작가 사신 기록물의 체계적인 연구와 발굴은 작가 연구의 기초적인 작업이다. 이러한 연구와 발굴은 한 작가의 문학성과 문학사 및 문단사를 밝히는 일이다. 여기에 작가 사신 연구 방법이 하나의 도구가 될 수 있다. 나아가 사신 연구가 문학 연구의 한 방법론의 성격을 가질 수 있는지에 대한 고민도 함께 숨어 있다. 왜냐하면 문학 연구는 문학

자체를 관찰함으로써 시작되는 것이 자명한 일이고, 작품 외부에서 생김새를 뜯어봄으로써 그 존재가 파악되는 대상은 아니라는 점 때문이었다. 심지어는 문학은 창작하든가 즐겁게 또는 유익하게 읽을 물건(대상)이지 아예 연구를 할 물건(대상)이 아니라 문학 연구를 문학 관련 사실에 대한 연구로 한정시키는 데에만 집중되었다.[5] 즉 어떤 작가가 어떤 작품을 몇 연도에 창작했고, 등장인물이 몇 명인지, 인쇄 활자는 어땠는지 등 확증할 수 있는 순수 객관적인 사실들만 연구해야 한다는 것이다.

그러나 작품의 궁극적인 세계를 탐색하는 연구 방법론이 필요함은 우선 문학비평사의 특징과 변화가 이미 증명했고, 역사주의 방법의 명암을 거치면서도 형식주의 그리고 구조주의, 포스트모더니즘까지 변화를 이미 보았다. 여기에 작품과 관련된 어떤 도구로든 논리적이고 합리적이며 체계적인 방법론으로 접근이 가능하다면 문학 연구를 긍정적으로 접근해 볼 가치가 있을 것이라는 점 때문에 작가 사신 연구 방법이 유의미한 시론적(試論的) 성격도 있는 것이다.

작가 사신 기록물은 작가의 일상적인 삶과 심리적 내면을 솔직하게 담고 있으면서도 작품과 관련된 창작 활동 등이 담겨 있어, 작가들의 작품에는 반드시 이런 내용들이 직간접적으로 녹아 있다는 점 때문에 문학 연구의 효용성도 있음을 확인할 수 있다. 구체적인 사례를 통해 하나의 방법론으로 설명이 될 수 있다.

다음 장은 사신 기록물의 연구 대상과 범위에 대한 설명이다.

---

5 이상섭, 「제1장 서설」, 『문학의 이해』, 서문문고, 1996, 18쪽.

2

연구 대상 및 범위

문학 연구자들의 노력으로 개별 작가에 대한 체계적인 논의를 통해 상당 부분 작가의 문학 세계가 밝혀지고 있다. 그리고 작가의 다양한 문학 세계의 변화는 기존 텍스트에 대한 새로운 해석 혹은 자료 발굴을 통한 연구인데, 이러한 텍스트 역시 기존의 방법론 혹은 현대 문예 비평 이론을 활용해 왔었다. 그런데 시각을 조금 달리하여 작가의 사신 기록물을 통해 파악한 새로운 정보로 작가와 작품에 대한 해석이 가능하다면 이를 적극 활용할 필요가 있다. 즉 작가 사신 기록물은 작가를 포함하여 작품의 안과 밖 그리고 문단을 동시에 볼 수 있다는 측면이 있기 때문이다.

그리고 작가가 남긴 사신 기록물이 일상을 다루거나 혹은 작가와 작품 관련 내용을 통해 작가와 작품 세계 전체를 조망하는 것이 어려운 것 또한 사실이다. 현재까지는 사신 기록물 자체가 문학 연구 대상이 되지 않았기 때문이며, 또한 사신 내용 자체에도 작가와 작품과의 관계가 직접적인 것이 아닐 수도 있기 때문에 연구자의 안목에서 벗어나 있었던 것이다.

가령 짧은 사신 몇 줄이 적힌 일상의 삶, 사무적인 이야기, 그리운 안부 그리고 일상적인 경제 활동, 친구 관계 등이 담긴 사신인 경우도 있다. 사신의 기능이 본래 그렇기 때문이다. 그나마 작가와 작품의 이야기를 담고 있다면, 이는 작가 사신 기록물의 직접적인 가치이기도 하다. 따라서 작가와 작품이 관련된 사신 기록물을 찾는 것이 중요하다. 작가나 작품에 대한 기존 연구를 확대해 갈 수 있는 단서가 되기 때문이다. 연구자의 관점이 사신과 어떤 눈으로 부딪히느냐에 따라 작가와 작품에 '생명'을 불어 넣을 수가 있다. 그렇기 때문에 단순한 서간문(書簡文)이 아닌 작가 사신 기록물로서 치밀하고 체계적으로 분석하여 연구해야만 한다.

문학 작품 속의 사신이나 작품 밖에서의 작가들의 사신은 모두 예술 작품과 관련된 의미가 있다. 작품과 작가의 가치를 밝히는 데 사신은 의미와 기능이 있기 때문에 연구 대상이 되는 것이다. 가령 『심청전』에서 심청이 인당수에 몸을 던지기 전에 장승상 댁 부인과 주고받은 사신과 마찬가지로 『춘향전』에서 춘향이 변학도의 수청 거절로 절체절명의 순간에 몽룡에게 보낸 사신들은 등장인물의 내면 심리와 서사의 흐름에 변화를 가져오는 명작이 되는 사신의 기능이 있는 것이다.

지금으로부터 400년이 넘은 고성 이씨 이응태의 무덤 속에서 부인이 쓴 사신이 발견되면서 조선판 '사랑과 영혼'으로 알려졌다. 이 사신은 단순히 아내가 남편에게 보낸 사신에만 그치는 것이 아니라 2인칭인 '자네'라는 호칭이 나타나 국어학계의 새로운 연구 자료 그리고 조선시대의 남녀 관계를 비롯한 당대 가문 등을 파악할 수 있는 사신 자료이다. 네덜란드 출신이며 서양 미술사상 가장 위대한 화가 중 한 사람인 빈센트 빌럼 반 고흐(1853~1890)가 동생 테오에게 보낸 사신에는 한 예술가의 삶과 창작의 고통을 짐작할 수 있는 사료적 가치가 분명히 내재해 있음을 알 수 있다. 현대 문예 이론과 연구에 많은 생각을 제공한 유대인 출신의 마르크스주의자이자 문학평론가이며 철학자인 발터 벤야민

(1892~1940)과 독일의 사회학자, 철학자, 피아니스트, 음악학자 그리고 작곡가인 테오도어 루트비히 비젠그룬트 아도르노(1903~1969)가 히틀러 정권을 벗어나 망명지에서 철학과 문학 그리고 학문의 세계를 사신으로 논의하는 가치를 엿볼 수 있었다.[6]

이처럼 사신은 그 쓰임과 기능에 따라 가치가 있다는 전제에서 특히 본고에서는 작가들의 사신을 연구 대상으로 한정해 연구할 필요성을 설명하고자 한다. 특히 작가의 사신은 작가의 창작이라는 문학적 요소와 작가의 삶이라는 전기적 요소가 중첩되어 있다고 보아야 한다.

작가 사신 기록물을 연구 대상으로 하면 다양한 기준으로 나눌 수는 있으나 연구 편의상 작고 문인과 현역 작가로 나누어 연구 대상으로 분석할 수 있다. 이들의 사신을 분석하고 연구하는 과정에서 시대별, 작가별로 지향하는 문학 세계의 공통점이 드러나기 때문에 자연스럽게 연구 대상과 기준도 나누어진다. 작가 사신 기록물의 연구 대상은 작가의 작품 활동 전후와 문학사에서 검증된 작가와 작품의 가치와 열정을 판단하여 첫째는 작고 문인, 둘째는 현역 작가로 나누어 접근한다면 정리가 될 것이다. 그러나 대개의 경우는 작고 문인 사신물을 연구 대상으로 삼을 수밖에 없다. 작고 문인(기성 작가)은 이미 문단, 문학사, 문학관, 평전 등의 다양한 정보로 작고 문인을 이해할 수 있다. 그럼에도 불구하고 사신에 접근하여 분석할 경우, 작가와 관련된 새로운 정보를 파악할 수 있다. 즉 새로 발굴된 작가 사신 기록물의 경우 일정한 방법론으로 접근하고 분석하여 새로운 작가의 면모를 입체적으로 조명할 필요가 있다.

그리고 현역 작가는 작품 활동이 현재성으로 이어지고 있기 때문에

---

6 히틀러 시대에 예술 전반에 대한 두 이론가의 고민과 사상을 담은 사신의 번역서(아도르노, 벤야민 / 이순예 옮김, 『아도르노-벤야민 편지(1928~1940)』, 길, 2018)로 연구 대상과 가치를 생각해 볼 수 있는 참고 자료이다. 미국의 자본주의에 유대계 망명 지식인들의 지적 자산이 결합할 때, 두 지식인들은 이들과 달리 '딴 세상'(역자 명명)에 대한 구체적인 논의를 사신 연구를 통해 들여다볼 수 있다.

인터뷰나 작가 메모 정도로도 활용이 가능할 것이다. 물론 현역 작가들이 사신을 쓴 경우 이들에게 직접 인터뷰로도 해결이 가능하기 때문에 연구 대상으로 삼기보다는 방계 자료로 활용하는 것이 유용할 것이다. 따라서 작고 문인을 연구의 주대상으로 하되, 연구자의 필요에 따라 현역 작가를 대상으로 하는 것이 자연스럽다.

본고에서는 작고 문인의 발굴 사신을 대상으로 연구 과정을 정리한 것이며, 이 방법론에 제시한 예시는 필자가 발굴한 조연현의 〈작고 문인 사신철〉과 몇몇 분으로부터 도움을 받아 직접 수집한 자료들이다.

그리고 작가와 작품이 관련된 사신 기록물의 경우, 작가가 특정 작가에게 보낸 사신 기록물만 포함되는 것이 아니라 사신 연구의 필요성에 따라 특정 작가와 관련된 제3의 작가에게 보낸 사신 기록물도 포함되어야 한다. 가령 염상섭(廉想涉, 1897~1963) 사신 기록물을 연구할 때, 염상섭이 조연현에게 보낸 사신의 경우가 전자에 해당한다. 그리고 후자의 경우는 오영수 사신 기록물을 연구할 때, 조연현에게 보낸 사신 기록물을 포함하되 백철(白鐵, 1908 ~1985)이 오영수에게 보낸 사신 기록물도 포함하여 연구하는 경우라고 볼 수 있다. 김영랑(金永郎, 1903~1950)이 정지용(鄭芝溶, 1903~1950)에게 보낸 사신, 이상(李箱, 1910~1937)과 이효석(李孝石, 1907~1942)이 최정희(崔貞熙, 1912~1990)에게, 이육사(李陸史, 1904~1944)가 신석초(申石艸, 1909~1975)에게, 이상이 김기림(金起林, 1908~?), 안회남(安懷南, 1910~?), 정인택(鄭人澤, 1909~1953)에게 보낸 사신 기록물도 사신 연구에 매우 귀중한 자료[7]이다. 이들의 사신 기록물이야말로 문학성의 한국문학사와 작가와 작품의 관련성을 짚을 수 있는 한국문단사에 확장성과 심미성을 밝힐 단서들이 포함될 가능성이 충분하기에 더욱 더 사신 기록물 연구는 필요한 것이다.

7 『사랑을 쓰다 그리다 그리워하다』, 루이앤휴잇, 2016.

동경에 건너간 이상이 "졸작 「날개」에 대한 형의 다정한 말씀 골수에 스미오. 지금은 문학 천 년의 회신(灰燼 : 흔적 없이 타 없어짐)에 돌아갈 지상의 최대 걸작 「종생기」를 쓰는 중이오. 부디 이 억울한 내 출혈을 알아주기 바라오. 《삼사문학》 한 부를 호소로(弧小路: 김기림이 거처하던 곳) 집으로 보냈는데 받았는지 모르겠구려! 요새 《조선일보》 학술란에 근작시 「위독」을 연재 중이오, 기능어, 조직어, 구성어, 사색어로 된 한글 문자 추구 시험이오! ―1938년 1월 초순, 오전 4시 반 이상―"이라는 내용으로 김기림에게 보낸 사신에 주목할 필요성이 있다. 이 사신으로 작품성에서 걸작이라고 언급한 이상의 「종생기」, 동인 활동의 《삼사문학》에 대한 연구와 창작 기법과 창작 태도까지 연구할 필요성이 제기되는 것이다. 그리고 이상 스스로 걸작이라고 평가한 「종생기」의 주인공이 소설가 최정희[8]를 모델로 했다는 사실까지도 염두에 두고 연구할 필요성 또한 의미가 있는 것이다. 그리하여 사신 기록물 연구로 이상의 입체성이 그려진다. 황금찬(黃錦燦, 1918~2017) 시인이 박목월에게 사신 두 통을 보냈다[9]고 하니, 박목월 사신 연구에서도 참고할 필요성이 있다. 한국문학사에서 조연현과 최남선, 김수영(金洙暎, 1921~1968), 이상이 주고받은 사신을 발굴한다면 작고 문인 사신을 연구 대상으로서의 가치가 충분할 것이다.

그리고 사신 기록물의 발굴과 공개의 단서는 발신자인 작가 자신이 보관하고 정리한 경우보다는 수신자가 대부분이다. 간혹 유족이 보관한 경우, 교유 관계에 있었던 특정인이 보관해 있었던 경우 그리고 특정 작가에 대한 관심 독자가 수집 및 보관한 경우 등이 있을 수 있다. 이러

---

8 여류소설가. 호는 담인(淡人). 함경남도 단천 출생. 재연(在淵)의 4남매 중 맏딸이다. 숙명여자고등보통학교를 거쳐 1929년 중앙 보육 학교를 졸업하고 경상남도 함안유치원 보모로 근무.

9 황금찬, 「다정한 시인 목월」, 『돌아오지 않는 시간의 저편』, 신지성사. 2000, 71쪽.

한 자료의 발굴 및 열람은 근본적으로 기존 작가들의 연구사에서 새로운 시각을 부여하는 데 목적이 있다. 즉 작품 연구에서 사신 기록물은 보조 자료로서 작가와 작품의 이면에서 조망될 수 있는 내용을 밝히는 데 그 기능이 있다. 궁극적으로 사신 기록물 연구는 한국문학사와 한국문단사에 작가들의 위치를 정하는 과정이기도 하다.

근현대 작고 문인을 대상으로 하는 작가 사신 연구는 근현대 작가들에 대한 다양한 연구서를 참고하여 작가의 새로운 모습을 드러낼 수 있다. 물론 사신 기록물은 작가들의 내밀한 이야기가 담겨 있기 때문에 생존 작가의 경우, 본인이 직접 의사 표명이 가능하기 때문에 장애물은 없는 것으로 보인다. 다만 사신 연구에서 중요한 것은 사신 기록물은 확증된 자료여야 한다. 이를 증명하기 위해서는 발신자-수신자의 관계 확인이 필요하며, 작고 문인의 경우는 사신 내용이 작가와 작품의 의미를 밝힐 수 있는 가치있는 연구 수준이면 가능하나 발신자 혹은 수신자의 사생활의 노출이 문제시되는 경우는 연구의 가치 여부를 판단해야 한다. 그러나 문학사적 가치를 기준으로 보면 사적이지만 내밀한 내용조차도 작가 연구에 도움이 될 수 있다. 그래서 작가 사신 내용과 관련된 유족의 불편함이 없다면 연구가 가능하다. 물론 사신 연구에서 사신 원본 확정, 사신의 내용 검증, 그리고 작가와 작품의 내용 규명과 한국문학사의 가치 검증 등이 먼저 필요하다.

사신 연구의 대상과 범위에 대한 결론을 정리하면 다음과 같다.

첫째, 현역 작가는 연구자가 직접 확인이 가능하다는 점에서 사신 연구에 제한적인 대상으로 삼고, 주로 작고 문인의 사신을 연구 대상으로 삼는다.

둘째, 작가 사신은 일상적인 안부로부터 경제 활동, 동인 및 창작 활동 등과 같이 다양한 내용이지만 반드시 작가와의 관련성을 짚을 수 있도록 깊은 관찰과 분석으로 연구 대상을 삼아야 한다.

셋째, 작가가 특정인에게 보내거나 반대의 경우도 가능하며, 작가끼리 주고받은 경우 두 작가에 대한 연구가 동시에 이루어질 수 있는 사신이기 때문에 연구 대상이 된다.[10] 작가 사신 연구는 위의 세 가지 요건을 동시에 충족하는 과정이 필요하다. 즉 작고 문인 대상으로 사신 연구를 하면 그 내용의 다양성과 동시에 발신자와 수신자의 관점에서 분석되고 그 결과가 정리되기 때문이다.

먼저 작가 사신 기록물 연구에서 연구자가 고려해야 하는 기초 작업 사항을 이해하고, 이를 근거로 하는 사신 연구가 필요하다. 사신 연구 기초 작업은 연구자가 갖추어야 할 기본 소양이며 사신 연구에 필요한 요소이기도 하다. 작고 문인 사신 연구에서 무엇보다 중요한 것은 사신의 내용이다. 그래서 사신에 기록된 언어 표기 및 표현에 대한 이해와 발신자인 작가의 정보 수집 및 이에 대한 해석과 적용의 판단 역량이 필요하다. 사신 연구에서 그 내용과 관련된 작가와 작품에 대한 이해도가 있을 때, 사신에 숨어있는 짧고 강렬한 의미 해석이 풍부해진다. 또한 사신 텍스트만으로 이해가 어려운 경우에 작가 주변의 고증적인 인터뷰가 반드시 필요하다. 물론 작가 사신 연구 발표 이후에도 새로운 자료와 고증의 인터뷰는 존재할 수 할 수 있기 때문에 이 또한 관심을 기울여야 한다.

작가 관련 사신 존재 여부를 알지 못했던 작가 주변 인물들이 이를 접근했을 때에 새로운 정보와 사실들을 인터뷰하거나 작가와 관련된 의

---

10 작가 사신 연구는 발신자 - 작가 사신 - 수신자의 관계로 정립(鼎立)된 '상호 작용성 연구'가 전제이다. 다만 본고에서는 발신자에 대한 답신으로 수신자의 사신(발신자의 역할)을 확인 및 발굴로 사신의 상호 작용을 검토하는데 한계가 있었다. 즉 발신자의 사신에 대응하는 수신자의 인터뷰 혹은 답신 기능의 수신자의 사신 기록물을 추적 발굴하여, 사신 내용을 이해하는데 근거가 되는 점을 부인할 수는 없지만 필자의 또 다른 노력과 연구 의지가 필요함을 인정한다. 이는 사신 연구에서 답신의 사신 기록물을 발굴 및 연구하더라도 또 다시 수신자는 발신자이기 때문에 사신 기록물이 작가들의 의사소통 기능의 측면에서나 내용 이해 측면에서나 반드시 '상호 작용성 연구'가 필요하다,

견을 담은 사신을 수신자에게 보낼 수도 있다. 이에 대한 확인은 작가와 작품 연구에 치밀하면서도 객관적인 세계를 담는 데 부수적이긴 하나 중요한 작업이기도 하다.

다음 장에서는 합리적인 근거와 체계적인 사신 연구의 방법인 기초 작업 내용(Ⅱ장)과 세 단계 적용법(Ⅲ장)에 대해 실제 사례를 들어 연구자들의 이해도를 높이려고 했다.

Ⅱ

사신 연구의 기초 작업

예술 작품의 내용을 담은 인쇄로부터 작품의 재생산과 이에 따른 대량 생산 그리고 소비의 확대 시대에 일반 대중의 접근성은 확산되었으나 '그 예술 작품'이 가진 '아우라'까지는 담아내지 못했다. 작품의 '아우라'는 상실되었으나 작품의 메시지만 담은 매체 미학으로 포장하여 대체하고 있는 현실이다. 이것이 기술 복제 시대의 예술의 특징이다. 그러나 작품의 원본의 가치는 작품 그 자체에 있다는 사실은 변하지 않는다.

작가들이 직접 쓴 사신은 그 서체와 함께 사신 내용이 존재할 때 '아우라'를 품게 된다. 즉 작가 육필의 사신이라고 할 수 있다. 이 '아우라'의 가치를 좀 더 구체화할 수 있는 방법이 '아우라'를 담은 사신 기록물에 숨겨진 내용을 밝히는 매체 미학이다. 작품뿐만 아니라 작가의 모든 면모를 담은 매체는 연구자의 해석과 연구의 출발점이다. 그래서 작가의 내밀한 심리를 직접적으로 표현한 작가 사신을 본고에서는 그 서체와 함께 작가의 '아우라'를 담은 기록물이라고 할 수 있는 평가로 출발한다.

작가의 '아우라'는 초간본의 작품집에서도 확인할 수 있다.

민족시인 김소월(金素月, 1902~1934)[11]의 『진달래꽃』은 시집 자체에 대한 가치뿐만 아니라 민족 정서를 담은 시 정신을 언어로 형상화되었다. 1930년대 전통주의와 모더니즘을 독자적으로 노래한 천재 시인 백석(白石, 1912~1996)의 『사슴』과 1940년대 민족 암흑기의 애환, 자아의 염결성(廉潔性)을 읊조린 윤동주(尹東柱, 1917~1945)의 『하늘과 바람과 별과 시』는 문학의 정신사적 가치를 담고 있다.[12] 이들의 시 정신은 결국 시인의 특수한 언어

11 호는 소월(素月). 본명은 정식이며 서춘·이돈화·김억을 스승으로 모시고 배웠다. 시작 활동은 1920년 《창조》에 시 「낭인의 봄」·「야의 우적」·「오과의 읍」·「그리워」·「강」 등을 발표하면서 시작됐으며 주로 《개벽》을 무대로 활약했다. 시작 활동은 시집 《진달래꽃》을 내고 《개벽》에 시론 〈시혼〉을 발표함으로써 절정에 이르렀다. 1981년 예술 분야에서 대한민국 최고인 금관문화훈장이 추서됐으며 시비가 서울 남산에 있음.

로 형상화했기 때문에 시어 분석을 통해 작가 정신을 확인할 수 있다. 작가의 정신세계를 담은 작품 외에 작가의 내면 심리를 담은 사신 자체에 대한 가치뿐만 아니라 사신에 담긴 작가의 정신세계를 표현한 언어에 따라 가치가 부여될 수 있다. 그래서 작가 자신만의 서체와 함께 특수한 언어를 사용한 작가 사신에 담긴 내용을 연구할 가치가 있는 것이다. 작가 사신에 담긴 작가의 정신세계는 작품을 분석하고 연구하는 방법론으로 적극 활용할 필요성이 있다.

'작가란 무엇인가'라는 문예학의 기본 테제를 명시하는 것은 어려우나, 작가의 역할과 기능은 분명 시대를 뛰어넘는 가치가 있음을 부인하기 어렵다. 그래서 우리들은 역사 속의 인간성을 탐구해 온 작가와 작품을 연구했던 것이다. 특히 작고 문인의 경우는 우리들에게 끼친 현실적이며 정신적인 영향이 크기 때문에 탐구되어야 할 타당성이 있었다. 작가의 세계를 규정하는 것은 어려웠으나 연구자들의 탐구와 연구로 일정 부분 규명을 했을 뿐이다. 어떤 시대이든 그 시대마다 작가가 담고자 했던 작품 세계를 규명하는 일은 진행형인 것이다. 이 규명 작업에 문인의 사신이 중요한 역할을 할 것이라는 단정에서 사신 연구가 가능한 것이다. 그래서 사신 연구는 작가의 개념 규정을 위한 보조 개념으로서 좀 더 체계적이며 객관적인 방법론이 필요하다.

작가의 '아우라'를 담은 작가 사신 기록물의 내용을 이해하기 위해 몇 가지 접근 방법이 필요하다. 사신 연구의 기초 작업은 순서를 정해 연구하는 것이 아니라 사신에 따라 필요한 부분을 분석하고 연구하는 것이지만 기초 작업에 필요한 요소를 인식하는 것이 중요하다. 첫째, 작가들의 사신은 작가의 사무적인 일과 내밀한 심리까지를 포함한 다양한 생각을 전달하려고 할 때 작가들이 생존했던 당대의 언어를 표현 수

---

12 박종석, 「구본준의 "한국의 글쟁이들"」, 『우리 시대의 독자』, 한국학술정보, 2022, 155쪽.

단으로 삼았다는 점을 생각해야 한다. 둘째, 작가들의 사신 자체에 대한 본격적인 연구가 매우 까다롭기 때문에 작가와 관련된 연구 문헌 자료의 도움이 필요하다. 작가와 관련된 직접적인 연구서(작가 자료)와 간접적인 자료(방계 자료)를 참고해야 할 필요성이 있다.[13] 셋째, 앞의 둘째로 부족한 경우에는 작가 사신과 관련된 유족 혹은 주변 인물들의 인터뷰가 절실한 경우이다.

근현대 작가들의 사신은 오늘날 사용하는 언어 표현법과는 다소 다르다는 점을 고려해야 한다. 작가의 언어 표현에 담긴 사신 내용이 이해가 된다면 발신자(혹은 수신자)의 작가 정보를 수집, 정리해야 한다. 그리고 사신 내용 이해에 필요한 방계 자료에 대한 이해와 분석력이 있어야 하며, 이 자료를 이용해 작가 사신 분석에 활용할 수 있는 역량을 갖추어야 한다. 또한 필요에 따라 작가 주변 인물들의 인터뷰도 필요하다. 작가 사신의 기록 연대가 현재와 먼 거리에 있다는 점을 비롯해 작가 주변을 인터뷰해야 하는 연구자의 심리적 부담까지도 감내해야만 그 '아우라'에 다가갈 수 있다. 다만 인터뷰 대상자 선정에 있어 작가의 사신 기록물과 밀접한 활동이나 관계자여야 하며, 당연히 대상 작가에 대한 하나의 사실에 대해 양면적인 의견이 제시될 수 있기 때문에 신뢰도를 감안해 판단해야 한다.[14]

---

13 작가 사신 연구의 기초 작업에 〈2. 작가 자료 수집〉과 〈3. 방계 자료 이해〉는 작가와 관련된 참고 문헌 자료로 중첩되는 부분은 있으나 연구 편의상 구별하였다. 작가 사신을 통한 작가와 작품 연구에 직접적으로 관련된 자료 수집과 간접적인 방계 자료 이해로 정리하였음을 밝혀 둔다.

14 이중섭(李仲燮, 1916~1956)이 부인 이남덕(1916~2022)과 "주고받은 편지에서 서로에 대한 간절한 마음과 믿음이 느껴졌고, 70년 동안 홀로 산 부인"에 대한 궁금증으로 일본의 《마이니치》 신문사의 오누키 도모코가 이남덕을 세 차례 인터뷰를 했다. 인터뷰 과정에서 이남덕은 이중섭의 미공개 편지를 공개했다. 그리고 이중섭 가족에게 편지로 보낸 그림 51점을 '편지화'라는 장르로 규정해 미술사학자 최열은 『이중섭, 편지화』를 출간했다. 2015년 국립현대미술관이 1억 원에 이중섭의 '편지화'를 소장했다고 밝혔다. 천상병도 그림과 문양을 그려 조연현에게 보낸 사신을 '편지화'라는 개념을 적용해 연구할 가치가 있다는 생각이

특히 작가 사신은 실제로 작가의 전기적인 요소와 문학적인 요소가 결합되어 있어 이를 분석하고 분류하는 연구 작업이야말로 작가를 가장 잘 설명할 수 있는 분야라고 할 수 있다. 그래서 작가 사신 연구는 문학 연구의 한 범주로 체계적이면서도 엄밀한 과학적 인식 위에서 작가 사신을 하나의 텍스트로 간주하고 연구하기 위해서는 일정한 연구 과정으로 진행되어야만 한다. 이러한 연구 과정을 세분화하여 기초 단계와 구체적인 연구 방법 단계, 그리고 실제 사례를 들어 다음 장에서 정리할 것이다.

든다(《동아일보》, 2023. 8. 18).

1
언어 표현

첫째, 근현대 작가 사신들에 대한 언어 표기 및 표현법에 대한 이해가 있어야 한다.[15] 왜냐하면 일제 강점기를 전후해 일본어와 조선어 쓰기 교육[16]을 경험할 수밖에 없었던 근현대 작가들이 남긴 사신 기록물은 한자어가 섞인 행초서의 세로쓰기와 한글의 표기법을 동시에 사용하는 이중어 시대의 사신이기 때문이다. 실제 조선총독부의 제2차 조선인 초등교육확충계획에 따라 1937년을 기점으로 하여 1946년까지 일본어 보급을 확충하는 시도를 적극적으로 했으며, 당시 아동수의 6할인 대략 약 168만 명이 의무 교육을 받게 되었다.[17] 이 시대의 작가들은 대부분 일제 강점기 시대의 조선어 말살 정책에 따른 일본어의 강제 상용화와 해방 전후 외국어 유입에 따른 언어 질서의 혼란 시기에 창작 활동을 했던 세대였다.[18] 이런 시대적 상황 때문에 한국어보다 일본어 작품이

---

15 최경봉은 『우리말의 탄생』(책과함께, 2005)에서 우리말 사전이 만들어지기까지 50년 동안의 길고 험난했던 전 과정을 최초로 집중 조명한 책이라고 소개하고 있다.

16 김성준, 『일제강점기 조선어 교육과 조선어 말살 정책 연구』, 경인문화사. 2010.

17 호테시 토시히로, 「일제 말기 일본어 소설의 서지학적 연구」, 《문학사상》, 1996년 4월호(282호), 45쪽.

18 한수영, 『친일문학의 재인식 – 1937~1945년간의 한국 소설과 식민주의』, 소명, 2005.

당시의 각종 매체를 통해 발표되었다. 이로 인해 근현대 작가들은 한국문학사에서 자의든 타의든 친일문학론(親日文學論)의 논란에서 빠질 수가 없었다.

일제 강점기라는 혹독한 현실을 외면할 수 없었던 근현대 작가들의 원초적인 고뇌가 이들의 작품뿐만 아니라 사신 기록물에도 흔적으로 남아 있게 된다. 그래서 작가들은 쉽게 펜을 들 수 없고 들어서도 안 된다. 이것이 작가의 의식이며 작가 정신이다. 더구나 작가들의 내면 심리를 가감 없이 보여주는 사신 기록물의 이해야말로 작가의 정신세계를 보여주는 상징성을 포함하고 있기 때문에 이를 이해할 필요가 있는 것이다. 사신 기록물에 나타난 작가의 내면 심리를 창작과 문단 활동과 연결해 분석하고 연구하는 동안에 작가의 입체적인 모습을 그려낼 수 있다. 이러한 분석과 평가로 한국문학사에서 옥석으로 구분되어 서술하게 된다.

일제 강점기 말기에 《문장》의 작가 추천위원 활동을 했던 정지용은 주지한 바와 같이 청록파뿐만 아니라 한국시사의 주요 시인들을 배출한 큰 거목이었다. 정지용은 작가들에게 '좋은 원고지에다 예술성을 드러내는 바른 글씨'를 늘 요구했었다. 작가들마다 글씨체의 개성이 묻어나 있어 똑같은 필체는 없다. 그래서 작가 개인마다 특징을 드러내는 글씨체로 인해 쉽게 해독하지 못한 어려움도 고려해야 한다. 물론 해방 후 한국어 상용화로 민족정기를 회복하고자 한 작가들도 있었지만 일제 강점기 시대의 강제 교육으로 언어폭력에 시달린 작가들도 있었기 때문이다. 일제 강점기 시대에 활동했던 근현대 작가들 가운데에는 일본어 표현 그리고 친일문학론에 대한 논의에 연구자들의 고민이 놓일 수밖에 없다.

소설가 이호철(李浩哲, 1932~2016)의 경험담에 따르면, 1939년 초등학교에 입학하자마자 금방 우리글, 한글이 없어지는 비운과 맞닥뜨렸지만 나는 여섯 살 때 초등학교 3학년이던 열 살 누님에게서 배운 그 한글을,

8년 동안이나 깊숙이 안으로 감춰두고 있었던 시기를 겪었다고 했다.[19] 일제 강점기 시대와 6·25 동란 전후는 적어도 이호철의 삶과 그가 창작했던 소설과 떨어져 있다고 보기는 어렵다.[20]

다음 **[자료 3]**은 일제 강점기에 일어 교육과 해방 후 한글 상용화 시대의 성장과 창작 활동을 경험한 천상병(千祥炳, 1930~1993) 시인이 남긴 사신 중 일부이다. 천상병이 1989년 8월 22일(화)에 쓴 일기 중에는 일본어에 대한 언급이 남아 있다.[21] "집으로 오는 길에서 김락영 저 『표준 일본어 교본』을 빌렸다. 내 소원이 풀린 셈이다. 내가 일본어 교사가 되어서 한 달에 토요일 3시간씩 2년 내 《문예춘추》를 읽도록 해야겠다. 그러면 1년에 240만 원 버는 꼴이 된다. 또 고료가 있지 않은가?"[22]라는 일기에는 그의 일본어 읽기와 쓰기에 대한 금전적인 유용성을 피력한 내용을 확인할 수 있으며, 천상병은 이미 1956년《현대문학》 월평 집필을 하면서도 외국서를 다수 번역했다. 여기에 일본어에 대한 그의 영향력이 사신에도 투영되었음을 알 수 있다. 또한 1967년 7월 소위 동백림(東伯林) 사건에 연루되어 고문으로 인한 정신적 충격 또한 그의 창작에 영향을 끼쳤으며 그가 남긴 사신에도 그 그림자가 남아 있는 것으로 보인다.

그가 남긴 사신 기록물을 이해하기가 쉽지 않아 여기 예시로 들었다.

---

19 이호철, 「김소월과 나」, 『이호철의 쓴소리』, 우리교육, 2004, 169쪽.

20 송욱 연구 때문에 필자는 이호철을 서울 교대역 앞 〈앤 커피숍〉에서 인터뷰를 했었다(2000. 1. 13). 이호철은 자신의 문학관과 삶의 태도에서 송욱을 평가한 점이 매우 인상적이었다(『송욱평전』, 좋은날, 2000, 104쪽.).

21 『안네의 일기』(1947)처럼 문학의 한 분야인 작가의 일기도 연구 대상으로 새롭게 자리매김할 수 있을 것이다. 즉 작가 일기만을 대상으로 하여 『작가 일기 연구 방법론』(가칭)도 필요해 보인다. 작가와 작품 연구의 한 방법이 될 수 있다는 점 때문이다.
중국의 문호 루쉰(1881~1936)과 함께 중국의 5. 4운동을 이끈 사상가 후스(1891~1962)가 쓴 일기(1912~1918)가 238억 원에 경매가 되었다는 보도(《동아일보》, 2020. 1. 20)는 역사적 인물의 일기에 대한 현실적 가치를 보여 준 것이다.

22 『천상병 전집』, 평민사. 1996, 443쪽.

〔자료 3〕

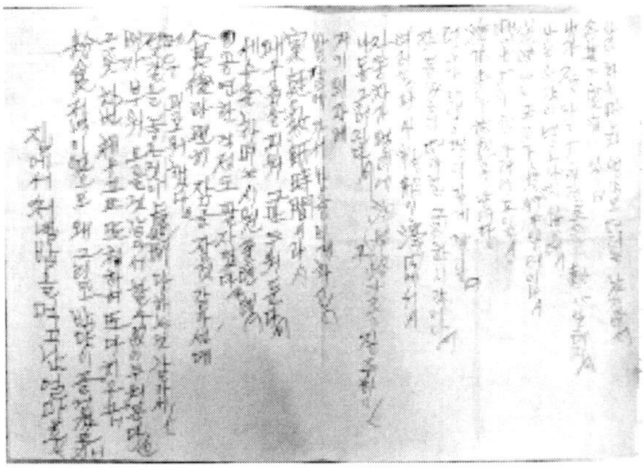

천상병의 사신

[자료 3]은 세로쓰기와 일본식 한자어와 한글 표기의 혼란으로 대개의 연구자라 하더라도 난독(難讀)이 있을 수밖에 없을 것 같다. 여기에 글씨체 또한 난삽(難澁)하여 내용 분석조차도 쉽지 않다. 그래서 천상병 연구자는 이와 같은 사항을 고려해야만 사신 연구가 가능하다. 사신은 작가의 언어를 매개로 연구를 시작하기 때문에 작가의 언어를 이해할 필요성이 있다. 즉 **[자료 3]**의 언어 표현에 대한 이해를 바탕으로 한 내용 분석이 끝난 다음에 작가와 관련된 본격적인 연구 자료나 천상병과 관련된 방계 자료를 정리해 사신을 연구해야 한다.

2

작가 자료 수집

둘째, 작가 사신과 연결된 작가와 작품의 해석과 관련된 기본적인 작가 정보의 수집이 필요하다. 이를 위해서는 사신 내용과 관련된 직, 간접적인 자료 수집과 분석이 있어야 한다. 즉 사신의 내용 확인을 위해서는 사신 기록물에 가치를 부여하기 위한 필수적인 주변 정보를 연결해야 한다. 이때 작가 관련 자료 수집은 작가와 작품 연구 그리고 작가 관련 각종 자료 등을 참고할 필요가 있다. 다만 이 자료를 활용하면서 연구자의 자료 처리의 부족으로 잘못 연결하면 정작 중요한 작가 사신 기록물의 가치가 묻히게 될 수 있다. 특히 작가 사신 연구에서는 사신과 관련된 작품과 작가에 대한 핵심적인 정보를 찾아 연결해야만 사신의 가치가 있는 것이다.

가령 앞에서 언급한 **[자료 3]**에 대한 기본적인 정보를 정리해 보면 다음과 같다.

[자료 3]은 천상병 시인이 조연현에게 보낸 사신 기록물 중 한 장에 해당한다. 작가의 삶과 창작 활동, 창작집 및 작가와 작품 연구 그리고 작가 문학관, 전집, 평전 등에서 사신 관련된 정보를 수집해야 한다. 그래서 사신 연구는 작가를 입체적으로 분석하는 연구 과정이다.

시인은 43세가 되도록 독신으로 유랑 생활을 하다가 1972년 목순옥과 결혼했다. 지병으로 죽기 전까지 부인의 보살핌에 힘입어 왕성한 창작 활동을 했으며, 그의 문학 활동의 출발은 1952년《문예》에 시「강물」,「갈매기」 등이 추천되면서 시작하였다. 일제 강점기 시기에 10대였던 천상병은 1940년대부터 1945년을 거쳐 20대 초반에《문예》를 통해 작품 활동을 시작한 시인이다. 그가 남긴 **[자료 3]**에는 그의 일제 교육 시기와 창작 시기가 중첩되면서 나타난 쓰기의 한 보기라고 할 수 있다. 그의 이러한 이력은 천상병 시인 초기 작품과 관련된 사신으로 연결될 수 있다.

그리고 가난과 무직, 주벽 등으로 많은 일화를 남긴 그는 1971년 문우들의 주선으로 제1 시집 『새』를 뒤늦게 발간했으며 제5 시집까지 출간했고 수필집과 동화집도 남겼다. 유고집으로 『나 하늘로 돌아가네』가 있다. 그리고 작가 사신 연구의 대상 작가인 천상병에 대한 연구서나 학위 논문, 비평서 등이 가장 유용한 작가 자료 수집의 대상이다. 작가의 전기적인 자료와 함께 작품의 깊이를 분석하고 연구한 자료들을 기초로 천상병의 사신을 연구할 수 있다. 이와 같은 정보는 작가론과 작품 창작의 분석과 관련된 직접적인 자료라 할 수 있다.[23]

《문예》는 6·25 전후 한국 문예지에서 중요한 역할을 담당했던 문예지였고,《문예》 창간에 주도적인 역할을 했던 조연현과의 관련성을 짚을 수 있고, 또한 그의 문단 활동의 일화도 그의 창작에 영향을 끼쳤다는 점에서 관련 정보의 확인이 필요한 것이다. 여기에 문학적 공간인 천상병 문학관과 『천상병 전집』도 작가 자료로 참고해야 한다. 이외에도 천상병 관련 연구 자료도 마찬가지이다.

---

23 천상병과 관련된 자료집으로 『천상병을 말하다』(답게, 2006)는 천승세, 정호승, 이외수를 비롯한 작가 35명과의 문인 교유기이다. 이를 통해 천상병 주변의 일화를 근거로 그의 창작 작품과의 관련성을 탐색할 수 있다. 이는 다음 장에서 다루게 될 방계 자료로 볼 수 있다.

[자료 4]는 시조시인 이호우(李鎬雨, 1912~1970)의 사신 기록물 1통 1장이다. 이 사신 기록물에 대한 연구에서 작가 자료와 수집 방향에 대한 예를 설명하면 다음과 같다.

[자료 4]

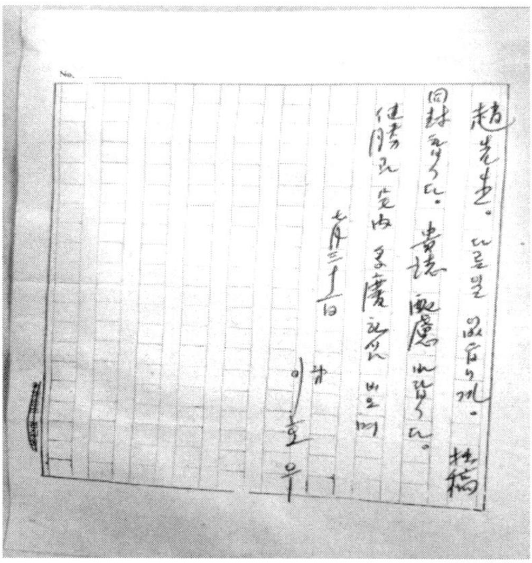
趙先生. 다른일 없읍니까. 拙稿
同封합니다. 貴誌 配慮 바랍니다.
健勝과 宅內 多慶하심 바오며
七月三十日
이호우 拜

이호우의 사신

[자료 4]에는 《현대문학》에 졸고(拙稿) 게재(揭載)를 부탁한다는 간결한 내용이 담겨 있다. 우선 《현대문학》에 수록된 이호우의 작품 목록을 찾아 정리해야 한다. 동시에 이 사신과 관련된 발신 연도를 확정하기 위해 작가의 생몰 연대와 〈작가 연보〉 혹은 〈작품 목록〉과 같은 작가 자료를 수집해 참고해야 한다.[24]

이 사신 연구에서 가장 중심은 발신자 이호우의 작품론이라 할 수

---

24 가령, 〈작고 문인 사신철〉에 등장하는 비평가 〈9. 김종후〉의 사신 기록물의 경우, 발신 연도는 〈작가/작품 연보〉를 참고하여 특정할 수 있다.

있다. 《현대문학》 게재 작품 목록 가운데 작품이 특정되면 이에 대한 집중적인 분석과 연구를 통해 작품 세계를 밝히면서 동시에 시조사적인 의미를 규정할 수 있다. 먼저 수록 작품에 대한 작품성과 문학 활동 등에 대한 분석과 연구로 이 사신의 가치를 탐색한다. 다음에는 작가론 가운데 시조사적 위치를 연구한 자료를 수집해 참고할 필요성이 있다. 가령 김윤식의 『(속) 한국근대작가론고』(일지사, 1981)에는 이광수, 최남선으로부터 이호우, 최일남까지 18명의 작가론 연구가 실려 있어 다양한 작가론 연구 형태를 볼 수 있다. 이 자료 가운데 「이호우론 – 시조와 그 명맥」(김윤식, 367~380쪽)을 참고해 작가의 시조사적 위치를 연구자의 관점에서 재조명하는 것이다. 물론 이는 사신 연구의 다양한 접근 가운데 하나의 방향일 뿐이다. 이호우의 사신을 어떤 관점에서 분석하고 연구하느냐는 전적으로 연구자의 안목과 방향성에 있지만 사신 연구의 기본적인 관점은 다음 장에서 상세하게 설명할 것이다.

3

방계 자료 이해

셋째, 연구 대상 작가와 작품 및 방계 자료에 대한 이해도가 높아야 한다. 앞에서 언급한 것처럼 작가 사신 분석을 위해 작가 주변 정보를 작가 사신에 잘못 적용하면 오류와 왜곡을 낳는다고 했는데, 이는 작가 주변 자료에 대한 넓고 깊은 이해가 없을 때 발생하는 문제이다. 대상 작가의 문학사적 위치와 작품 특징을 이해하고 난 뒤에야 사신과 관련된 방계 자료의 접목과 분석이 가능하다. 이는 사신 기록물에 대한 분석과 가치 판단을 하기 위해 당연히 갖추어야 할 연구자의 소양이다. 물론 연구자는 작가론과 작품론에 대한 깊은 이해와 분석 없이는 불가능하며 또한 한국문학사와 문단사의 안목도 함께 갖추어야 작가들이 남긴 사신 기록물의 문학적 가치와 문화적 가치까지를 판단할 수 있다.

먼저 사신 연구에서 내용 파악이 중요하기 때문에 내용 이해에 필요한 문단의 이면사 관련 일화와 방계 자료에 대한 분석과 접근이 있어야 한다. 우선 한국 문학과 관련된 인터넷 검색을 통해 작가 일반론에 대한 정리를 근거로 연구서 혹은 사전류, 작가와 관련된 참고 문헌 등을 자료 수집한다. 『한국작가전기연구』, 『국어국문학자료사전』, 검증된 작가의 인터넷 자료 및 작가들의 문학관 자료 등과 같은 작가의 기본적인 자료의 도움은 필수적이다. 다만 인터넷 자료에 의존하기보다는 단순 검색 정도로만 활용해야 한다. 연구자들의 시각과 노력이 집약된 서적을 참고해야 사신 연구 결과에 대한 오류와 왜곡을 줄일 수 있다. 몇 가지 방계 자료를 더 정리하면 다음과 같다.

김병익의 『한국문단사(1908~1970)』(문학과 지성사, 2003)는 1910년대 문단 형성기부터 1970년대까지 유신 체제 문단과 작가들의 특성 등을 사적으로 정리한 자료로 판단되며 작가 사신 연구에서 기본적인 도서로 자리매김한다고 할 수 있다. 김용성의 『한국현대문학사 탐방』(국민서관, 1979)은 작가의 전기적 사실과 문학성을 간략히 정리해 연구자들에게 도움을 주는 사신 연구의 방계 자료이다. 한국 근현대 작가 최남선, 이광수로부터 김수영, 박인환까지 45명의 작가들의 생애와 문학적 특징을 간략히 정리해 한눈에 볼 수 있도록 정리해 놓았다. 특히 작가와 관련된 지역 답사와 함께 작가의 유족들과 연구자들의 인터뷰를 참고했기 때문에 신뢰도가 높은 방계 자료라 할 수 있다.

김용만의 『30년대의 문화예술인들－격동기의 문화계 비화』(범양사, 1988)는 파인 김동환, 춘원, 월탄 박종화(朴鍾和, 1901~1981), 횡보 염상섭, 이상, 심훈(沈熏, 1901~1936), 구보 박태원(朴泰遠, 1909~1986), 최서해(崔曙海, 1901~1932) 등 1930년대 전후 작가들의 문단 활동을 파악하는 데 유익한 자료이다.[25] 저자는 1909년 서울 출생으로 경성제대 영문과를 졸업하고 앞에서 열거한 작가들과 함께 문단 활동을 함께 한 동시대 작가이기 때문에 30년대 문단 활동을 파악할 수 있는 좋은 자료이다. 이상진의 『한국 근대 작가 12인의 초상』(옛오늘, 2001)은 춘원 이광수, 금동 김동인(金東仁, 1900~1951)부터 황순원(黃順元, 1915~2000)까지 근대 문학사에서 중요한 작가 12명의 삶과 문학에 대한 전기적 사실과 작품과의 관련성을 정리해 놓았다.

25 김용만, 『구인회 만들 무렵』(정음사, 1984)도 참고.

이호철의 『이호철의 쓴소리』(우리교육, 2004)는 자신이 1940년대 문단부터 겪었던 문단 일화를 비판적인 안목으로 써놓았다. 특히 한국문단의 부정적인 이면을 파헤쳤기 때문에 기존의 긍정적인 감탄사류의 자료와 비교할 수 있다는 점에서 눈길이 가는 자료이다. 월탄과 인터뷰, 김소월의 애송시에 대한 이야기도 담고 있어 참고 문헌으로도 좋은 점이 있다. 저자는 한국 분단의 아픔을 뼈저리게 체험한 작가로도 유명하다. 그리고 『문단골 사람들』(프리미엄북스, 1997)에는 50년대 한국문단사의 이면을 세밀하게 그리고 있다.[26]

신경림 외 『한국의 괴짜들』(사회발전연구소, 1983)은 김관식(金冠植, 1934~1970)을 비롯한 예술가들의 삶을 이야기하고 있어 작가들의 문단 생활과 예술의 세계를 들여다볼 수 있다. 주지하다시피 천상병의 문단 일화는 널리 알려져 있다. 그리고 시인 중 서정주(徐廷柱, 1915~2000)의 처남인 '대한민국(大韓民國)' 호를 가진 김관식의 일화도 유명하다. 김관식의 문단 활동에서 천상병은 빠뜨릴 수 없는 시인이다. 그래서 한국시인 천상병의 일화도 김관식 못지않다.

조연현의 『남기고 싶은 이야기들』(부름, 1981)은 한국근현대 작가들의 삶과 자신이 문단의 중심에서 경험했던 개인사이면서도 동시에 한국문단사를 언급하고 있어 중요한 참고 자료이다. 특히 《문예》와 《현대문학》의 창간 배경과 등단 작가들에 대한 귀중한 자료로 해방 전후 한국문단 형성과 한국 문예지의 흐름을 파악하는 데 도움이 되는 자료이다.

한국문인협회에서 발행한 『문단유사』(2002)는 한국 문인 가운데 문단의 이면사에 관한 실화를 다루고 있어 가치가 있다. 연구자의 관점에서 쓴 것이 아니라 작가 자신이 활동했던 시대와 당시 문인들의 이야기

26 필자는 송욱 관련 연구의 필요성 때문에 울산에서 서울에 거주했던 이호철을 만나 인터뷰를 했다. 작가 연구에서 인터뷰는 대상 작가의 이면을 볼 수 있다는 점 때문에 반드시 필요한 연구 방법이다.

를 다루고 있다. 현역 작가들의 실증적인 자료라는 점에서 의미가 있다. 그리고 대구 지역을 중심으로 한 조향래의 『향촌동 소야곡－낭만의 대구 문단 일화』(시와 반시, 2007)도 6·25 전란 속에서 일시적이지만 한국문단의 집합소였던 대구를 중심으로 하여 활동한 작가들을 소개하고 있어 참고할 만한 자료이다. 저자는 지역 신문 기자로서 직접 작가들을 만나거나 취재를 통해 정리했다는 점에서 지역 문단사를 엿볼 수 있는 자료이다.

여기에 2000년을 기점으로 보아 현역 시인 황동규로부터 최승호까지 22명의 작가들의 문학과 삶에 관한 이야기를 인터뷰로 담은 김윤배의 『시인들의 풍경』(문학과 지성사, 2002)도 생생한 참고 자료이다. 김화영의 『한국 문학의 사생활』(문학동네, 2005) 역시 현역 작가들에 대한 인터뷰를 정리한 자료이다. 김춘수(金春洙, 1922~2004), 이청준(李淸俊, 1939~2008)을 비롯해 이문열까지 24명 문인들의 문학과 삶에 대한 이야기를 담았다. 위의 자료들은 필자의 시각으로 작가들의 문학과 삶을 다루었다면, 작가 스스로 자신의 문학과 삶에 대해 언급한 자료들도 있다.

그리고 『나의 문학 이야기』(문학동네, 2001)에는 박경리(朴景利, 1926~2008), 이문구(李文求)를 비롯해 17명의 작가들의 이야기를, 『아름다운 시간의 나무』에는 정명환, 최일남, 남정현, 유종호 4명의 문인들이 자신의 문학과 삶에 대한 모습을 보여주고 있다. 여기서 윤범모의 『시인과 화가』(다홀미디어, 2021)는 근대의 시인과 화가들의 이야기를 시는 그림이요 그림이 시라는 시화일률(詩畫一律)의 관점에서 다루고 있어 매우 흥미롭다. 이상, 이상화(李相和, 1901~1943), 정지용부터 김지하(金芝河, 1941~?)까지를 다루고 있다.

이동주(李東柱, 1920~1979)의 『실명으로 읽는 현대문학사』(현대문학, 1994)는 염상섭, 오상순, 조연현 등과 같은 근현대 작가들의 일상적인 삶의 모습과 문단 활동을 소설화한 특징이 있는 자료이다. 일상적인 삶의 모습이 사신에 어떻게 투영되었는지를 간접적으로 볼 수 있고, 작가 활동과도 연결할 수 있는 자료로 판단된다.

위에서 언급한 자료들은 작가 사신 연구의 방계 자료이나 작가의 사신과 접점이 있을 때 의미를 가질 수 있는 자료이다. 즉 참고 자료로 특정 작가에 대한 심층적인 연구와 분석들이 반드시 뒤따라야 한다. 각양각색의 아름다운 천을 묶어 만든 조각보의 조각처럼 산발적인 자료이기 때문에 작가와 작품에 관한 하나하나의 단서일 뿐이라는 점도 연구자들은 기억해야 한다. 그럼에도 불구하고 이 조각들을 모으면 작가와 작품의 구성에 관한 아름다운 조각보가 된다는 점에서 활용할 가치가 있다.

여러 작가를 정리한 방계 자료와 달리 한 작가를 집중 조명한 방계 자료도 필요하다. 가령 『김수영의 연인』(책읽는 오두막, 2013)은 김수영의 부인 김현경의 에세이이다. 김수영의 일상생활 그리고 문학 창작 활동에 대한 일화가 담겨 있어 그의 사신과의 관련성을 살펴 볼 수 있는 방계 자료라고 할 수 있다. 이런 점에서 한 작가에 관한 자료를 집중적으로 정리한 『그리운 그 이름, 이상』(김유중, 김주현 엮음, 지식산업사, 2015)은 이상과 관련된 다양한 자료를, 『천상병을 말하다』(답게, 2006)는 천승세(千勝世, 1939~2020), 정호승, 이외수(李外秀, 1946~2022)를 비롯해 작가 35명과의 문인 교유기를 엮은 것으로 사신 연구자들에게는 유익한 방계 자료이다.

이와 같이 한 작가에 대한 자료를 집중적으로 엮는 선행 작업과 동시에 작가 전집 발간 또한 필요하다. 이러한 선행 작업은 사신 연구를 위한 기초 작업이지만 사신 연구 역시 작가 연구와 작가 전집 발간의 확대를 가져올 귀중한 변화의 발화점이 되기도 한다. 그래서 사신 연구는 작가와 작품 세계를 밝힐 수 있는 상호 작용성 연구라 할 수 있다.

역사주의적 방법, 형식주의적 방법 그리고 포스트모더니즘 등과 같은 이론적 접근으로 작품론 가치는 정립될 수 있으나 작품의 영향 관계에 있는 작가 연구도 중요하다. 위에서 언급한 방계 자료를 원용한 작가론에도 사신 연구가 중요한 방법으로 활용도가 높다고 판단된다. 이때 사신은 한국문단의 이면사를 밝히는 데 고증적인 자료 역할을 한다.

다음은 비평가 정태용(鄭泰榕, 1919~1972)의 사신 연구의 한 예를 제시한 것이다.

[자료 5]

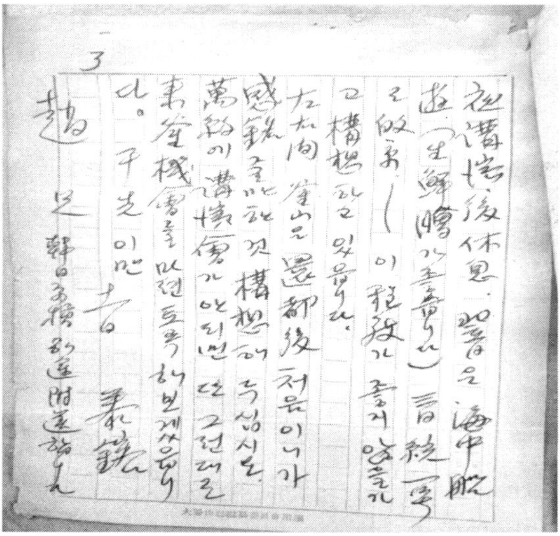

정태용의 사신

[자료 6]

정태용의 유작

조연현이 중학생이었던 시절에 정태용과 함께 동인지《아(芽)》를 3호까지 발간했을 만큼 문학에 대한 열정이 있었다. 이후《현대문학》을 통해 비평 활동을 했었다.[27] 정태용은 평생 가난으로 비극적인 고통 속에서 후사 없이 쓸쓸하게 작고했다. 특히 그를 아꼈던《현대문학》주간이면서『한국현대문학사』의 저자이기도 한 조연현과 문인들이 그의 작고 후 기념 평론집『한국현대시 연구, 기타』를 출간한 일화도 전해지고 있다. 동료 문인들의 마음만으로는 출간 비용 마련이 어려웠으나 한 여성 독지가의 적극적인 도움으로 유작 비평집을 출판했던 일화를 남긴 비평가였다.[28] 그의 유작인 비평 자료의 정리[29]와 함께 당시의 문단 풍습에 관한 이런저런 일화 그리고 방계 자료 등은 정태용이 남긴 사신 기록물 연구에 필요하다는 사실은 분명하다.

다음 **[자료 7]**과 **[자료 8]**은 훼손된 사신 기록물이다. 훼손된 상태의 사신 기록물을 맥락상 연결할 필요성이 있고, 연결한 뒤에는 사신 기록물의 내용 파악을 통해 사신 연구를 판단해야 한다. 작가와 관련된 방계 자료를 활용하면 훼손된 부분에 대해서도 내용 파악이 가능하다.

---

27 박종석, 〈조연현 연보〉,『조연현 평전』, 역락, 2006. 조연현의 〈작고 문인 사신철〉에는「14. 정태용」으로 사신이 정리되어 보관 중이다.

28 조연현,「정태용 유저와 미지의 여성」,『남기고 싶은 이야기들』, 부름, 1981, 173~176쪽.

29 김유중,『정태용 평론 선집』, 지식을 만드는 사람들, 2015.
______,「중도적 비평의 전개 양상 – 정태용론」,『한국 전후 문학 연구』, 삼지원, 1995.
김승룡,『정태용의 비평 문학』, 동국대 석사학위, 1984.
강소연,「주체성 기반의 문학 논리 구성과 비평적 실천 – 정태용론」,《한민족어문학》(제51집), 584쪽 참고.

[자료 7]

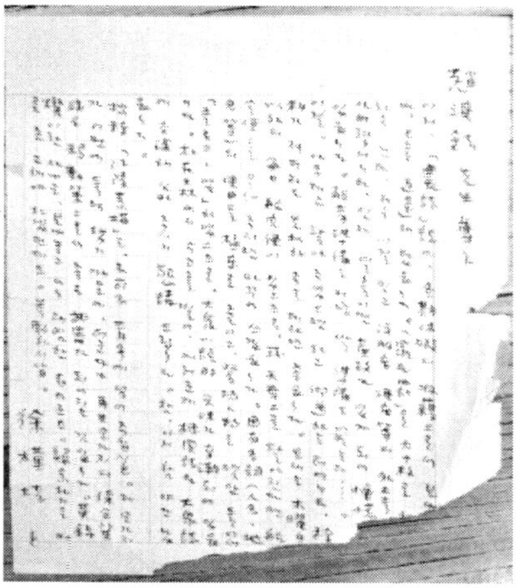

소설가 서근배의 사신

[자료 8]

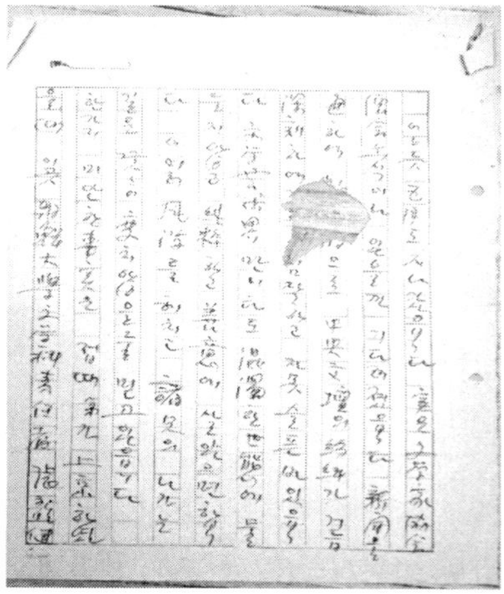

다형 김현승 시인의 사신

[자료 7]은 소설가 서근배가 조연현에게 보낸 사신 1장이다. 서근배(徐槿培)는 《문예》를 통해 문단 활동을 했던 목포 출생의 소설가이다. 《문예》는 발행 모윤숙(毛允淑, 1910~1990), 편집 김동리(金東里, 1913~1995),[30] 주간 조연현으로 1949~1954년 3월 종간(통권 21호)으로 강신재(康信哉, 1924~2001), 장용학(張龍鶴, 1921~1999), 최일남(崔一男, 1932~?) 등과 함께 작품을 발표했다. 서근배의 사신 발굴로 작가 연구와 함께 현대소설사적 검토가 필요한 작가이다. 단 1통 1장의 사신 기록물이나 조연현의 문단에서의 역할뿐만 아니라 박재삼(朴在森, 1933~1997)에 대한 언급도 있으니 이들의 문단 내 교유 관계도 파악해 한국문단 이면사를 재구성할 수 있는 단서가 될 수 있다.

[자료 8]은 발굴 당시부터 사신 관리 문제도 있으나 김현승(金顯承, 1913~

---

30 일제 강점기 소설가·시인. 자는 시종(始鐘)이고, 호는 동리(東里)인데 호를 이름으로 사용하였다. 다른 이름으로 김창봉(金昌鳳)·김창귀(金昌貴)·김태창(金泰昌)이 있다. 본관은 선산(善山)이고, 출신지는 경상북도 경주(慶州)이다.

1975) 시인에 대한 귀중한 사신 기록물이기 때문에 보존 처리와 함께 연구 시간을 다투는 상황이라고 판단된다.[31] 그래서 이들의 사신 기록물들은 작가와 관련된 방계 자료를 통해 사신 연구가 가능하다.

다음 **[자료 9]**는 한자어와 한글이 섞여 있고 또한 세로쓰기에다 글씨체조차 난삽(難澁)해 내용 파악이 어려운 사신이다. 난독의 어려움으로 사신 기록에 나타난 전후 맥락이 불분명하므로 사신 내용 자체를 읽어내지 못하는 한계가 있을 수 있다.

[자료 9]

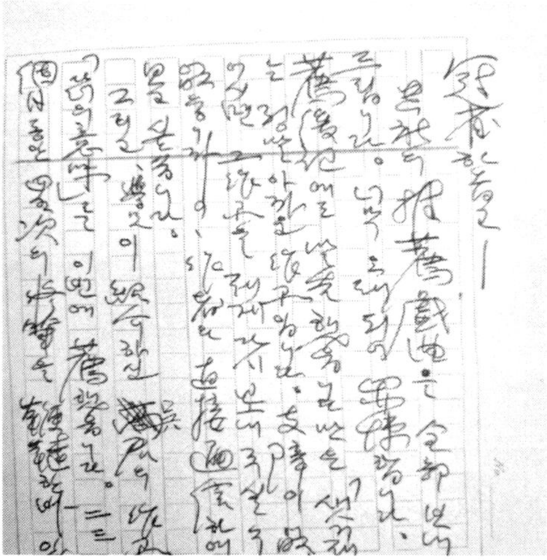

앞에서 언급했듯이 작고 문인 사신 연구 과정의 적용으로 발신자-수신자 관계와 특정 발신일을 알 수 있다면, 이로부터 사신 연구는 가능할 것이다. 이것조차 불분명하다면 작가의 사신 내용 가운데 우선은 문학 작품과 관련된 어휘를 찾아야 한다. 그래서 **[자료 9]**에서 문학과 관련된 어휘부터 찾아 작가 및 작품 관련 내용을 추정해야 한다. 즉 '추천

31 조연현의 정릉 자택에서 발굴한 김현승 사신 기록물이다. 발굴 당시부터 [자료 8]과 같이 훼손이 심한 상태였다.(2023년 8월 1일).

희곡을 전부 보내드립니다.', '「샛거래」는 정말 안타까운 작품'이라는 내용과 작품 「닭의 의미(意味)」 등이 나타나 있다. 사신에 등장하는 작품과 작가 관련 자료를 찾아보면, 「닭의 의미(意味)」의 원작자는 오학영(吳學榮, 1938~1988)[32]이며, 1956년 《현대문학》에 「신명의 합창」(1957)과 함께 추천작으로 확인된다. 이로부터 작가의 사신 연구는 시작된다. 이 사신이 작가와 작품의 어떤 면과 접점이 있는지를 탐구하는 것이다.

[자료 9]는 발신자와 수신자의 관계 그리고 추천 관련 두 작품에 관한 정보 수집과 정리 그리고 이를 바탕으로 방계 자료를 찾고 사신의 글씨체에 대한 고증 등으로 사신 연구를 진행하면 사신 연구와 작가의 등단 경로, 추천 작품에 대한 문학성 검토와 작가 전기 등을 집필할 수 있을 것으로 보인다. 그리고 사신 기록물의 글씨체를 알아보기 어려운 경우도 있어, 사신 내용 이해와 관련된 방계 자료 수집과 함께 관련자들의 인터뷰 또한 필요하다.

---

32 1963년 시극동인회(詩劇同人會) 회원, 1970년 방송작가협회(放送作家協會) 감사, 한국문인협회(韓國文人協會) 사무국장. 서울여자대학 교수. 1988년 교통사고 사망.

4

작가 주변 인터뷰

넷째, 작가 사신의 내용과 관련된 작가 주변의 인터뷰는 필요하다.

작가의 삶과 문단 활동 그리고 창작 활동의 계기나 작가 주변 환경 등에 대한 규명은 작가론과 함께 작품론을 포함한 전집이나 평전으로 정리되며, 여기에 작가의 완성된 건축물로는 작가 문학관이라 할 수 있다. 그러나 작가 사신의 발굴과 연구를 토대로 전집의 수정 및 평전의 재기술과 문학관이 새롭게 확장될 수 있다. 특히 정리된 연구서에서나 문학관에서 파악하기 어려운 작가의 모습을 파악하기 위해서는 사신 발굴과 이에 대한 새로운 증언이 사신 연구에서 매우 중요하다. 다만 앞에서 언급했듯이 작가에 대한 인터뷰의 결과로 양면적인 시각이 작가 사신 연구에 혼선을 줄 수 있다. 그렇기 때문에 연구자는 사신과 관련된 인터뷰에 대한 객관적인 판단이 필요하다.

가령 1950년대 모더니즘의 자리에 있었던 김수영. 6. 25 동란의 고통을 거제도 포로수용소에서 겪었던 김수영을 곁에서 지켜보고 심리적 안정감을 가져다 준 여동생 김수명의 인터뷰는 매우 중요하다. 김수명은 오영수가《현대문학》편집장을 지낸 다음에 이 일을 이어갔다. 김수영은《현대문학》에 근무할 당시 김수명을 자주 찾아가 경제적인 도움을 받기도 했다. 이때 부인 김현경과 동란의 아픔으로 잠시 이별한 상태였다. 김수영의 영원한 동반자였던 김현경(경기도 용인 거주, 현재 96세)의 인터뷰는 그래서 반드시 필요하다. 김수영의 창작 노트, 창작 모습 등을 곁에서 지켜보며 대화를 나누었던 관계이기 때문에 그 인터뷰의 중요성은 절실할 수밖에 없다. 더구나 발신자-수신자 관계에 있는 작고 문인의 경우는 유족 혹은 배우자의 인터뷰가 반드시 필요하다. 조연현에 따르면 김수영과는 사신을 교환한 것으로 기록되어 있어 김수영의 사신 존재 가능성이 매우 높다.[33]

한 언론 인터뷰에서 김현경은 시인 김수영이 "공부벌레인데, 정직하고 진실했어요. 늘 본질을 추구하면서 새롭게 쓰고 차원을 높이기 위해 부단히 노력했죠. 머물지 않고 늘 앞서가는 자유정신으로 펜"을 잡았다고 밝혔다. 이 인터뷰는 이미 그의 작품을 읽은 연구자라면 쉽게 동의할 것이다. 추측컨대 김수영의 사신에서도 '자유정신으로 펜을 잡았다'는 내용이 충분히 담겨 있을 것이라는 기대를 할 수 있을 것이다. 그래서 우리가 쉽게 다가갈 수 없었던 내용이 김수영의 사신에 담겼다면 하는 기대 때문에 긴장하는 것이다. 아직 발굴되지 못한 상태이나 발굴과 함께 김현경의 인터뷰는 불가피하다고 판단된다.

다음 **[자료 10]**은 시인 백석, **[자료 11]**은 청마 유치환과 관련된 각각 한 장의 사신이다.

---

33 필자는 조연현 댁에서 김수영의 사신 기록물을 한 장도 발견하지 못했다(2022년 8월 1일~2023년 5월 15일까지).

[자료 10]

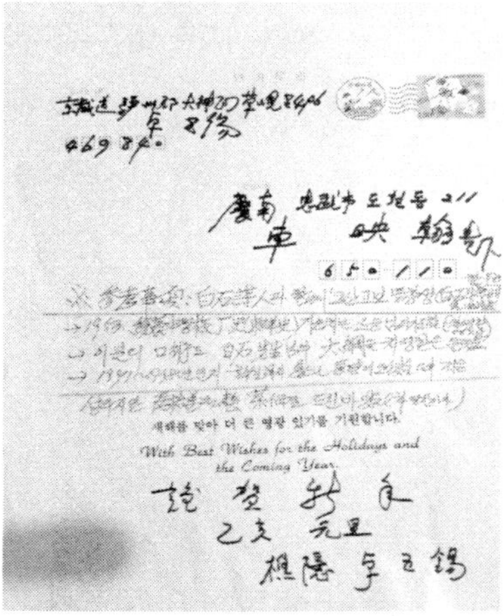

백석의 오산고보 후배 탁오석이
차영한에게 보낸 사신

[자료 11]

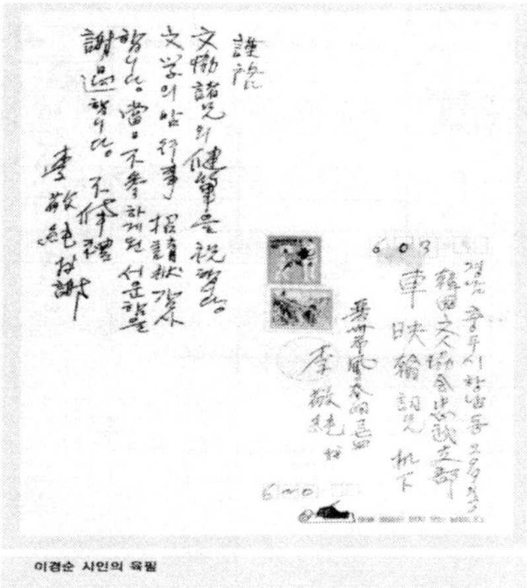

유치환과 문단 활동을 했던 이경순이
차영한에게 보낸 사신

[자료 10]은 1930년대 한국현대시사에서 『사슴』 시집 한 권으로 천재적 시인으로 평가받은 백석의 오산고보 후배 탁오석 선생(통영 중학교 역사 교사)이 통영의 차영한 시인에게 보낸 사신 기록물이다.[34] 백석의 문학[35]과 삶에 대한 연구를 위해서 백석 주변의 인터뷰는 물론 귀중하다. 이 자료는 탁오석에 대한 인터뷰를 단적으로 설명할 수 있는 사신 기록물이다. 백석의 삶과 북한 거주를 고려할 때 탁오석의 인터뷰는 중요한 분수령이 될 것이다.[36]

---

34 (사)한빛 문학관 관장이며 시인 차영한과의 연락으로 사신 기록물의 존재 여부와 함께 개인 메일로 전송 받은 탁오석의 사신 기록물이다(2023년 1월 13일, 금요일).

35 필자는 대학 시절 「백석 시의 문체론적 고찰」(『한국 현대시의 탐색』, 2001)을 통해 그의 독특한 조사 체계를 분석하고 통계 처리해 시세계를 조망해 발표했었다.
김영한, 『내 사랑의 백석』, 문학동네, 2011.

36 위의 내용은 사신 기록물을 통해 연구자들이 가야 할 방향이나 필자가 했던 작가 주변 인터뷰의 경험적 사실이 뒷받침될 것이라는 이유로 송욱의 예를 들면, 송욱을 연구할 때 부인과 함께 유족 그리고 누이동생들을 인터뷰하면서 작가 주변에 대한 상세한 일화와 자료 그리

1946년(38세) 유치환은 진주에서 이경순, 조향(趙鄕, 1917~1984)[37], 박목월, 박두진(朴斗鎭, 1916~1998) 등과 함께 동인 활동을 했다. **[자료 11]**은 동인 가운데 이경순이 차영한 시인에게 보낸 사신 기록물이다. 청마 유치환의 아나키스트 활동 당시 이경순의 사신 기록물을 볼 때(차영한의 증언)[38] 작가 주변 인터뷰의 필요성은 절실한 것으로 보인다.

다음은 김광주(金光洲, 1910~1973)가 조연현에게 보낸 사신 기록물 한 장이다.

[자료 12]

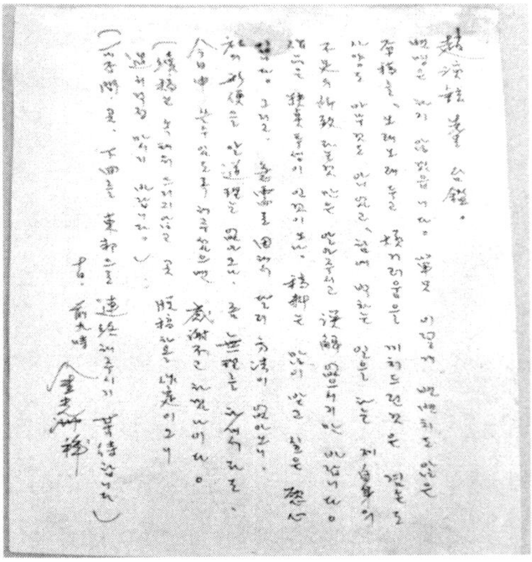

김광주의 사신

고 사신 교환으로 작가 연구에 큰 도움이 되었다.

37 황현산, 「조향의 초현실주의」, 《현대시학》, 현대시학사, 2000.
조향, 『조향전집』(1, 2), 열음사, 1994.

38 유치환의 〈연보〉(문덕수, 『청마 유치환 평전』, 시문학사. 2004)에 따르면, 1952년(44세) 경남 함양 안의중학교 교장 시절(1952. 11. 10 ~ 1954. 10. 5) 함양 출신 아나키스트 박영환(필명 박노석)과 평생 벗으로 지냈다고 한다(329쪽).
박인기, 「아나키즘의 수용」, 『한국 현대시의 모더니즘 연구』, 단국대출판부, 1988.

소설가 김훈의 부친으로 알려진 소설가 김광주에 대한 자료 검색 결과를 인용하면 다음과 같다.

> 1954년 1월 1일 《국제신문》은 새 장편소설 「새울림」 연재를 시작했는데, 이 소설을 쓴 작가는 염상섭이고 그림을 그린 화가는 장욱진이다. 작가 김훈의 아버지 김광주 작가는 같은 해 9월 1일 장편소설 「연항」 연재를 시작했다. 김훈 작가는 오래전 기자도 동석한 자리에서 "부산 피란 시절 《국제신문》 등에 아버지께서 소설을 연재하면 원고료를 한 가마니 정도의 쌀로 받곤 했고 그것이 우리 가족에게 큰 도움이 됐던 것으로 안다."고 회고한 바 있다.(조봉권 기자, 《국제신문》, 2018년 5월 18일)

김광주의 유족 가운데 소설가 김훈에 대한 인터뷰는 작가뿐만 아니라 사신 자료에 대한 주변 정보를 파악할 수 있는 것으로 판단되기 때문에 유족 인터뷰의 필요성을 확인할 수 있다.

사신 기록물뿐만 아니라 작가 집필 원고도 그 원본이 가진 '아우라'를 보존할 필요성이 있으며, 창작 배경과 유통 경로 등을 알고 있는 유족 및 관계자들에 대한 인터뷰로 작가의 모습을 재구성할 필요성도 있다. 이는 작가의 사신 기록물과의 인접성을 검토하는 데 일정 부분 근거가 될 수 있기 때문이다. 앞에서도 언급한 것처럼 작가 사신 가운데 작가의 대표작이 발견되는 경우가 종종 있기 때문이다. 최근에 조연현 유족과의 인터뷰에서 이상에 대한 원고 여부를 확인할 수 있었다.[39]

---

39 정릉의 조연현이 보관한 한국근대 작가 사신 기록물 외에 문학사가로서의 집필에 필요한 각종 문헌 자료가 정리되어 있다. 그래서 한국 근현대 작가들과 관련된 각종 자료가 있을 수 있다는 판단을 했고, 이러한 사실을 바탕으로 조연현 연구를 시작했던 것이다. 부인 최상남이 한국문단사에 대한 원고를 준비하면서 이상에 대한 글을 조금 집필했다고 했으며, 이후 부인 사망 후, 유품 가운데 이상의 원고가 있었음을 발견해 필자에게 알려 왔고, 이를 김유중 교수와 함께 열람하고 원본임을 증언했다(2023년 3월 25일, 토요일 오전 11시 15분).

[자료 13]

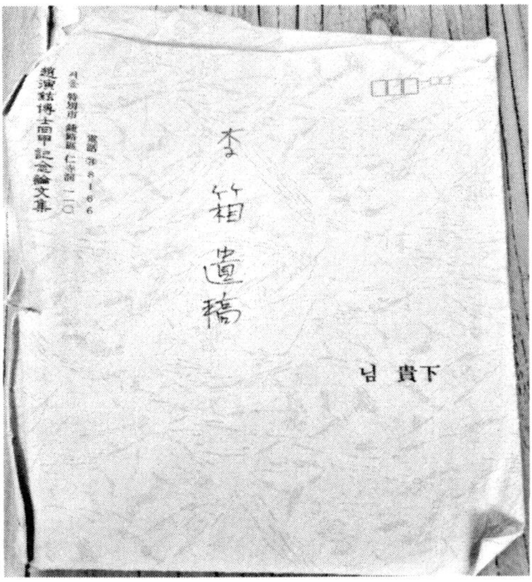

조연현 자택에 보관 중인 이상 유고의 봉투

[자료 14]

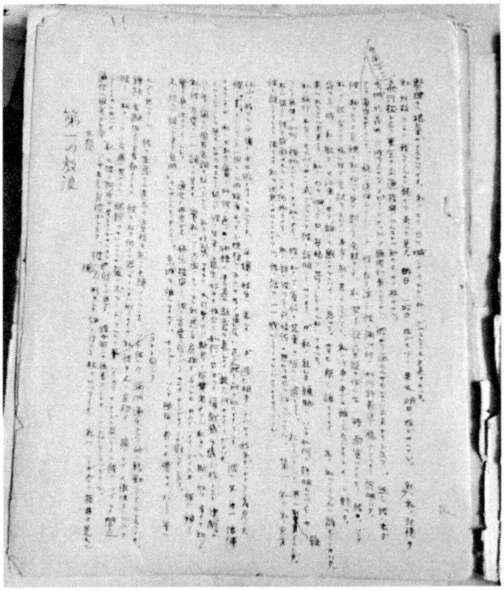

이상 유고 중 일부

[자료 13]에는 이상의 육필 원고를 담은 서류 봉투로, 1931년 이상이 창작한 작품으로 대략 A4 용지의 33쪽 분량으로 보이는 아주 낡고 끈이 떨어진 노트가 보관되어 있었다. 여기에는 **[자료 14]**에서 보는 것처럼 파란색의 세필(洗筆) 글씨체로 일본어와 한자가 섞인 세로쓰기의 원본으로 보인다. 이에 대해 김유중은 일정 부분 일본어를 한글로 번역해 공개된 바가 있으며, 정릉 자택에 보관된 이상 원고는 원본임을 증언했다.[40] 조연현이 동국대 재직시에 제자였으며, 그의 사망 후 〈조연현 연보〉를 작성해 발표한 적이 있었던 『태백산맥』의 소설가 조정래에 의해 《한국문학》에 소개된 이상 작품도 그 원본이 조연현의 유족에게 보관되어 있다는 점에서 전문적인 연구와 함께 조연현 유족에 대한 인터뷰는 필요하다.[41]

---

40 2023년 3월 25일, 김유중 교수와 함께 필자가 조연현 정릉을 방문해 이상 유고를 열람했다. 이미 2023년 3월 1일에 국립한국문학관 학예사 및 기록관이 열람하고 다녀갔다고 조혜령으로부터 전해 들었음.

41 이상 원고가《한국문학》에 소개되고 난 뒤에는 사라졌다는 소문이 있었다는 이야기를 서울대 김유중 교수로부터 전해 들었다. 이후 유족인 조혜령으로부터 서울 정릉 자택에 이상 유고가 있음을 필자에게 알려왔다(2023년 1월 16일, 월요일). 이 원고에 대한 열람을 문정희 국립한국문학관장, 서영인 박사가 자택에서 열람했음을 또한 알려왔다(2023년 2월 6일, 월요일).

Ⅲ

사신 연구 방법의 단계

작가 사신 연구 방법에서 사신 접근 방법의 단계가 필요하다. 앞에서 언급한 기초 작업 단계를 거친 다음에 사신 기록물의 분석과 연구를 통해 작가와 작품에 접근하면 사신 연구가 가능하다. 즉, 연구 대상인 작가 사신을

1. 사신 원본 확정 단계

2. 사신 내용 분석과 분류 단계

3. 사신 내용 심화 단계

4. 사신 기록물 접근 방법

등으로 나누어 연구할 수 있다.

현역 작가는 사신에 대해 직접 확인이 가능하기 때문에 특히 〈1. 사신 원본 확정 단계〉는 생략해도 무방하다. 그리고 작고 문인 사신 연구를 다음과 같은 단계를 거치면서 작가와 작품의 입체적인 모습을 파악할 수 있을 것이다.

작가 사신 연구에 대한 세 단계(1~3)[42]의 구체적인 방안과 순서를 정리하면 다음과 같다.

1. 사신 원본 확정 단계

원본 확정이 없는 작가 사신 연구는 무의미하다. 따라서 원본 확정에 대한 고증 방법이 반드시 필요하다. 가장 기본적인 사신 확정 방법은 발신자와 수신자 관계, 발신 연도와 발신 공간 확인이다. 그리고 추가적

42 〈4. 사신 기록물 접근 방법〉은 〈1~3〉 단계와 동시에 진행되기 때문에 구체적인 설명은 생략하고, 접근 방향만 요약적으로 제시한다.

으로 필요한 사신 연구 방법으로 그 작가만의 독특한 글씨체, 낙관과 같은 서명, 작가명 등을 활용할 수 있다. 여기서 다룰 구체적인 항목은 다음과 같다.

1) 발신자와 수신자 관계

2) 발신 연도, 발신 공간

3) 서체 및 서명

지금 열거한 세 가지 항목으로 원본을 확정하기 어려운 경우도 있다. 사신에는 일상적인 일화 또는 문단 활동이나 자신의 창작물에 대한 어떤 이야기를 담은 경우도 있다. 물론 수신자와 관련된 일화도 있을 수 있기 때문에 이 모든 내용을 통해 발신자인 작가의 사신 원본임을 특정할 수 있다. 그리고 작가 주변 인물들의 증언으로도 작가 사신 원본의 확인이 가능하다.

2. 사신 내용 분석과 분류 단계

사신이 원본으로 확정된 다음 단계는 사신 내용의 분석과 분류 단계이다. 즉 각각의 사신 내용의 분석으로 작품과 작가와의 관련성에 따라 분류하는 단계이다. 이 단계 전에 작가의 사신을 어떤 관점에서 접근하느냐에 따라 사신의 가치 부여가 달라지게 된다. 따라서 사신 접근 방법을

1) 발신자의 관점

2) 수신자의 관점

3) 발신자-수신자의 관점

4) 제3의 관점(사신 등장 작가의 관점)

등으로 정리할 수 있다.

사신 연구의 선행 작업은 사신 접근 방향에 따라 사신의 내용을 확인하여 범주화하는 일이다. 작가 사신은 크게 작가 일상과 관련된 내용, 작가와 작품 관련성이 있음을 기준으로 나누어 분류하고 분석하는 작업이 필요하다. 물론 작가의 일상이 작가와 관련성이 없는 것이 아니요, 또한 작품과의 긴밀성이 없는 것이 아님은 분명하다. 작가의 일상적인 삶으로부터 작가의 내면 풍경이 작품으로 반영되어 있을 수 있으며, 문단 활동으로도 연결되어 있다. 물론 분류와 분석 단계를 거친 다음에 작가와 작품 관련성을 파악하고 정리하는 작업도 병행해야 함은 당연하다.[43]

구체적인 항목은 다음과 같다.

1) 사신을 통한 작가 일상의 특징

2) 사신을 통한 작가와 작품의 접근 방법

(1) 사신과 작품의 관련성: 작품 연구(작품 발굴 및 가치 부여)

(2) 사신과 작가의 관련성: 작가 연구(창작 동기 및 심리와 창작 태도)

3. 사신 내용 심화 단계

위의 단계를 거친 다음에는 사신과 관련된 작가의 종합적인 연구로 진행되어야 한다. 그 단계는 작가의 다양성, 입체성과 작품의 문학성 그리고 작가 평전, 문학사의 위치 나아가 문화적 가치를 정립하여 보존

43 오영수의 사신 기록물에는 이와 관련된 구체적인 사례를 볼 수 있다.

및 전시하고 후대에 남기는 작업 등이다. 이러한 단계에 이르기 위해서는 입체적인 접근으로 사신을 조명할 필요성이 있다.

이외에도 미발표 작가 사신 기록물을 발굴함과 동시에 작가 문학관에 소장된 사신 기록물도 분석과 분류로 다양한 작가와 작품 세계를 모색하는 자료로 활용할 수 있다.

구체적인 항목은 다음과 같다.

1) 사신을 통한 작가와 작품 세계의 입체적 접근 방법

2) 사신을 통한 문학사와 문단사의 조명 방법

4. 사신 기록물 접근 방법

작가 사신 기록물이 원본으로 확증되고 난 뒤부터 작가 사신 기록물 자체를 놓고 연구자는 다음과 같은 방향으로 다가가면 작가의 여러 모습을 볼 수 있다. 작가 사신 연구는 사신 자체에 대한 연구로부터 시작되기 때문에 접근 방법을 이해할 필요가 있다. 본 연구서에서는 크게 세 방향으로 정리했다.

ㄱ. 사신 내재적 접근 방법으로 사신 기록 내용만을 중심으로 작가와 작품을 연구하는 경우

ㄴ. 사신 외재적 접근 방법으로 〈작품 연보〉와 〈작가 연보〉를 참조해 작가와 작품을 연구하는 경우

ㄷ. 기타 접근 방법으로 주변 증언, 각종 기록물, 방계 연구 자료 등을 참고하여 사신을 접근해 작가와 작품을 연구하는 경우

위의 세 방향에 대해 부연 설명하면 다음과 같다.

ㄱ의 경우는 사신 기록물을 탐독할 때 이미 공개된 사신 혹은 미발굴 사신이나 작가 문학관에 보존되어 있는 사신 기록물도 마찬가지다. 이 경우는 연구자가 사신만으로도 작가와 작품을 파악할 수 있는 넓은 이해와 안목을 가지고 있을 때에만 가능하다. 한 작가에 대해 깊고 넓은 안목을 가진 연구자가 필요한 이유이다. ㄱ만으로는 사신 기록물에 대한 연구의 어려움이 있기 때문에 ㄴ과 ㄷ의 도움이 필요하다.

ㄴ의 경우는 〈작가 연보〉와 〈작품 연보〉를 바탕으로 탐독하는 경우로 사신 기록물과 관련된 정보를 통해 사실로 확인하는 방법이다. 물론 ㄴ과 ㄷ의 방법을 동시에 참고할 때가 있다.

ㄷ의 경우는 사신 기록물과 작가(작품) 연결 방법으로 1. 발신자-수신자 연결 관계 2. 사신 기록물에 등장한 작품, 안부, 사무적인 내용, 기타 등 관련성을 고증하는 방법으로 문학사와 문학성을 밝히는 경우가 있다. 물론 ㄱ~ㄷ은 연구 과정에서 동시에 진행되는 것이다. 사신 연구자가 사신의 성격에 따라 연구 방향과 분석을 진행하면서 적용해야 한다.

작가 사신 기록물의 발굴과 함께 전국 문학관에 전시되어 있는 작가 사신 기록물을 대상으로 연구가 이루어진다면, 분명 작가의 문학과 문학관 그리고 작가 전집과 평전의 방향은 다소 풍부해질 것은 분명하다.

앞의 설명은 작가 사신 연구에 필요한 과정을 정리한 것이고, 다음 장에서는 작가 사신 연구 과정을 밑바탕에 깔고 구체적으로 어떻게 연구가 진행되는지를 설명하고자 한다.

1

사신 원본 확정 단계

예술은 위작과 원작의 차이에서 가치가 달라진다. 물론 예술 작품의 원작과 복사본 차이처럼 문학 작품집의 초간본도 그 가치가 천양지차(天壤之差)라고 할 수 있다.[44] 특히 예술 작품의 발굴 과정에서 원작 확인은 반드시 거쳐야 하는 과정이다. 원작 확인은 타당한 방법과 원작이 가진 심미성 확인도 있어야 한다.[45] 마찬가지로 작고 문인들의 사신 연구의

44 만해 한용운(韓龍雲, 1879~1944)의 『님의 침묵』(회동서관, 1926) 초판본 출간 당시에 300부 정도였으나, 현재로는 20여 권 내외로 남아있다. 2021년 9월 26일 방송에서 감정가 8천 만 원이었으나, 2023년 2월 23일자 언론 보도에 따르면 1억 5천여 만 원에 낙찰되었다고 한다. 윤동주의 『하늘과 바람과 별과 시』와 백석의 『사슴』 역시 수 천만 원에 거래되었다. 작가들이 엄혹한 시대에 응전했던 시대 정신과 문학 정신에 대한 경제적인 가치를 부여한 것이다. 이런 점에서 보면 작가 사신 원본의 가치를 경제적 가치로 고려해 볼 수 있을 것이다. 나아가 작가 전기나 작가 평전 완성을 위한 작가 사신 기록물의 가치 또한 분명해 보인다.

45 미술 작품의 발굴과 그 원본 확정 그리고 원본이 담고 있는 심미성이 가치 판단의 기준이 된다. 2000년대 초 미국 뉴욕주 소도시 킨더훅의 헛간에서 새똥이 잔뜩 묻은 채로 발견됐던 그림이 26일(현지 시간) 뉴욕 소더비 경매에서 310만 달러(약 38억 원)에 낙찰됐다고 CNN 등이 30일 보도했다. 이 작품은 17세기 네덜란드 화가 안토니 반 다이크(1599~1641)의 작품이라는 판정을 받고 값이 큰 폭으로 뛰었다. 하얀 수염을 가슴팍까지 늘어뜨린 남성 노인의 나신을 그린 이 작품의 제목은 '성 히에로니무스를 위한 습작'이다. 이번 낙찰 전까지 미국의 미술 수집가 앨버트 로버츠 씨가 소장하고 있었다. 로버츠 씨는 2002년 이 그림을 단돈 600달러(약 74만 원)에 사들였다. 그는 구입 후 본격적으로 작품의 유래를 추적하기 시작했다. 이후 미술 전문가들로부터 반 다이크가 네덜란드 거장 페테르 파울 루벤스의

출발점 역시 사신 원본에 있다. 위작(僞作)이 아닌 작가 사신의 원본이 가진 '아우라'에서 출발해 사신 내용에 따라 그 가치가 또한 달라진다. 물론 문학 정신의 가치로 자리매김되는 한국문학사에서 작가 사신의 가치도 당연히 달라진다. 이제 그 과정을 구체적으로 설명하면 다음과 같다.

1) 발신자와 수신자 관계

작가 사신 기록물 연구에서 먼저 확인해야 할 사항은 발신자와 수신자의 관계이다. 사신은 본래 발신자와 수신자 사신에 일정한 양식이 존재하는데, 대개는 편지 겉봉투에 거주 공간의 주소지와 발신 날짜, 발신인과 동일하게 수신인의 거주 공간의 주소지와 수신인이 기록되어 있다. 겉봉투가 없는 경우는 사신 내용과 서명 그리고 필체 기타의 방법으로 원본 확증이 가능하다. 그래서 발신자와 수신자의 관계를 파악하여 작가 사신 원본 여부를 확인할 수 있다. 이 둘의 관계가 확증되어야만 작가 사신 기록물의 연구 가치가 결정된다. 즉 작가와 작가 혹은 예술가의 관계인지, 문인이 아닌 가족 관계 또는 일반인의 경우에 따라 검토와 연구 방법이 달라지기 때문이다. 문인과 문인의 관계는 작가와 작품의 직접적인 관련성이 있을 수 있지만 작가와 다른 관계에 있는 경우는 발신자와 수신자의 관계를 고려해 분석해야 한다.

수신자인 문인을 통해, 발신자의 유족이나 가장 가까이 지냈던 관련자를 통하여 작가의 사신 기록물의 원본 진위를 고증할 수 있다. 이육사

조수로 일하던 시절 그린 작품이라는 감정을 받아냈다. 킨더훅에는 네덜란드 이민자 후손이 많이 거주하고 있다. 이 그림이 어떻게 해서 유럽에서 미국으로 건너왔는지, 왜 킨더훅 헛간에서 새똥을 뒤집어쓰고 있었는지는 알려지지 않았다. 로버츠 씨가 2021년 세상을 떠나면서 후손들이 그림을 경매에 내놨고 이번에 낙찰됐다(《동아일보》, 2023년 1월 31일, 이청아 기자 clearlee@donga.com).

와 신석초, 송욱(宋稶, 1925~1980)과 정명환 교수, 신석정(辛夕汀, 1907~1974)과 장만영(張萬榮, 1914~1975), 박화성(朴花城, 1903~ 1988)의 자녀 혹은 전공 연구자 같은 경우이다. 만약 사신이 원본이 아닐 경우 발생하는 문제는 결국 작가와 작품의 해석에 대한 오류를 낳을 수 있다.

발신자와 수신자로 원본을 확정하는 방법 외에 사신 내용 중 앞머리 인사말에 수신인의 인명 혹은 끝인사에 발신자의 인명이나 필명으로 확인할 수 있다. 즉 '○○○에게'라든지 '○○○ 보냄' 등의 경우이다. 그리고 사신 겉봉투에 쓰여진 발신자인 작가의 글씨체와 사신 본문에 쓰여진 글씨체의 동일성 여부로도 확정할 수 있다.

다음은 발신자와 수신자의 확인으로 작가 사신의 원본을 확정할 수 있는 예시이다.

[자료 15]

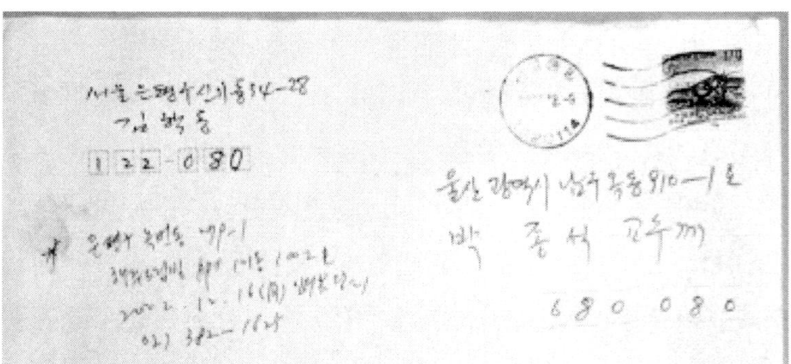

김학동 교수가 필자에게 보낸 사신의 겉봉투

구성

왼쪽 상단	발신자 주소 서울 은평구 신기동 ○○
	발신자 김학동
	우편번호 122 - 080
오른쪽 하단	수신자 주소 울산광역시 남구 옥동 ○○

수신자 박종석

우편번호 680-080

[자료 15]의 사신이 필자에게 온 사연은 다음과 같다.

필자가 21세기의 시작점인 2000년, 송욱(宋稶, 1925~1980) 작고 20주기를 기념하여 『송욱 문학 연구』(2000)와 『송욱평전』(2000)을 출간하여 전국의 국어국문학과 전공 교수 60여 명에게 보냈는데, 이에 대한 답례 형식의 사신이다. 일일이 우편으로 접수했고 비용도 상당했다. 중앙대 교수 1명은 메일과 통화를, 인제대 교수는 엽서 1장, 그리고 서강대 김학동 교수만이 연락을 주었고 또한 직접 필자에게 사신을 보냈다. 이와 같은 내용만으로도 **[자료 15]**는 원본임을 의심할 여지가 없다고 본다. 그리고 원본의 근거는 발신자와 수신자 관계가 사신의 겉봉투에 정본임을 증명하는 기본적인 구성이 갖추어져 있다. 뿐만 아니라 사신의 말미에 연월일이 적혀 있어 확실한 증거임을 알 수 있다. 또한 발신자의 서체와 특징 있는 인명 등도 확정의 근거이다.

그런데 가끔은 발신자와 수신자가 명확하더라도 원본 문제에 대한 이견(異見)이 있다. 내용상 오류이거나 왜곡 때문이다. 이는 문학사에서 중요한 위치를 점하는 작가의 경우 특히 문학적 일대기를 구성할 때 문제가 심각해질 수 있다. 작가의 문학사적 가치에 따라 사신들을 수정하여 그 가치를 높이는 데 악용될 수도 있기 때문이다.[46] 실제 소프라노 가수 윤심덕(尹心悳, 1897~1926)과 현해탄 정사(情死)를 남겼던 김우진(金祐鎭, 1897~1926)의 유언 사신에 대한 논란이 있었다. 김우진은 한국희곡문학사에서 그 역할을 고려했을 때, 그의 죽음과 관련된 유언 성격의 사신의 진위 여부는 매우 중요하다. 사신 내용 중 일부를 삽입하거나 발신 날짜를

46 박종석, 「5. 일기, 편지의 내면 심리」, 『작가 연구 방법론』(수정 증보판), 2007, 83쪽.

지운 상태에서 글씨체가 다른 일자를 기록한 것에 문제를 제기해 논란이 있었다. 작고 문인의 사신 기록물 원본에 대한 진위 여부는 사신 연구의 첫 걸음이다.[47]

[자료 16]

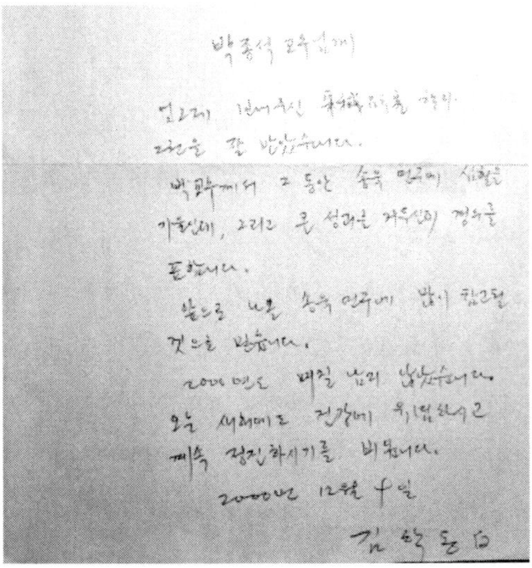

박종석 교수님께

엊그제 보내주신 宋稶研究 책자
2권을 잘 받았습니다.
박교수께서 그 동안 송욱 연구에 심혈을
기울인데, 그리고 큰 성과를 거두신데 경의를
표합니다.
앞으로 나올 송욱 연구에 많이 참고될
것으로 믿습니다.
2000년도 며칠 남지 않았습니다.
오는 새해에도 건강에 유의하시고
계속 정진하시기를 바랍니다.
2000년 12월 4일
김학동 드림

김학동 교수가 필자에게 보낸 사신

구성

수신인 박종석 교수님께

내용 엊그제 보내주신 宋稶(송욱) 研究(연구) 책자

2권 잘 받았습니다.

박교수께서 그 동안 송욱 연구에 심혈을

기울인데, 그리고 큰 성과를 거두신데 경의를

표합니다.

---

47 박종석, 앞의 책, 83~84쪽(양승국, 『김우진 – 그의 문학과 삶』, 태학사, 1998. 참고).

앞으로 나올 송욱 연구에 많이 참고가 될
것으로 믿습니다.
2000년도 며칠 남지 않았습니다.
오는 새해에도 건강에 유념하시고
계속 정진하시기를 비옵니다.

발신 날짜 2000년 12월 9일

발신인 김 학 동 白

[자료 15]의 사신 겉봉투의 발신자 필체와 **[자료 16]**의 사신 본문과 끝 부분의 필체와의 일치 여부로 판단할 수가 있다. **[자료 15]**의 사신은 필자에게 보낸 사신의 겉봉투에 쓰인 '김학동'과 사신의 끝 부분에 '김학동'의 필체는 일치한 것으로 보인다. 물론 필자가 수신자이기 때문에 원본임을 확증할 수 있다.

김학동은 한국시문학사에서 시인 연구에 심혈을 기울인 학자이며 교수이다.[48] 학계에서 특히 소설 작가론 연구자인 김윤식(金允植, 1936~2018)과 함께 빛을 발하는 비평가이기도 하다. 현대시사의 정지용(鄭芝溶, 1903~1950), 오장환(吳章煥, 1918~1951), 김기림(金起林, 1908~?), 이육사 등과 같은 걸출한 시인 연구로 후학들에게 본보기가 되는 학자임은 분명하다. 이러한 그의 연구는 비평계나 학계에서 묵언적 가르침을 후학들에게 주었다고 평가할 수 있다.

정지용의 「유리창」에 등장하는 시적 대상인 '아이'에 대한 논란이 있었을 때, 작품 연구에 필요한 정지용의 유족 인터뷰와 김학동의 연구 결과를 필자는 연락을 통해 확인할 수 있었다. 이는 사신을 통해 이어진

48 『김기림 평전』, 『김소월 연구』, 『김안서 연구』, 『이상화 연구』, 『정지용 연구』, 『한용운 연구』, 『오장환 평전』 등의 유작이 있다. 김학동과 김유중 교수는 김기림(『김기림 연구』)에 대한 심도 있는 논의를 보여 주었다.

문학적 연결 통로임과 동시에 문학적 교유를 통한 작품 연구의 한 방법이었음을 알 수 있다.[49] 작가 사신 연구에서 기초 작업에 필요한 작가 주변 인터뷰의 필요성을 다시 한 번 보여 주는 대목이다.

다음 자료는 1930년대 천재 시인으로 평가 받았으며, 윤동주의 가슴 속에 깊이 새겨졌다는 백석의 시에 등장하는 박경련의 사신 기록물이다.

[자료 17]

백석의 '란'이라 불렸던 박경련이 차영한에게 보낸 사신 겉봉투 앞면

[자료 18]

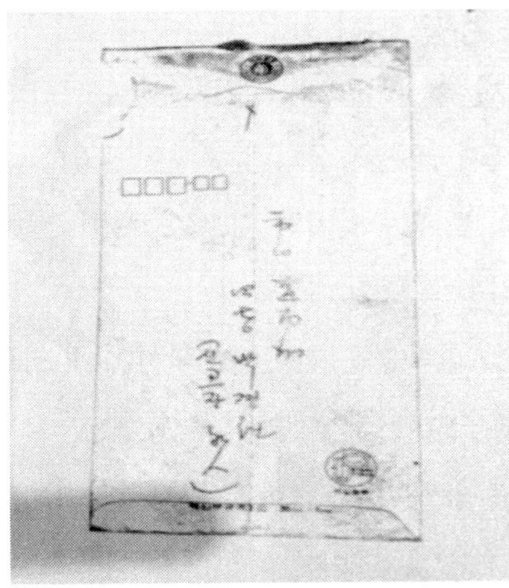

백석의 '란'이 차영한에게 보낸 사신 겉봉투 뒷면

49 졸저, 『작가 연구 방법론』 참고.

[자료 19]

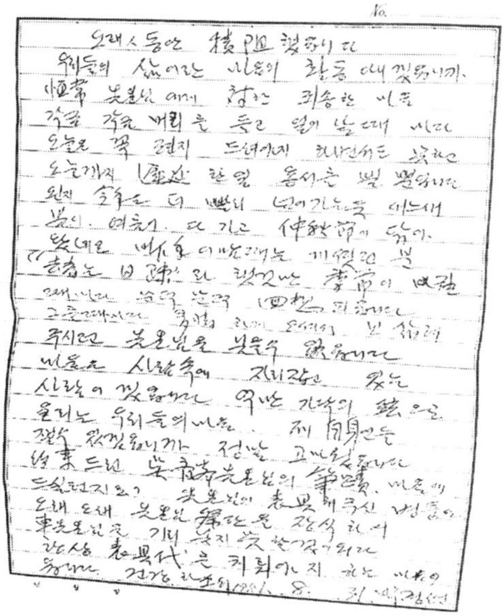

박경련이 차영한에게 보낸 사신

위의 자료는 백석이 충무에서 지냈던 시기에 연정을 가졌다는 이야기의 주인공인 '란'(본명 박경련)이 통영의 차영한에게 보낸 사신 기록물이다. 「내가 생각하는 것은」이라는 작품에서 '내가 오래 그려오든 처녀가 시집을 간' 여인 '란'을 백석이 떠올린 것이다. 이 역시 백석에 대한 연구에 '란'의 인터뷰는 어쩌면 당연한 것이다.[50] 이 시에 대한 풍부한 해석과 백석의 삶과 문학의 관련성을 짚어 볼 수 있는 인터뷰가 예상되는 사신 기록물이다.

사신 원본 확정 방법 중 발신자-수신자의 관계로 검토할 때 반드시 고민해야 할 사항 중 하나는 사신에 대한 연구자의 관점이다. 다만 사신

50 통영 한빛 문학관장 차영한 시인의 전화 인터뷰(2023년 1월 16일).

연구에서 발신자의 관점에서 볼 것인가 아니면 수신자 입장에서 볼 것인가에 따라 사신의 내용에 대한 분석과 해석의 관점은 달라진다. 발신자가 보낸 사신 내용에 따라 발신자의 문학관이 반영될 수도 있고, 동시에 발신자의 사신 내용에 따라 수신자의 문단 활동에 영향을 줄 수도 있다. 즉 수신자의 문학사적 위치를 고려한다면 사신과 관련된 작품의 새로운 해석의 여지가 있다. 또 발신자의 문단 활동과 문학 세계 등은 사신을 통해 새롭게 해석할 수 있다. 이는 사신 연구의 가치 여부를 판가름하는 중요한 자기장(磁氣場)이기도 하다.[51]

2) 발신 연도, 발신 공간 확인

작가 사신 기록물 연구에서 발신자와 수신자 관계에 따른 원본 확정 다음으로 발신 연도와 날짜를 확정해야만 작가 사신과 관련된 문단 활동 및 작품을 분석할 수 있다. 그리고 〈작가 연보〉와 〈작품 연보〉를 객관적으로 확증하거나 정리할 수 있는 단서를 찾을 수 있다. 이상이 1936년 11월 17일 서울에서 일본 동경으로 떠났는데, 김기림에게 보낸 사신의 발신 연월일이 1936년 11월 14일자라면 분명 발신일의 문제가 있음을 고은이 지적한 바가 있다.[52] 이러한 일련의 과정에서 보듯이 발신 연도는 작가 사신의 원본 확정에 매우 중요하다.

사신 원본 확정에서 발신 연도와 발신 공간의 중요성을 정리하면 다음과 같다.

첫째, 사신 기록물 연구에서 가장 어려운 점은 사신의 발신 연도를 특정한 것이다. 발신 연도는 대체로 두 곳에서 파악할 수 있다. 사신의

51 『작가 사신 연구 방법론』의 〈2. 1) 상호 작용성의 접근 방향〉 참고.
52 박종석, 앞의 책, 84쪽(고은, 「동경의 고독과 절망」, 『이상평전』, 청하, 1980, 314쪽) 참고.

끝에 혹은 사신의 겉봉투에 찍힌 우체국을 표시하는 직인에서 연도를 확인할 수 있다. 간혹 이 두 곳에서 확인이 어려우면 사신 내용 중에서 특정 날짜와 역사적 사건을 언급한 경우도 있다. 여기서 발신 연도 또한 추정이 가능하다.

발신 연도가 찍힌 사신 끝에는 대체로 날짜가 기록되지만, 간혹 근현대 작가 가운데는 60갑자를 사신 끝에 쓴 경우도 있어 이를 연도로 환산하여 추정할 수 있다. '정미(丁未)' 같은 경우이다. 여기에는 작가의 생몰 연대와 작가 활동기를 기준으로 정확한 연대를 추정할 수 있다. 발신자와 수신자의 관계를 알 수 있는 겉봉투가 없으면, 사신 연구 자체가 무의미할 수도 있다. 그래서 겉봉투가 없으면 매우 까다로운 연구가 된다. 연도가 확정되어야만 작가의 활동 시기와 작품 발표 연대를 특정해 사신 기록물과의 관련성을 찾아 연구하고 분석할 수 있다.

또한 이미 연구자들에 의해 작가와 작품에 관한 상당 부분 연구가 진행되어 있다고 하더라도 작가의 사신을 통해 새로운 사실을 파악하게 되면 작가와 작품에 대한 기존 연구에 수정 혹은 보완의 근거가 될 수 있다. 지나치게 말하면 작가 사신 연구의 시작은 '발신 연도를 찾는 것이다.'라고 할 만큼 중요하다.

다음은 사신의 발신 연도를 확인할 수 있는 예시이다.

[자료 20]

송욱의 누이동생 송숙이 필자에게 보낸 사신의 겉봉투

발신자는 송욱의 누이동생 송숙이고, 수신자는 박종석이다. 그리고 발신지는 서울 종로구 화동이다. 발신 날짜는 우표에 찍힌 날짜가 2000년 8월 14일이라고 특정되어 있다. 『송욱평전』을 집필 및 출판한 필자에게 누이동생 송숙이 보낸 사신인데, 이 사신이 원본임을 확정할 수 있고, 사신 내용 중에는 필자가 미처 알지 못했던 송욱 관련 일화 중에 내용의 수정이 필요한 의견 등이 담겨 있었다.[53] 사신 내용을 탐독한 뒤에는 송욱 관련 필자의 연구에 대해 수정판을 통해 정리할 필요성이 있었다.

둘째, 사신 연구에서 발신 연도와 함께 발신 공간이 중요하다. 겉봉투에 우체국명이 나타나 있기 때문에 파악이 가능하다. 만약 겉봉투가 없으면 사신 기록물의 마지막 부분에서 '○월 ○일 ○○[발신 공간]에서'라는 구체적인 공간과 시간을 확인할 수 있다. 왜냐하면 특정 지역에서 거주한 것이 확인이 되면 특정 지역에서 문단 활동 및 창작 활동의 관련성을 파악할 수 있으며, 또한 작가 사후 전기 혹은 평전을 집필할

53 본고에서는 작가들의 사신 기록물을 중심으로 발신 연도와 발신 공간을 특정하는 예를 송숙의 사신으로 대체했으며, 이는 일반인뿐만 아니라 작가들의 사신에서도 확인할 수 있는 공통적인 부분이기 때문에 본고에서 설명한다.

때 그 지역 인사 혹은 문사들의 구체적인 증언이 가능하기 때문에 중요하다. 또한 〈작가 연보〉나 〈작품 연보〉를 작성할 때 매우 구체적인 고증 자료가 될 수 있다.

물론 사신 기록물이 발굴되기 전의 작가와 작품 연보를 먼저 작성한 경우에도 수정 및 보완을 위한 중요한 자료가 될 수 있다. 이 사신 기록물의 발신 연도가 불분명하면, 이미 연구된 연보를 참고하여 사신 기록물의 내용을 밝힐 수도 있는 반대의 경우도 가능하다.

셋째, 사신 내용에서 작가의 창작 공간도 추정이 가능하다. 작가의 창작 공간과 발신 공간은 사신 연구와 깊은 관련성이 있다. 특히 작가가 머문 특정 공간은 창작 배경 혹은 작품 속의 중요 무대로 설정되는 경우도 있기 때문에 작가 사신에 등장하는 특정 공간에 신경을 집중할 필요가 있는 것이다. '서울'이라는 특정 공간이 작품 속에 중요한 무대이거나 창작 공간이었음을 답사하고 정리한 『서울문학기행』[54] 같은 예도 있다. 특정 공간은 작가와 작품에서 그만큼 중요하기 때문에 그 공간을 사신에서 찾아 연구하는 방법도 있다.

오영수의 사신에 따르면, 서울 우이동의 벚꽃 풍경에 대한 감탄을 자아내고 있다. 이 벚꽃 풍경에 대한 인상을 담은 사신에 기록된 오영수의 거주 공간 또한 중요한 사신 연구의 근거가 된다. 이곳에 2023년 지금과는 사뭇 다르나 오영수가 거주했던 당시의 우이동은 서울 도심의 외곽임이 분명하다. 지금은 격세지감(隔世之感)의 공간이나 그 흔적은 남아 있을 것이다. 그래서 주변 공간에 대한 답사는 중요하다. 최근 우이동 일대가 복합 개발 단지로 변화한다는 언론 보도가 있다.[55] 적어도 복합

54 혜화동 주변 이상, 종로구 누상동 9번지 윤동주의 하숙집을 비롯해 이광수, 박태원, 임화, 박인환, 김수영, 손창섭, 이호철, 박완서 등 10여 명의 작가와 관련된 특정 공간과 문학에 관한 이야기를 담았다(방민호, 아르테, 2017).

55 우이동 버스 차고지에 체육 시설, 도서관 등 생활 SOC가 들어서는 방안을 서울시가 설계하고 있다.

개발 단지 이전 모습으로 작가의 거주 공간 및 그 주변에 대한 인식도 사신 연구의 이해를 가져 올 수 있다.

다음은 서울 우이동 주변의 공간을 알려주는 인터넷 검색 자료이다.

[자료 21]

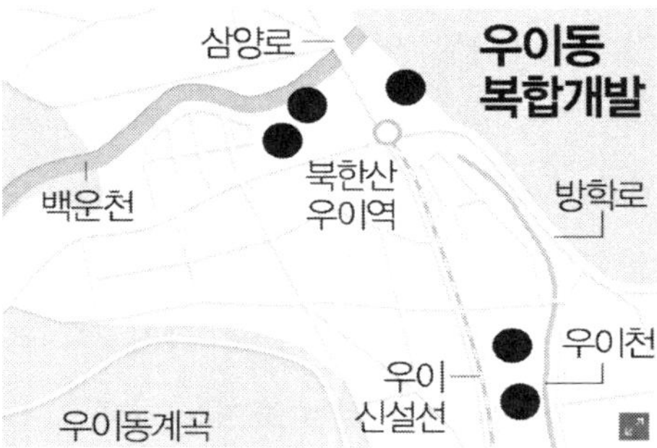

2023년 2월 3일 현재 인터넷 검색 자료

[자료 21]을 통해 오영수가 거주했던 우이동에서의 창작 심리와 작품 속의 공간 묘사도 파악할 수 있다. 그래서 작가의 창작 공간 혹은 거주 공간도 보존되어야 하지만 어떤 이유에서든 많은 작가들의 창작 공간과 거주 공간이 사라졌다.[56]

다음은 청마 유치환(柳致環, 1908~1967)이 대구에서 서울의 조연현에게 보낸 사신이다.

56 본서에서 언급한 최남선, 이광수, 현진건, 박목월, 박용래, 한성기 등을 참고.

[자료 22]

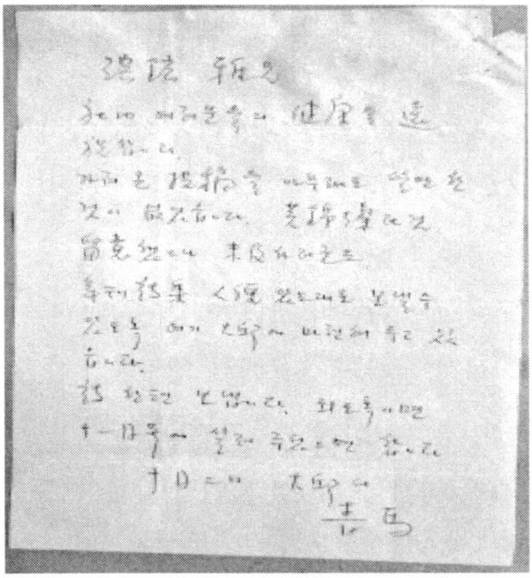

유치환의 사신

[자료 22]에는 문단 활동을 파악할 수 있는 특정 공간에 대한 내용이 적혀 있다.

> 가져 온 原稿를 아무래도 쓸만한 것이 없었읍니다.
>
> 黃錦燦 氏 것 留意했으나 未及하더군요.
>
> 十月 二日 大邱서
>
> 靑馬
>
> -「전문」 중에서

사신의 끝머리에 '10월 2일 대구서'라는 발신 공간이 기록되어 있다. '대구'라는 공간은 청마가 문단 활동과 창작 활동을 활발하게 한 시기와 겹친다. 유치환은 대구에 거주할 때, 서정주(徐廷柱, 1915~2000), 김동리(金東里, 1913~1995), 조연현, 김현승(金顯昇, 1913~1975) 등과 함께 《현대문학》의 추천위원 활동을 했는데, **[자료 22]**에서는 작품 추천 대상작의 수준이 '未及(미급: 아직 미치지 못함)'하다고 회신하는 내용이다. 여기에 황금찬 시인의 낙선작과 추천작에 대한 조사, 강원도에서 최인희와의 동인 활동 등을 추적하여 연구할 수 있다. 발신자와 수신자 사이에 등장한 황금찬을 통해 지역 문단의 이면사와 한국문학사의 확장 가능성까지를 가늠할 수 있는 작가 사신 기록물이다.[57]

[자료 22]는 대구에서 유치환이 조연현에게 1956년 전후해 보낸 사신으로 보인다. 왜냐하면 청마가 대구에서 활동했던 때를 〈작가 연보〉에서 참고했기 때문이다.[58] 사신 겉봉투가 없거나 발신자가 보낸 사신 끝에 단순히 월일만 기록되어 있어 발신 연도를 파악할 수 없을 때 〈작가 연보〉를 활용해야 한다.

[자료 22]에는 사신의 끝에 발신 월일은 특정되어 있기 때문에 발신 연도만을 추정하면 된다. 사신 내용 중에는 문단 활동, 출판 기념 혹은 출간 저서에 대한 인사 등이 담겨 있어, 이를 근거로 발신 연도를 추정할 수도 있다.

다음은 사신 내용을 통해 발신 연도를 특정할 수 있는 자료이다.

---

57 상호 작용성 접근 방향 중 제3의 관점에 해당한다. 이는 Ⅲ장에서 구체적으로 설명한다.
58 문덕수, 『청마 유치환 평전』, 시문학사, 2004.

[자료 23]

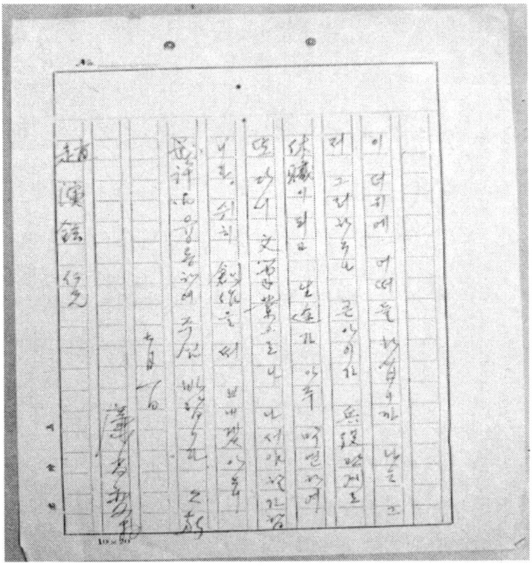

염상섭의 사신

[자료 23]에는 수신자에게 전하는 안부 인사와 함께 염상섭의 '큰 아이가 兵役(병역) 관계로 休職(휴직)이 되어 生途(생도: 살아가는 방도)가 아주 막연(漠然)하여 또 다시 文學(문학) 業(업)으로나 나서야' 하는 작가의 경제적인 어려움을 토로하고 있다. 이 사신에 등장하는 '큰 아이'는 염상섭의 장남 염재용(廉在瑢)으로 보인다.

〈작가 연보〉가 정확하지 않을 때는 염상섭과 관련된 방계 자료를 참고하여 사신에 대한 정보를 파악할 필요가 있다. 이어령의 『한국 작가 전기 연구』(204쪽)에 따르면, 염상섭은 6남 2녀 중 삼남으로 태어나 슬하에 2남 3녀를 두었다. 장남과 차남 사이에 3명의 딸이 있는 것으로 보아 '큰 아이'는 장남이라는 사실을 밝힐 수 있다.

그리고 김윤식에 따르면, 염상섭은 1929년(33세) 5월 23일 김영옥(金英玉)과 결혼했고, 1931년 장남이 출생한 것을 참고로 할 수 있다. 그렇다면 대략 20대 전후의 군 병역의 나이로 보아 1950년대 초반은 되어야 할 것이다. 부인 김영옥과 장남 염재용의 인터뷰를 통해 염상섭을 정리한 김용성(『한국현대문학사 탐방』, 국민서관, 1973)에 따르면, 6·25 동란 직후부터 이무영(李無影, 1908~1960)과 함께 해군 입대해 해군 소령으로 임관되어 1953년 휴전까지 근무했다는 기록으로 보아 장남의 군 복무는 적어도 1953년 7월 27일은 지나야만 된다. 그리고 염상섭의 사망 시기인 1963년 이전으로 보아야 한다. 구체적으로 발신 연도를 특정하기 어려운 점이 있음은 한계이나 발신 연대 전후를 참고하여 작가의 활동을 재구성해 볼 수 있다.

사신 겉봉투가 사라진 상태에서 발신 연대 추정이 염상섭의 경우와 달리 시인, 비평가인 이형기(李炯基, 1933~ 2005)의 사신 내용 중 발신 연월일을 파악할 수 있다.

[자료 24]

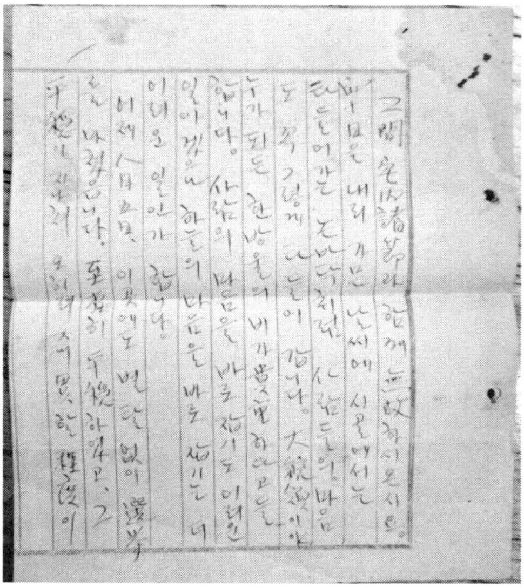

이형기의 사신

[자료 24]에는 '대통령 선거, 8월 5일'이라는 정보와 작가가 거주한 것으로 보이는 '시골'을 통해 사신 기록물의 발신 연대를 추정할 수 있다. 즉 역대 대통령 선거일을 조사하면 이 사신 기록물의 발신 연대를 특정할 수 있고, 이 시기에 시인 이형기의 거주지를 통해서도 가능하다.

이렇게 발신 연도를 추정한 다음, 이 시기의 작품 활동과 문단 활동 등을 탐색하여 기존 문학 연구에서 밝혀졌던 내용 외의 문학 세계와 문단 활동을 파악할 수 있는 것이다.

3) 서체 및 서명

작가 가운데 본명 대신에 필명 혹은 가명을 쓴 경우도 있다. 최근에 민족시인 이육사(1904~1944)의 현존하는 유일한 서명(사인)이 이육사 문학관을 통해 공개되었다. 이육사의 일본어판 장서 『예지와 인생』 속표지에 있는 서명이 이육사의 것임을 확인했다고 밝혔다. 시인 이육사의 본명이 이원록(李源祿)이고 '이육사(李陸史)' 또는 '이활(李活)'이라는 필명으로 활동했던 그의 서명이 확인된 것은 이번이 처음이다.[59] 필명이 확인되면 그 작가의 작품과 유품과는 필연적인 관련성이 있다.[60] 즉 작가와 작품

59 경북 안동 이육사 문학관(관장 손병희)에서 2022년 1월 16일 열린 이육사의 78주기 추념식에서 공개, 프랑스 작가 포르튀나 스트로프스키(Fortunat Strowski, 1866~1952)의 『예지와 인생』(오오사와 히로미 옮김, 1940) 속표지에는 '육사'(陸史)라는 전서체 한자로 된 이육사의 인장과 함께 적혀 있다. '미러 라이팅'(mirror writing)이라 불리는 반전(反轉) 기법으로. 서명을 뒤집어서 보면 이육사의 또 다른 필명인 '이활'(李活)을 흘려 쓴 것임을 알 수 있다. 지난해 이 서명에 관한 손병희 이육사 문학관장의 강연을 듣던 한 법무사 직원이 "뒤집어서 보면 어떻겠느냐"라고 제안한 것이 확인의 단초가 됐다(최재봉 선임 기자, 「의문의 이 글씨, 뒤집어 보니 이육사의 '유일한 서명'이었다」, 《한겨레》, 2022년 1월 18일). 필자는 신석초의 사신 연구를 추후에 발표할 예정임을 손병희 관장에게 알렸다(2022년 11월 12일).

60 '이활'은 이육사 최초의 시(「말」, 《조선일보》, 1930년 1월 3일)에서 나타났으며, '육사'는 그의 사신(1932년 6월 28일)에서 필명으로 처음 사용했다. 신석초에게는 '陸史弟'(1936년 7월

연구에 영향 관계가 있다는 점에 착안해야 한다. 이 서명의 확인을 통해 『예지와 인생』이 이육사 문학과의 관련성 혹은 영향 관계를 천착(穿鑿)할 수 있는 단서가 된다. 이러한 구체적 논의 역시 작가 사신 연구의 한 방법론으로 활용되는 근거가 된다.[61]

조연현의 집필 공간이었던 성북구의 정릉 3동에는 〈작가 필명 병풍〉(필자 명명)에 대략 100명의 작가 필명이 기록되어 사신 기록물의 원본 여부를 확인할 수 있는 근거가 된다.[62]

[자료 25]

「예지와 인생」 속표지, 육사의 인장과 서명. 이육사 문학관 제공

[자료 26]

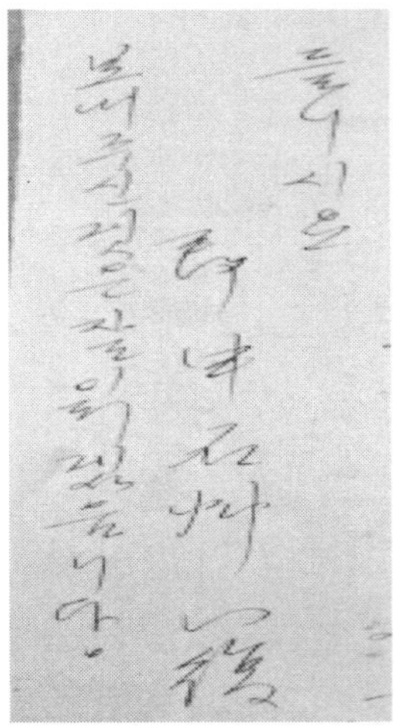

신석초 사신의 서명

30일, 1940년 4월 17일)로, '李陸史'(1942년 8월 4일)로 사신을 보냈다(도진순, 〈이육사 작품 연보〉, 『강철로 된 무지개』, 창비, 2018).

61 졸저, 『작가 연구 방법론』 참고.

62 필자가 서울대 김유중 교수에게 이 사실을 알렸고, 한국현대문학관 서영인 박사에게 소개해 함께 방문하여 열람하였다(2022년 10월 1일).

[자료 27]

조연현 자택 병풍에 펼쳐진 작가 서명

[자료 28]

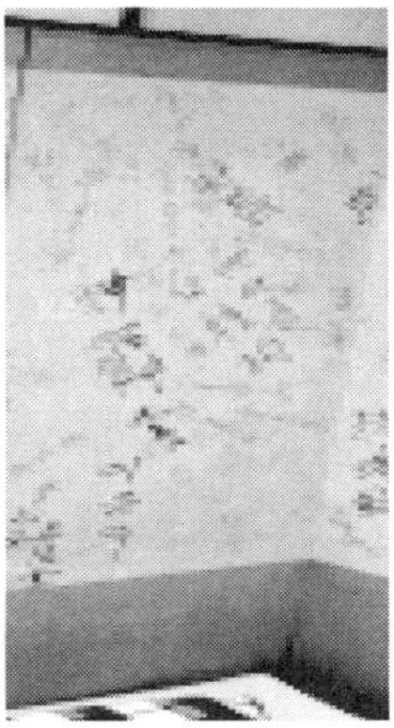

신석초의 서명

이육사와 문학적 지음(知音) 관계인 신석초(申石艸, 1909~1975)도 필명을 쓴다.[63] **[자료 25]**에서 보는 것처럼 신석초로 알려진 시인의 본명은 응식(應植)이며 호는 석초(石艸) 혹은 석초(石初)이다. 어쩌면 신석초의 문학적 위치는 그의 필명인 신석초에 의해 자리매김한 것으로도 보인다.

이외에도 춘원 이광수부터 금동 김동인, 횡보 염상섭, 난계 오영수, 청마 유치환, 다형 김현승 등과 같이 근현대 작가들 대부분이 필명으로 창작 활동을 했다. 또 작가들 가운데는 본명을 필명처럼 사용하나 필명의 한자음이 다른 경우도 있다. 소설가 염상섭(廉想涉)은 필명이며 본명은 염상섭(廉尙燮)이고 시인 오상순(吳相淳)은 오상순(吳想殉)으로, 시인 이상화(李相和)는 이상화(李尙火)로 사용하기도 했다.[64]

창작 활동 중에 필명을 바꾸기도 하기 때문에[65] 이 시기를 파악한다

---

63 조연현에게 보낸 신석초의 사신은 1통 2장이 남아 있음을 2022년 8월 1일 정릉 자택에서 확인 후, 일정 부분 연구를 진행했지만 발굴 과정 및 그 전반에 대한 언급을 서울대 김유중 교수(2022년 8월 1일 전화 통화)와 한국문학관 연구사와의 업무적인 일로 발표를 미루고 있다(서울 정릉, 2022년 10월 1일).

64 이어령 외, 「염상섭」, 『한국작가전기연구』(상), 동화출판공사. 1975, 203쪽.

65 문필가들이 본명 외의 이름을 사용하게 된 데에는 호를 애용하는 선비들의 전통적인 관례

면 좀 더 구체적인 발신 연도를 특정할 수 있다. 가령 임화(林和, 1908~1953)의 필명 시기에 따라 작품의 원본 여부를 판단할 수 있다. 늘봄 전영택(田榮澤, 1894~1968) 역시도 마찬가지다. 염상섭이나 오상순을 비롯한 작가들이 처음부터 필명을 썼다고 볼 수 없다. 특정 시점부터 필명을 사용했다면 그 시점으로부터 사신 기록물의 발신 연대를 추정할 수 있는 방법도 고려해 볼 수 있을 것이다. 물론 발신 연대가 확정된다면 이를 바탕으로 오히려 필명을 사용한 시점도 역산할 수 있다. 그래서 특정 시기를 전후한 문단 활동, 문학 세계와 그 문학적 변모 양상 등을 연구할 수 있다.

그리고 당연히 발신 연도 확인은 작가의 생몰 연대와의 관련성, 문단 활동과 창작 활동 등 작가 주변 환경 등을 확인할 수 있는 단서이기도 하다. 〈작가 연보〉와 〈작품 연보〉는 물론 작가의 작품 활동의 시대적, 사회적 환경의 영향 관계를 분석하는 데에도 중요한 자료이기도 하나, 작가 사신의 발신 연도를 추정하는데 유용한 근거 자료가 된다. 가령 계용묵(桂鎔默, 1904~1961)의 사신은 사신 겉봉투가 없어 발신 연도를 추정하기 어려우나 사신 내용 분석이나 생몰 연대로 특정 발신 연도를 추정할 수 있다. 즉 1961년 사망했으니 최소한 지금으로부터 60년 전 사신 기록물로 특정할 수는 있다. 작품으로만 작품 세계를 밝힐 수 있으나, 이 사신 기록물과 연관성을 가진다면 창작 배경 및 창작 당시의 작가 심리까지 들여다볼 수 있어 작품 세계를 입체적으로 파악할 수 있는 것이다.

작가의 필명과 작품 세계의 관계를 고려해서 작가의 필명도 참고해야 한다. 본명 김해경보다 문단에 더 알려진 이상. 이상이라는 이름에는

와 신문화 초기에 보인 필자난 때문에 한 사람이 같은 잡지에 몇 편의 글을 동시에 발표하되 같은 이름으로 중복하기 난처하다는 애로가 겹쳐 새로운 유행으로까지 번진 때문이다(김병익, 「호와 필명의 애용」, 『한국문단사』, 문학과 지성사, 2003, 124~128쪽).

일본문화적 속성이 있다는 점에서도 그의 필명이 작가의 문학적 특징을 가늠하는 중요한 의미를 지닌다는 것이다. 이처럼 필명을 통해서 작가의 문단 활동을 파악할 수 있고 시대와 이데올로기의 양면성을 엿볼 수도 있다. 가령 월북한 작가와 작품을 드러내 놓을 수는 없으니 그 이름들을 삭제해야 했던 시대가 있었다. 임화(林和)의 본명은 임인식(林仁植)이었고, 이것조차도 임식(林植)으로 사용하기도 했다. 「문인 필명 일람표」(김윤식 편, 『한국현대문학연표』)는 좋은 참고 자료가 된다.[66]

필명만으로도 작가 사신 기록물의 원본을 확정하거나 기타 유품을 정리하는 데 도움이 된다. 원본은 작품 연구로, 유품은 작가 문학관의 소장 자료로 보관되는 유용한 기준이 된다. 그런데 작고 문인의 사신은 작가 개인이 정리해 보관하는 경우는 드물다. 발신자는 자신이 보낸 사신을 수신자에게 돌려받기 어려워 보관이 쉽지 않기 때문이다. 수신자 역시 그 내용의 각별함이 아닌 경우는 특별히 정리 보관하지 않는 경우가 많다. 이처럼 작가들의 사신이 흩어져 있기 때문에 원본을 찾기가 쉽지 않을 뿐 아니라 사신에 대한 가치를 인식하지 못해 보관에 소홀할 수도 있다.

개인 보관의 경우 보존 처리 때문에 훼손이 심각할 수도 있다. 그래서 발굴과 동시에 보존 처리해 문학 유산으로 관리할 필요성이 있다. 다행히 공공 기관 주도의 문학관에서 작고 문인들의 육필 원고 및 사신들을 수집해 관리 및 보존 처리하면서 전시와 함께 한국 문학 유산으로 남기고자 하는 방향은 매우 바람직하다고 할 수 있다.[67] 다만 사신 연구를 통해 그 가치를 보존하는 일도 매우 중요할 것이다.

작가 사신 기록물의 원본 확정 방법을 정리하면 다음과 같다.

---

66 박종석, 「7. 작가 세계의 영향 관계」, 『작가 연구 방법론』, 역락, 2007, 107~108쪽.

67 2022년 9월 23~28일까지 영인문학관(강인숙 관장)에서 문인, 예술가 편지글 100여 점을 공개, 전시했다.

첫째, 원본 확정은 수신자와 발신자의 관계로 고증할 수 있다. 연구 대상 작가가 구체적으로 명기되어 있어 수신자와의 관계를 통해 파악할 수 있다.

둘째, 사신 겉봉투에 기록된 발신자의 글씨체와 본문 글씨체의 동일성이 원본 확정의 근거가 된다.

셋째, 사신 내용에서 드러난 작가의 거주 공간과 특정 시간을 통해 발신자의 사신 기록물임을 파악한다.

넷째, 사신 기록물을 작가의 유족이 직접 보관하거나 혹은 사신 기록물에 대해 유족을 통하여 고증할 수 있다. 연구 대상 작가의 유족 가운데 작가와의 내밀한 친밀도와 정신적 공감대가 있었던 유족들을 통하여 사신 기록물의 진위를 판단할 수 있다.

다섯째, 문체로 고증할 수 있다. 특히 불분명한 사신 기록물의 경우 문체를 통해 연구 대상 작가를 특정할 수 있다. 사신의 마지막 인사말 끝에 보내는 이의 이름 혹은 사인이 각각 다르거나 불분명할 때, 확정할 수 있는 방법이 사신 작가의 문체이다. 이는 작가의 필명으로도 확인 가능하다. 또한 작가의 고증된 사신 기록물의 글씨체를 바탕으로 하여 새로 발견된 사신을 대상으로 원본을 확인할 수 있다.

이와 같은 원본 확정 단계 다음은 사신 내용을 분류하고 내용을 분석하는 단계이다. 내용 분석에 앞서 어떤 관점에서 사신을 보느냐에 따라 가치가 달라진다. 이에 대한 관점 정리가 필요한 이유이다. 즉 사신 내용에 따라 세 가지로 나누어 정리하는 방안이다. 작가의 일상, 사신과 작품과의 관련성, 사신과 작가의 관련성 등으로 구별하는 방법이다.

2
사신 내용 분석과 분류 단계

1) 상호 작용성의 접근 방향

작가 사신 연구는 작가의 사신 기록물의 내용을 분석과 연구로 작가와 작품 세계를 밝힐 수 있는 '상호 작용성 연구'라고 할 수 있다. 즉 작가 사신 연구는 작가의 사신 그리고 작가와 작품의 상관성이라는 정립(鼎立)된 관계에 있다. 작가 사신 내용을 분석하고 분류하게 되면 기존 작가론과 작품론의 연구에서 벗어나 사신과의 상관성에 따라 작가들의 새로운 문학 세계를 들여다 볼 수 있다는 점에서 '상호 작용성 연구'인 것이다.

작가 사신 연구는 발신자-작가 사신-수신자의 관계로 정립된 '상호 작용성 연구'가 전제이다. 즉 발신자 입장에서 사신을 볼 것인가 아니면 수신자의 입장에서 사신을 볼 수 있는 것인가에 따른 관점이며 동시에 발신자와 수신자 간에 상호 작용하는 관점도 존재한다. 이런 구별의 기준은 작가의 사신 내용이다. 작가의 사신 내용이 발신자의 문학과 관련성이 있느냐 혹은 수신자의 문학과 관련성이 있는가에 따라 달라지기도 하며, 이 둘의 관련성이 있을 수도 있다는 점이다.

이를 좀 더 구체화해 설명하면 다음과 같다. 이는 연구 편의상 구분하여 체계화하려고 했을 뿐, 다음에서 설명하는 네 가지 관점을 연구자에 따라 달라질 수 있다는 전제에서 출발해야 할 것이다. 그리고 작가 사신 기록물에는 작가의 문학과 삶의 관점을 동시에 들여다볼 수 있다. 작가 사신 연구의 체계성과 편의성을 위해 작가 사신 관점별 카드형 목록을 만드는 것도 한 방법이다.

사신의 언어, 작가와 관련된 자료 조사 및 수집 그리고 작가 관련 인터뷰 등과 같은 사전 기초 연구의 관점을 정리한 다음, 작가 사신과 관련된 〈작가 사신 관점별 목록〉을 활용하는 것이 연구에 편리성이 있다.

[예시]

발신자-수신자 관계	발신자	수신자
작가		
발신 연도		
사신 기록물		
사신 내용		
사신 내용의 특징		
자료 및 인터뷰		
원고지 양식		

위의 **[예시]** 가운데 발신 연도는 작가의 문단 활동과 창작 활동 등을 포함한 전기적인 내용을 파악할 수 있기 때문에 매우 중요한 부분이다. 앞에서 설명했듯이 작가 사신 연구의 출발점에서 발신 연도의 중요성을

밝혔다. 그리고 원고지 양식은 작가의 발표지 혹은 개인의 창작 태도뿐만 아니라 일상생활의 경제적인 내용까지도 파악할 수 있기 때문에 또한 중요하다. 원고지가 귀한 시대에 원고지 테두리에 새겨진 작가명이나 회사명을 통해 작품 발표의 관련성과 작품을 대하는 작가의 태도가 드러나기 때문이다. 어떤 양식에다 작품을 썼는가에 따라 그의 창작 활동과 삶의 태도를 읽을 수 있다. 가령 백릉 채만식(蔡萬植, 1902~1950)은 평생 원고지를 쌓아두고 창작했으면 하는 소원을 기대했다거나 서울신문사 원고지를 사용한 박화성(朴花城, 1903~1988)은《서울신문》연재소설과의 관련성을 짚을 수 있다. 계용묵의 사신에는 그가 대지주의 아들이라는 점과 평소 자녀들에게 남에게 신세지지 말라고 한 말 속에 원고지 '계용묵 용전'(用箋: 편지 따위의 글을 쓰는, 일정한 규격의 종이)의 의미를 짚어 볼 수 있다. 1946년 북아현동에 집을 사두고 전세를 놓았던 것으로도 가세가 비교적 넉넉한 것으로 보인다. 김우종(金宇鍾, 1929년~)[68]이 인터뷰를 할 당시에도 그는 여유가 있는 주택에서 거주했었다고 한다. 그런데 그의 작품에서 빈곤층과 소작농의 아픔을 노래한 것과는 매우 대조적인 삶을 살았다고 볼 수 있다.

발신자와 수신자의 관계를 놓고 사신 내용에 등장하는 작가와 작품 그리고 문단 상황을 구별하여 접근하는 방향이 사신 연구에서 필요하다는 결론에 도달했기 때문에 이를 근거로 몇 가지 관점을 정리하고자 한다. 〈작가 사신 관점별 목록〉은 작가의 사신 기록물의 내용에 따라 필요 항목을 적절하게 정리해 활용할 수 있다.

---

68 함경북도 성진 출신. 1957년《현대문학》에「은유법론고」와「이상론」으로 평론 등단.

(1) 발신자 관점

사신을 발신자인 작가와 관련된 문단 활동과 작품을 등을 분석하고 연구하는 관점.

[예시 1]

발신자-수신자 관계	발신자	수신자
작가	전영택(소설가)	조연현(문학평론가, 《현대문학》 주간)
발신 연도	1956년 전후	
사신 기록물	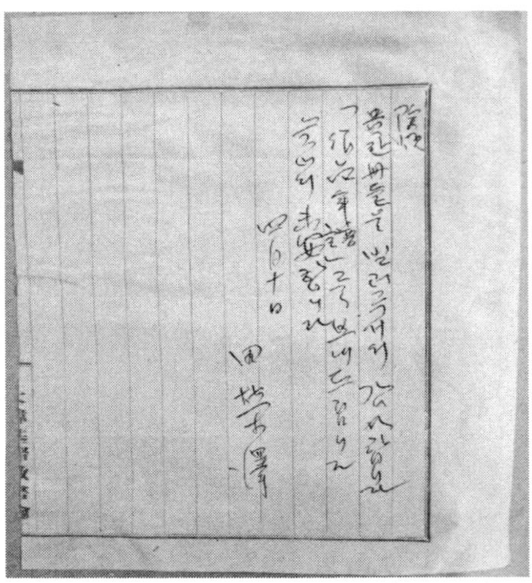	
사신 내용	除煩(제번) 貴한 册을 빌려주셔서 감사합니다. 「作品 年譜」를 보내드립니다. 늦어서 죄송합니다. 四月 十日 田榮澤	

전영택은 《현대문학》에 1955년 4월 호에 「김탄실과 그 아들」을, 1956년 10월 호에 「쥐 이야기」를 발표하게 된다. 이 과정에서 〈작품 연보〉의 필요성 때문에 조연현이 요청한 것으로 볼 수 있다. 이는 발신자

의 관점에서 보면, 전영택에 대한 작품 세계와 〈작품 연보〉 간의 관계를 연구할 수 있다. 그리고 이를 정리한 조연현은 『한국현대문학사』의 「제5장 1920년대의 중요 작가들」에 「육(六), 전영택, 나도향」 항목에 '약전-작품 연보-경향' 순으로 작가를 정리하고 있다.

발신자의 관점에서 보면, 〈작품 연보〉가 구체적으로 어떤 내용을 포함하고 있으며, 그 내용이 작품과 어떤 관계가 있는지를 발신자인 전영택의 문학을 중심으로 연구하여 작가 사신과의 관련성을 찾는 것이다.

그리고 사신 연구는 상호 작용성 때문에 수신자의 관점에서도 연구할 부분이 있음을 알 수 있다. 즉 사신 기록물 연구는 발신자와 수신자의 관점을 연구자의 필요에 따라 구별해 접근할 필요가 있다. **[예시 1]**은 조연현과의 문단 교유 등 한국문단이면사도 검토할 수 있는 사신 연구 자료이다.

[예시 2]

발신자-수신자 관계	발신자	수신자
작가	고석규(비평가, 부산)	조연현(문학평론가, 《현대문학》 주간)
발신 연도	1958년 2월 21일	
사신 기록물	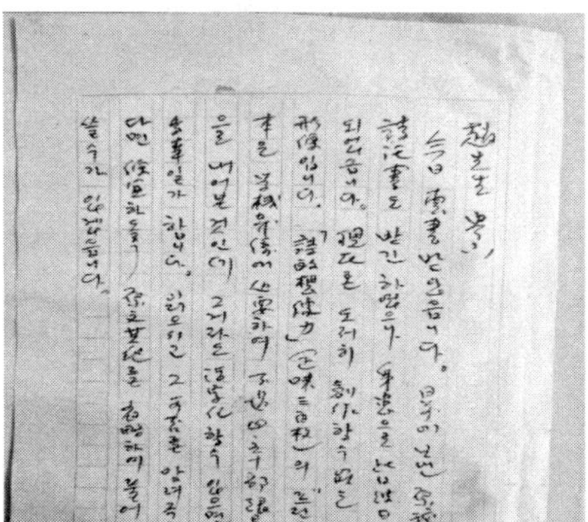	

사신 내용	日前에 보낸 原稿 詩 請託書을 받긴 하였으나 身患으로 此日彼日 되었읍니다. 現在론 도저히 創作할 수 없는 形便입니다. 「詩的 想像力」(正味 三百枚)의 프린트本은 ○○○○ …중략… 不過 四五十部 限定을 내어본 것인데 그거라도 活字化할 수 있으면 多幸일까 합니다. -「전문」 중에서

비평가 고석규(高錫圭, 1932~ 1958)가 《현대문학》의 원고 청탁에 응하지 못한 점을 선처해 달라는 내용을 적어 조연현에게 보냈다. 《현대문학》에 보내고자 한 「시적(詩的) 상상력(想像力)」 원고는 사실 심환으로 인해 창작이 어려워, 발신자 자신의 부산대 석사학위 논문 원고지 300매를 보낸다. 조연현에게 보낸 사신에 「시적 상상력」을 송고한다는 글에 따르면, 이 사신은 1958년 2월 21일 자로 특정할 수 있다. 「시적 상상력」 원고는 아리스토텔레스의 「시학」, 웬체스터의 「문학비평의 제원리」 그리고 리처즈의 「문예 비평의 원리」 등과 같은 서구적 시각을 근거로 접근한 비평적 성격의 논문이다. 이 유고는 1958년 6월부터 11월까지 《현대문학》에 연재되었다.[69]

현대문학사의 원고 청탁으로 보낸 그의 평문 「시적 상상력」은 발신자인 고석규의 문학에 대한 안목과 문학 비평에 접근하는 비평 철학을 분석하고 연구할 필요성이 있는 사신 기록물이다.

(2) 수신자 관점

사신을 수신자인 작가와 관련된 문단 활동과 작품 등을 분석하고 연구하는 관점.

---

69 남송우 외, 〈고석규 연보〉, 『고석규 문학의 재조명』, 세종출판사. 2002.

[예시 3]

<table>
<tr><td>발신자-수신자 관계</td><td>발신자</td><td>수신자</td></tr>
<tr><td>작가</td><td>최인희(시인, 삼척 출생)</td><td>조연현(문학평론가, 《문예》 주간)</td></tr>
<tr><td>발신 연도</td><td colspan="2">1950년 6. 25 동란 전후</td></tr>
<tr><td>사신 기록물</td><td colspan="2">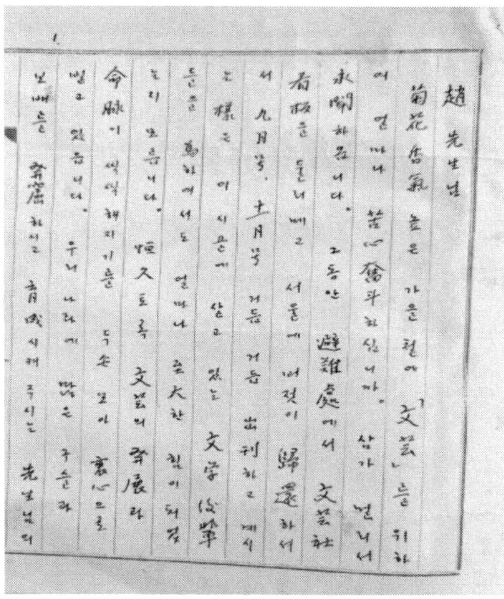</td></tr>
<tr><td>사신 내용</td><td colspan="2">菊花 香氣 높은 가을 철에 「文藝」를
위하여 얼마나 苦心 奮鬪 하십니까.
삼가 멀리서 承聞(승문)하옵니다. 그 동안 避難處에서
文藝社 看板을 둘러메고
서울에 버젓이 歸還하셔서 九月號 十一月號
거듭 出刊하고 계시는 様은
이 시골에 살고 있는 文學 後輩들을 爲하여서도
얼마나 至大한 힘이 되었는지 모릅니다.
恒久토록 文藝의 發展과 명○이 씩씩해지기를
두손 모아 哀心으로 빌고 있읍니다.
우리 나라에 많은 구슬과 보배를 發掘하시고
育成시켜 주시는 先生님
-「전문」 중에서</td></tr>
</table>

사신 내용을 보면, 수신자인 조연현이《문예》주간으로 있었던 각종 일화를 파악할 수 있다. 이 사신 기록물은 특히 해방 전후 한국문예지의 명맥을 이어가면서 문인들의 문단 활동과 창작 활동의 구체적인 내용을 파악할 수 있는 단서이다.《문예》의 발간 과정과 함께《창조》,《폐허》,《백조》로부터《문장》,《조선문단》으로 이어지는《문예》의 위치를 파악할 수 있는 사신 연구가 가능한 것이다.

수신자인 조연현이 주도했던《문예》잡지를 통해 한국문예사의 변천 과정을 통시적 관점으로 접근해 볼 수 있는 방향성을 제시했다는 점에서 사신의 가치를 부여할 수 있을 것이다. 동시에 이 잡지를 통해 작품을 발표했던 주요 작가들에 대한 작품 연구로도 이어질 수 있다.

그리고 수신자의 관점에서 한국 문인들의 작품에 대한 시각과 비평가의 의식과 안목 등을 검토해야 한다. 즉 신인 작가들을 추천했다는 점에서 조연현의 비평적 안목과 시각을 볼 수 있다는 점이다.

[예시 4]

발신자-수신자 관계	발신자	수신자
작가	박재삼(시인, 서울 거주)	차영한(시인, 통영 거주)
발신 연도	1983년 1월 29일	
사신 기록물	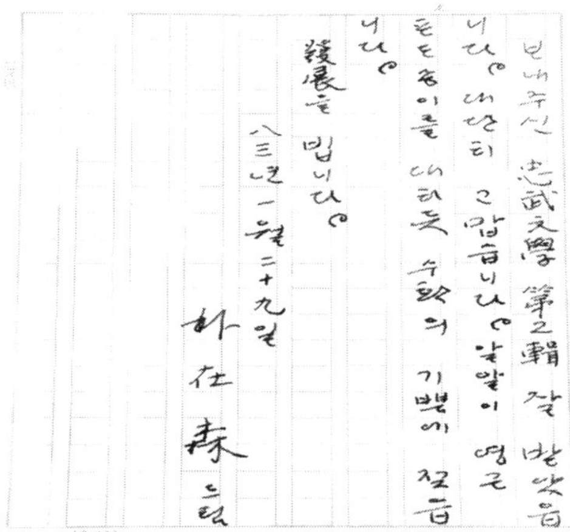	
사신 내용	보내주신 忠武文學 第2輯 잘 받았읍니다. 대단히 고맙습니다. 알알이 영근 포도송이를 대하듯 수확의 기쁨에 젖습니다. 發展을 빕니다. 八三年 一月 二十九日 朴在森 드림 -「전문」	

〈박재삼이 통영 시인 차영한에게 보낸 사신〉[70]은 발신자인 박재삼의 문학보다는 수신자의 문단 활동 등을 파악할 수 있는 사신 기록물이다. 수신자의 연구 관점에서 보면, 통영 시인 차영한을 비롯한 동인들의

70 (사)한빛문학관, 『따스한 숨결로 쓴 타임캡슐』, 「박재삼(사천 출신, 사천시 박재삼 문학관) 시인의 육필」, 2022, 107쪽. 여기에는 통영 출신 및 통영 연고 문인 육필 모음 문집으로, 시조시인 김상옥, 백석 시인과 관련있는 박경련 여사와 백석 시인의 오산고보 후배인 탁오석, 박재삼. 문덕수, 김종길 등의 영인본 사신이 실렸다.

문단 활동과 함께 지역 문단의 지형도를 파악할 수 있다. 《忠武文學》의 동인 작품 분석과 동인들의 개별 작가의 문학 세계 등을 검토할 수 있으며, 나아가 발신자인 박재삼과의 문단 교유와 지역 문학의 영향 등도 검토할 수 있는 사신 연구 자료이다.

(3) 발신자 - 수신자 관점

발신자와 수신자의 교유 관계 혹은 작품 발표 관련 창작 활동과 문단 활동의 접점이 있다는 전제에서 사신을 분석 및 연구하는 관점.

[예시 5]

발신자-수신자 관계	발신자	수신자
작가	최인희(시인, 삼척 출생)	조연현(문학평론가, 《현대문학》 주간)
사신 기록물	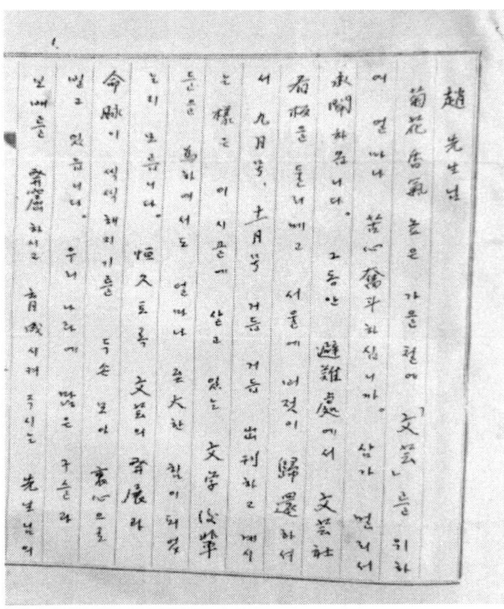	
사신 내용	앞의 [예시 3]에 인용된 사신 기록물과 동일한 내용	

사신 내용으로 보면, 《문예》에 추천되었던 발신자인 시인 최인희의 창작 활동과 추천 작품에 대한 연구가 가능하다.[71] 여기에 수신자인 조연현의 추천 경위와 잡지 발간에 따른 비평가의 안목과 문단 활동 이면사를 정리할 수 있는 사신 기록물이다. 즉 발신자와 수신자의 관점에서 동시에 사신을 검토할 수 있다.

다음은 영화와 관련된 계용묵의 사신 기록물 1통 1장의 사신이다.

[예시 6]

발신자-수신자 관계	발신자	수신자
작가	계용묵(소설가, 서울 거주)	조연현(문학평론가, 《현대문학》 주간)
발신 연도	1955년~1961년 사이	
사신 기록물	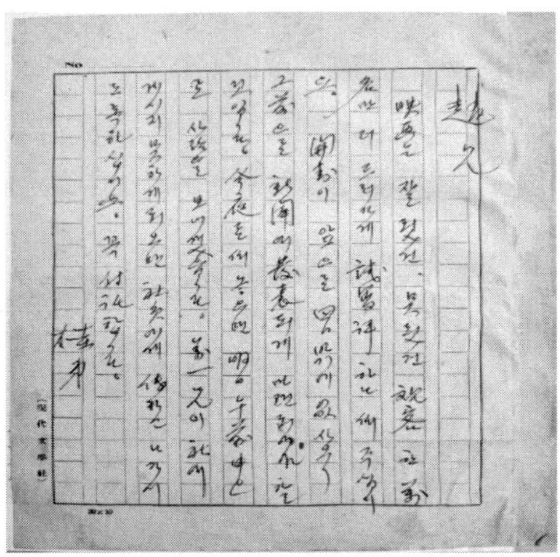	
사신 내용	趙兄 映畫는 잘됬건, 못됬건 觀客 한 萬 名만 더 드러가게 試覽評 하나 써 주십시요.	

71 조연현의 〈작고 문인 사신철〉로 보관된 「10. 최인희」의 사신 기록물로 3통의 11장으로 남아 있다. 이에 대한 깊이 있는 연구를 위해 미국에 거주하며 가끔 강릉에 오는 최인희의 외동딸인 전(최)지은과 연락을 취한 바 있다. 필자는 연구 결과를 따로 발표할 생각을 가지고 있다.

	開封이 앞으로 四日밖에 없사오니 그萬으로 新聞에 發表되게 마련하여야 할 것입니다 原稿를 써 놓으면 明日 午前 중으로 사람을 보내겠읍니다. 萬一 兄이 社에 계시지 못하게 되면 社員에게 傳하고 나가시도록 하십시요. 꼭 付託합니다. 桂弟 -「전문」 중에서

앞에서 언급한 내용 중 '계(桂) 선생의 것은 신간평과 원고 독촉에 관한 것이 대부분이었다'고 한데서 '계(桂) 선생'은 계용묵을 지칭한다. 그리고 사신의 끝에 '桂弟'라는 부분에서 '桂' 역시 계용묵을 지칭한 것으로 보아 원본임을 확인할 수 있다. 물론 조연현이 〈작고 문인 사신철〉의 「5. 桂鎔默」으로 정리한 것에서도 명확한 준거가 된다. 그리고 원고지 양식에서 《현대문학사》라고 되어 있기 때문에 적어도 1955년 1월 이후의 사신 기록물임을 파악할 수는 있다.

발신자인 계용묵의 대표작 「백치 아다다」(《조선문단》, 1935)가 일제 강점기부터 수많은 제작자들이 영화화하기 위해 노력했지만 쉽사리 성사되지 못했다. 계용묵은 영화화되지 못한 전후 사정을 「문예 작품의 영화화 문제」(계용묵 전집, 363~ 366쪽)에서 밝혀 놓았다. 여기서 계용묵은 문예 작품을 영화화한 결정이 실로 10여 년 세월이 흘러 순문예의 「백치 아다다」의 영화화는 문화계에서도 주목할 만한 시금석(試金石)으로 평가했다. 그리고 대중과의 타협도 할 수 있는 순문예의 영화가 되어야 한다는 생각이었다. 이와 관련해 수신자인 조연현은 「영화의 예술 운명 -「백치 아다다」의 영화화를 중심으로」(1956. 8. 22)의 글을 《조선일보》를 통해 발표한다. 이 글이 계용묵이 요구한 원고라고는 단정하기 어려우나 상당한 관련성을 짚을 수 있다고 판단된다.

(4) 제3의 관점(사신 등장 작가의 관점)

사신 기록물에 등장하는 작가나 작품 및 문단 상황 등을 분석하고 연구하는 관점.

[예시 7]

발신자-수신자 관계	발신자	수신자
작가	박목월(시인)	조연현(문학평론가, 《현대문학》 주간)
사신 기록물	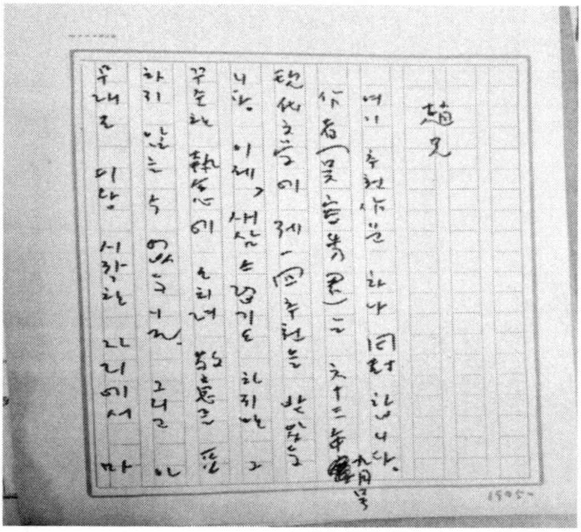	
사신 내용	趙兄 여기 추천 적품 하나 同封합니다. 作品(吳容秀 君)는 六十三年 九月號 現代文學에 제 一回 추천을 받았읍니다. 이제, 새삼스럽기도 하지만 그 꾸준한 執念에 오히려 敬意를 표하지 않을 수 없음이라. 그리고 아무래도 이왕 시작할 자리에서 -「전문」	

앞의 세 관점뿐만 아니라 사신 기록물에서 발굴되는 작가와 작품에 대해서만 연구하는 경우도 있다. 가령 발신자(박목월)-수신자(조연현)의 경우에 박목월이 추천한 시인 오용수에 대해 연구하거나, 발신자(유치환)-

수신자(조연현)의 경우에서 추천 대상자인 황금찬에 대해서 연구할 때 가능한 방법론이다. 물론 이들 연구를 통해 문단 추천 이면사와 추천 작가인 발신자의 관점도 볼 수 있지만, 사신에 등장하는 추천 대상 작가만을 부각해 그 의미를 찾는 것이다.

[예시 8]

발신자-수신자 관계	발신자	수신자
작가	유치환	조연현(문학평론가, 《현대문학》 주간)
사신 기록물	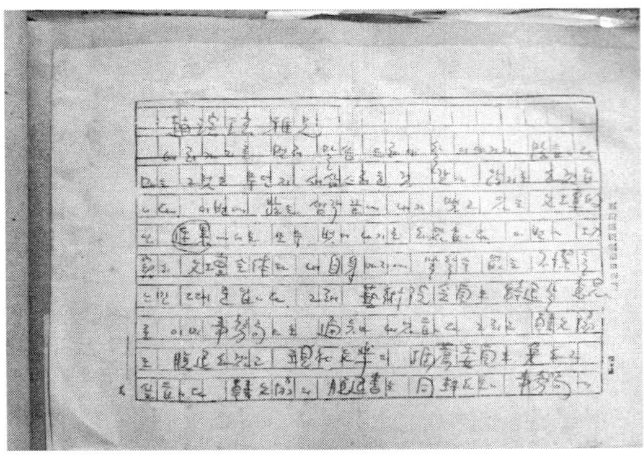	
사신 내용	여러 가지를 먼저 말씀드려야 하는 이야기가 많읍니다마는 그것은 무언지 새삼스러울 것 같아 않기로 하겠읍니다. 이번에 많은 생각 끝에 내가 맡고 있는 文壇的인 連累에서는 모두 벗어나기로 하겠읍니다. 이번에 공연히 文壇 全體와 내 자신까지 말할 수 없는 不潔을 느낀 때문입니다. 그래 藝術院 會員도 辭退할 意思로 事務局으로 通知 내었읍니다. 그리고 韓文協도 脫退하겠고 現代文學의 推薦委도 免하고 싶읍니다. 韓文協의 脫退書도 同封하오니 事務局으로 -「전문」 중에서	

사신 내용 중 발신자와 수신자를 포함하여 한국 문단 상황[72]으로 발신자의 창작 활동과 문단 활동에 대한 내용을 연구할 수 있는 사신이다. 문단 상황이 개인의 창작 활동에 영향을 주기 때문에 한국 문단 상황에 관심을 가져야 하는 이유이다. 이는 한 작가의 창작 심리나 창작 태도의 변곡점이 될 수 있기 때문이다.

[예시 8]의 사신에는 청마가 문단에 대해 '불결(不潔)'하다고 판단해 〈문협〉과《현대문학》과 관련한 일에 관여하지 않겠다고 할 만큼 매우 화가 난 상태이며, 단호한 목소리가 담겨 있다. 어떤 모종의 사건이 계기가 되었음을 알 수 있다. 모종의 사건에서 그는 '불결(不潔)'함을 느꼈다고 한다. 그 결과 청마는 1. 예술원 회원 사퇴, 2. 한문연 탈퇴 3.《현대문학》 추천위원 면함 4.《현대문학》 집필에 거들지 않겠다는 의지를 표출하게 된다는 점이다. 문단 활동에 대한 불쾌감의 표시로 자신이 맡은 공식적인 직책을 사퇴하겠다는 것이다. 그 사건이 청마에게 직접적인 감정선을 자극했다는 이야기이다. 어쩌면 청마가 제기한 논란이 바로 당시 문단의 심각한 문제점이기도 하다고 볼 수 있다. 그래서 **[예시 8]**을 통해 문단 파동에서 수신자인 조연현의 역할 그리고 당시 문단 상황도 정리할 필요성이 있다.

또한 한 작가의 사신으로도 해결할 수 없는 사신 정보 때문에 동시대의 사신을 접근해 그 의미를 분석해야 하는 경우도 있다. 가령 계용묵이 조연현에게 보낸 사신에는 백철까지 연결되는 내용이 담겨 있어. 이에 대한 구체적인 사신 접근이 필수적이다. 그래서 '조연현과 백철의 법적 분쟁'을 운운하는 오영수의 사신을 동시에 접근해 분석해야 하는 경우이다.

사신 연구 방법론의 관점을 4가지로 접근해 표로 정리하고자 한다.

---

72 박종석, 「2.《현대문학》과 문학지의 지형도」, 『조연현 평전』, 역락, 2006, 94~106쪽.

왜냐하면 이를 통해 다른 관점으로도 접근할 수 있는 확대경 역할을 기대할 수 있기 때문이다.

사신 연구 관점	발신자	수신자	사신 연구 분야
1) 발신자의 관점	전영택	조연현	발신자인 전영택의 「작품 연보」에 나타난 작품 세계와《현대문학》발표 작품과의 관계를 분석 및 연구
	고석규	조연현	비평가끼리 주고받은 사신 기록물에서 발신자인 고석규 비평에 대한 인식과 비평 태도 등을 분석 및 연구.
2) 수신자의 관점	최인희	조연현	한국문예사의 사적 연구와 개별 작가 작품 연구
	박재삼	차영한	수신자의 동인 활동과 지역 문단 활동 연구
3) 발신자-수신자 관점	최인희	조연현	한국문예사와 작가 추천 제도에 대한 분석 및 동향 연구
	계용묵	조연현	순문예의 영화화에 대한 가치 연구와 비교 분석 및 연구
4) 제3의 관점 (사신 등장 작가의 관점)	박목월	조연현	추천 작가에 대한 문학 세계 점검과 문단사
	유치환	조연현	한국 문단의 상황과 청마의 개인 창작 파장 연구

위에서 정리한 사신 연구의 관점 외에 작가 사신의 발견과 발굴에 따른 심층적인 분석으로 다양한 연구 방법론의 확대를 기대할 수 있다.[73] 즉 위와 같은 네 가지 접근 방법을 바탕으로 하되, 연구자의 안목과 관점을 견지하면서 사신 내용을 분석할 필요가 있다. 작가의 사신 내용은 다양하나 연구의 편의상 몇 가지로 정리해 볼 수 있다. 즉 ① 작가의 일상을 다룬 사신 내용, ② 이를 포함한 작가의 창작 활동과 작

73 현재 조연현의 〈작고 문인 사신철〉과 〈작고 문인 사신 뭉치〉에 등장하는 100여 명 이상의 작가들의 사신 기록물에 대한 종합적인 분석과 연구가 필요하다. 필자는 차후에 이에 대한 연구 결과를 출판하고자 준비하고 있다(2023년 5월 9일, 화요일).

가의 심리 등을 다룬 한국문단이면사라고 할 수 있는 작가론과 ③ 작품의 문학성을 검토하는 한국문학사의 시각을 다룬다. 이러한 연구 과정에서 다음과 같은 점을 확인하게 된다.

첫째, 사신 기록물의 내용 분석을 위한 상호성의 작용 관점을 정한다.

둘째, 사신 기록물의 내용을 파악한 후 사신 연구 방향을 잡는다. 이때 〈작가 사신 관점별 목록〉을 작성하는 것도 좋은 방법이다.

셋째, 사신 내용 중 작품 세계와 문단 활동을 통해 사신 기록물과의 관련성을 찾는다.

넷째, 이를 통해 작가 세계의 입체성을 확인한다.

2) 사신을 통한 작가 일상과 문학성

한국문학사에서 그 문학성으로 빛나는 작가들의 일상적인 삶이 독자들에게 정신적 삶의 방향과 실천적인 삶에 큰 공감을 줄 수 있다. 작가들의 문학적 삶에 공감을 주는 이유는 작가들의 삶은 문학적인 삶과 동일시되기 때문이다. 특히 일제 강점기와 해방 전후, 군부 독재 시대에 활동했던 작가들의 평전이나 전기 같은 경우가 해당될 것이다. 가령 만해 한용운(韓龍雲, 1879~1944), 이육사, 김영랑(金永郎, 1903~1950), 윤동주, 김수영, 신동문(新東門)[74] 등과 같은 작가들은 현실을 살아가는 독자들의 정신에 영향을 줄 만한 큰 작가들이라고 할 수 있다. 전영택, 계용묵 그리고 이호철, 김승옥, 이청준 등과 같은 이들의 치열한 문학성과 함께 그의 삶의 일상성이 우리들에게 감동을 줄 것이라는 생각이 든다.

일제 강점기에 조국 독립의 염원을 심우장(尋牛莊)[75]에서 실천했던 한

---

74 1950~60년대 참여시 경향에서 좀 동떨어진 시사적 위치로 정리되어 개인적으로 안타까운 입장이다. 그의 문학과 삶의 현장성을 결코 무시할 수 없다(2023년 5월 9일, 화요일).

용운, 신석초에 대한 우정과 고향에 대한 그리움을 이육사는 적었지만 이 역시 일제 시대와 관련성이 있고, 김수영의 양계(養鷄)와 양돈(養豚)의 일상 등이 그의 문학성과 동떨어져 있다고 할 수 없다. 그래서 이들의 사신에 담긴 일상성 역시 문학성과 동떨어져 있다고 할 수 없는 이유이다. 문학성이든 일상성이든 사신 속에는 작가들의 정신과 삶의 진실성이 담겨 있다. 그래서 작가의 일상을 진솔하게 담은 사신 기록물에 대해 연구할 필요성이 있다. 작가가 살았던 삶이 일상에서 치열했으면 이 또한 작가 사신의 기능 가운데 독자들에게 공감과 감동을 준다는 점에서 가치가 있는 것이다.

역사적인 인물 못지않게 문학사적인 평가를 받는 작가들의 삶과 삶의 방식을 닮으려는 욕망을 독자들이 자극을 받을 수도 있다. 작가들의 삶을 담은 사신 기록물이 프랑스의 인류학자이자 철학자인 르네 지라르(René Girard, 1923~2015)가 언급한 일종의 욕망의 삼각형에서 중개자 역할을 할 수 있다는 의미이기도 하다. 다만 역사적인 인물의 가치를 부각하다 보면, 신화적인 덧칠이 가해질 수 있기 때문에 철저한 고증과 인터뷰의 증언, 그리고 방계 자료에 대한 정리를 필요로 한다.

문학은 언어 예술이기 때문에 작가가 직조(織造)한 언어 자체만으로도 가치가 있다. 다만 작품론에서 부가되어야 할 작가론 연구의 가치를 생각하지 않을 수 없다. 즉 작가의 삶이 그의 문학성과 일치하지 않는 일상의 삶을 보인다면 크게 실망하지 않을 수 없다는 의미이다. 그래서 작가 일상의 모습도 독자들이 본받을 만한 일상을 살았다면 그의 사신을 통해서도 파악할 필요가 있다. 이는 작가의 삶의 진실성을 뒷받침하는 고증 자료로서 사신 기록물은 중요한 기능을 한다.

---

75 독립선언서를 발표하여 3년 동안 옥살이를 함. 출옥 후에도 선생은 일본 경찰의 감시 아래 강연 등 여러 방법으로 조국 독립을 위해 힘쓰다가 1944년 심우장에서 중풍으로 사망. 심우(尋牛)란 소를 사람의 마음에 비유하여 잃어버린 나를 찾자는 뜻.

문학사적 가치를 지닌 작가들의 사신 기록물을 통해 독자들이 정신적인 향유를 누릴 수 있으며 동시에 독자들이 일상의 삶의 방향을 정하는 모토로 삼을 수도 있다. 작가 또한 일상적인 삶을 살아가는 사회적 동물이기 때문에 그의 일상적인 이야기가 담긴 사신을 통해 삶의 교훈이나 삶의 방향에서 얻어지는 교훈이 있다면, 작가가 남긴 사신의 가치도 있는 것이다. 작가의 일상적 삶의 방향이 그의 작품의 어느 부면에 영향을 미칠 것은 분명하다. 사신에 드러난 작가의 삶을 닮아가려는 긍정적인 작용도 있기 때문에 작가 사신 가운데 일상적인 삶의 모습을 찾아야 하는 이유이기도 하다.

『한국현대문학사』의 저자이기도 한 조연현은 해방 전후부터 1980년대 초까지 한국현대문학 작가들의 창작 성과에 대한 확장의 길을《현대문학》에서 열어 놓았고, 무엇보다도 근현대 작가들의 사신을 정리해 보관해 두었다. 이러한 상황을 필자는 『조연현 평전』에서 이미 밝혀 놓았다.[76] 조연현이 직접 정리한 〈작고 문인 사신철〉에 등장한 작가들의 사신 내용을 그는 『남기고 싶은 이야기들』(부름, 1981)에 간략히 적어 놓았다. "염상섭, 방인근, 김광주, 양주동(梁柱東, 1903~1977) 이런 분들의 편지는 거의가 돈에 관한 내용들이고, 계용묵, 강소천 이런 분들의 편지는 신간평이나 원고 부탁 같은 것이며 아주 사무적으로만 되어 있는 것은 유치진, 박목월 씨의 편지고 제자들의 원고를 많이 소개한 편지를 보낸 것은 김현승, 유치환 씨다. 조금도 사무적이 아닌 심경의 표현을 편지로 곧잘 보낸 분으로는 문인이 아닌 김환기 화백이 있다."고 밝히면서 방인근(方仁根, 1899~1975)[77]의 사신에 대한 내용을 공개했다.[78]

---

76 박종석, 「2. 문단의 명암과 '작고 문인 사신철'」, 역락, 2006, 217쪽.

77 현대의 소설가. 호는 춘해(春海). 종합 월간문예지《조선문단》을 창간하여 민족주의 문학을 육성하면서, 최서해(崔曙海)·채만식(蔡萬植) 등의 문인을 배출시켰다. 작품으로는「하늘과 바다」·「화심」·「마도의 향불」·「쌍홍무」·「동방춘」 등이 있으며, 낭만주의적 대중 소설을 주로 발표. 친일문학론으로 등재되어 비판도 함께 받았던 문인이다.

이들의 사신 내용에는 작가들의 일상적인 삶이 녹아 있다. 이는 현실 속에 작가들이 자각한 개인의식의 일부가 사신의 흔적으로 남게 되며 이 사신의 흔적이 곧 작가 의식에 투영되어 나타나게 된다. 이 흔적은 작가와 작품으로 접목되기 때문에 작가 사신 연구는 작가의 일상적인 삶의 연구로부터 시작되는 것이다.

[자료 29]

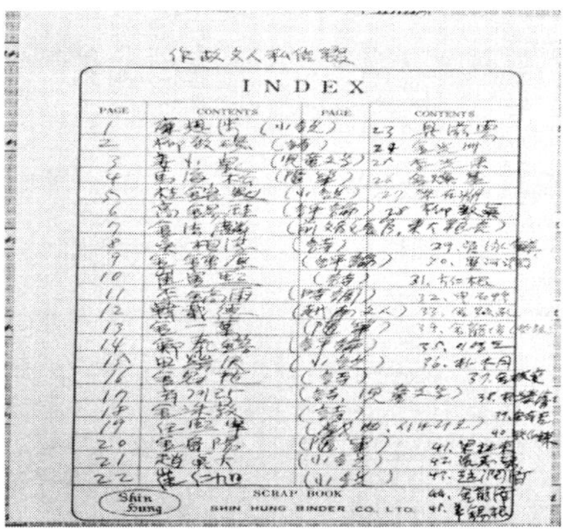

조연현이 직접 정리한 「작고 문인 사신철」

위에 등장한 작가들의 사신 연구로 작가들의 다양한 삶의 모습을 연상할 수 있으며, 작가들이 살았던 동시대 삶의 애환을 느낄 수도 있다. 또한 작가들이 남긴 삶의 진실성을 문학과 관련된 심미성으로 탐색할 수도 있다.

다음은 일상적인 작가의 생활을 볼 수 있는 사신 자료이다. 자연과 일상의 삶을 통해 작가의 일상을 보여 준 일화는 독자들에게 일상의 향기를 느낄 수 있는 예시이다.

---

78 필자는 이와 같은 사신들을 연구해 한국문학사와 한국문단사의 이면을 밝히는 연구를 하고 있으며, 일정한 기간이 지나면 결과물을 출간할 계획이다(2022년 10월 1일).

일제 강점기인 1940년대 말, 청록파의 일원인 박두진(朴斗鎭, 1916~1998)은 수석(水石) 채집의 취미 활동으로 「수석열전」 115편 정도를 발표했다. 일상생활이 작품 창작의 동기가 되기도 한다. 이처럼 특정 대상에 대한 일상의 관심도가 작품과 깊은 관련성을 맺고 있음을 알 수 있다. 박두진은 수석을 자연으로 인식하며, 수석 자체가 지니는 순수성과 정신의 깊이와 미의 높이를 지닌 대상으로 인식했던 것이다. 전봉건(全鳳健, 1928~1988) 역시 수필 「수석 일기 Ⅱ」와 「수석 기행」을 남길 정도로 수석 열전에 빠지지 않는 시인이었다.[79] 이 외에도 대한민국의 애연가였던 오상순은 「나와 시와 담배」라는 작품을 남겼고,[80] 박인환 역시 서양 문학서의 교양 취미를 시로 남겼다.[81] 작가가 각별히 대하는 자연물이나 특정 대상은 창작 활동과 깊은 관련성을 지닌다.[82] 그래서 작가들이 일상생활에서 보고 느낄 수 있는 자연물이나 대상을 담은 작가 사신에 대한 관심과 연구의 필요성이 있는 것이다.

---

79 전봉건, 『뱃길 끊긴 나루에서 – 전봉건의 수석 에세이』, 고려원, 1987.

80 이승하, 『진정한 자유인 – 공초 오상순』, 나남, 2020.

81 김광균 외, 『세월이 가면』(근역서재, 1982)와 윤석산, 『박인환 평전』(모시는 사람들, 2003) 참고.

82 박두진, 「수석과 시」(122쪽)와 「너의 융기(隆起)」(187~190쪽), 『현대시의 이해와 체험』, 일조각, 1982.

[자료 30]

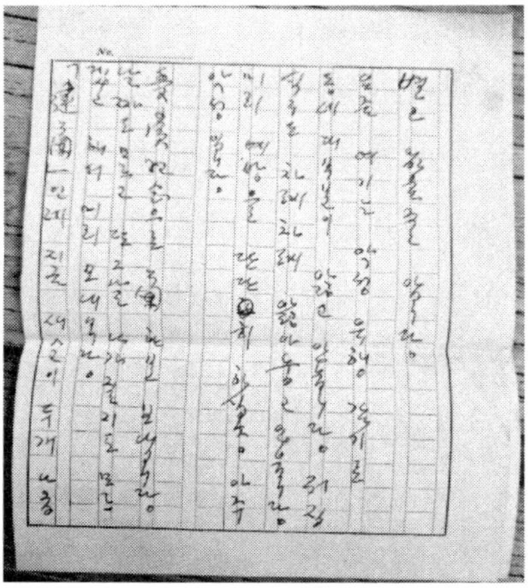

오영수의 사신

[자료 31]

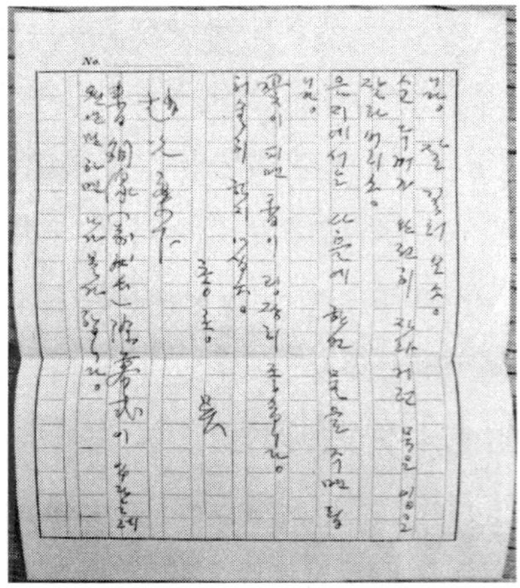

오영수의 사신

[자료 30]에는 소설가 오영수가 서울 우이동에 거주하던 때의 사신으로 다음과 같은 내용이 있다.

구성 여기에 공개된 사신 기록물은 2장 1통의 사신이다.[83]

내용 별고 없을 줄 압니다.

요즘 여기는 악성 유행 감기로 동네 대부분이 앓고 있읍니다

저 식구도 차례차례 앓아눕고 있읍니다.

미리 예방을 단단히 하심소. 아주 악성입니다.

受賞 記念으로 蘭 한 분 보냅니다.

---

83 조연현의 〈작고 문인 사신철〉(2005년에 확인, 2022년 8월 1일 열람) 외에 따로 보관했던 '작고 문인 사신 뭉치'(2022년 8월 1일에는 필자만 열람, 그리고 10월 1일에는 서울대 김유중 교수와 국립 한국 문학관 서영인 박사와 함께 확인)에서 18장의 사신 기록물이 남아 있다. 이후 오영수 사신 연구 과정을 지역 신문인 《경상일보》(2023.5.1.~5.3)에서 보도함.

> 날짜도 모르고 또 그날 나가질지도 모르겠고 해서
> 미리 보냅니다.
> ○○인제 지금 새순이 두 개 나옵(니다.)
>
> -「전문」 중에서

발신자인 소설가 오영수가 일상에서 겪는 '악성 유행 감기'를 약골인 수신자 조연현[84]에게 조심하라는 근심의 목소리를 진심으로 전하고 있다. 수신자의 관점에서 보면 작가의 건강과 관련된 정보도 창작과 문단 활동에 영향을 끼친다는 점이다. 조연현은 병중일 때도 작가를 추천하기 위해 밤늦도록 작품을 읽고 심사했다는 점에서 문학적 열정을 확인할 수 있는 것이다. 이상은 폐결핵으로 각혈하면서 신체적 고통을 그의 소설 「12월 12일」에서 불안과 공포, 죽음으로 표현했던 것이다.[85]

조연현의 수상을 기념해 '난 한 분'을 보낸다는 내용인데, 오영수가 54년부터 73년까지 우이동에 거주했던 시기에 보낸 사신 기록물이다.[86] 사신에서 오영수는 난이 '지금 새 순이 두 개' 돋는다는 찰나를 세밀하고도 구체적인 난의 모습으로 표현했다. 창조의 순간, 탄생의 순간을 수신자인 조연현의 수상 순간의 기쁨과 동일시하면서 발신자의 진심을 담은 의미로 읽힌다. 자연 탐미의 순간이기도 하다. 오영수의 일상적인 삶의 모습을 벚꽃이 만개한 모습과 난의 새순이 돋는 순간을 포착하는

---

84 막내딸인 조혜령으로부터 조연현이 몇 가지 병을 몸에 지니고 살았다고 들었다.

85 박종석, 「7. 작가 세계의 영향 관계」, 앞의 책, 107쪽(김윤식의 「제1차 각혈과 자살 충동」과 김주현의 「제2부 이상 소설에 나타난 죽음의 문제」 참고).

86 조연현은 1963년(43세)에 『문학교범』과 『한국현대문학사개설』 등을 출간했으며, 이 시기에 대한민국 문화포상을 수상하게 된다. 그리고 1965년(45세) 제4회 문교부 문예상 문학본상 수상, 1966년(46세)에 제11회 예술원상을 수상, 1970년(50세) 국민훈장 동장상을 수상한다. 1971년(51세) 한국문인협회 부이사장직에 피선되면서 동시에 3. 15 문화상을 수상한다. 결론적으로 말하면 이 사신 기록물은 1963년, 1965년, 1966년, 1970년, 1971년 가운데 특정 연대로 볼 수 있다.

자연 탐미의 순간을 표현한 작가라 할 수 있다. 그리고 조연현에 대한 애정을 '아끼는 난'으로 표현하고 있다. 자연 신비와 탐미의 일상을 볼 수 있는 사신이다. 여기서 오영수의 사신과 창작품 「난(蘭)」(오영수문학관, 『오영수 문학전집』(4), 203~213쪽)과의 관련성이 자연스럽게 연결된다는 지점에서 사신 연구의 필요성을 찾을 수 있다. 그래서 작가 사신에는 작가의 작품이 보인다는 등식을 이해하게 된다.

상대의 기쁨에 동조하면서 수신자가 느끼는 기쁨을 배가할 수 있는 선물로 마음을 표현한 내용이다. 인간의 따뜻함을 자연의 오묘함으로 대체해 그 마음을 전하는 것으로 보인다. 상대를 생각하고 축하하는 이러한 아름다운 마음을 독자들은 공감할 수 있을 것이다. 감정보다는 합리화라는 언어의 치장 속에서 인간 본연의 감정이 사라지고 있는 시대에 자연미와 인간애가 담긴 오영수 사신을 통해 독자들이 공감할 것으로 보인다.

[자료 31]에는 오영수가 서울 우이동에 거주하던 때의 사신으로 **[자료 30]**에 이어진 것으로 다음과 같은 내용이 있다.

내용 (나옵)니다.
잘 길러 보소. 순 두 개가 완전히 자라거든 묵은 잎은
잘라버리소. 음지에서는 사흘에 한번 물을 주면 됩니다.
꽃이 피면 香이 굉장히 좋읍니다.
허술히 하지 마십소.
총총

–「전문」 중에서

[자료 31]에는 '순 두 개가 완전히 자라거든 묵은 잎을 잘라야' 하는 난의 성장 비밀을 표현한 데서 오영수의 난초에 대한 일상적인 경험담

과 통찰력을 볼 수 있다. 아마도 사신이 아니라면 제목을 '난'으로 한 한 편의 서정시처럼 느껴진다.[87] '묵은 잎'은 '완전히 자라거든' 잘라버려야 한다는 난의 생장을 그린 표현이다. '완전히'라는 부사는 오영수가 머문 순간이다. 자연이 변화하는 찰나의 순간을 포착한 것이다. 사흘에 퍼붓는 사랑이 얼마나 넘치는가라는 생각이 든다. 열정의 사흘이 지날 때마다 난의 끝에는 '향'이 묻어난다. 꽃이 피고 향이 나는 난의 세상을 오영수가 꿈꾸는 것은 아닐까 한다.

이 아름다운 세상에 조연현이 수상했으니, 그 수상에 대한 답례는 극찬이라고 해야 할 것이다. 오영수의 인성과 품격이 드러난 일상의 모습이다.[88] 사신 기록물에 나타난 오영수는 분명 상대방을 존중하고 배려하는 인간적인 마음을 가진 작가이다. 사무적인 사신보다는 자연의 아름다움을 시로 표현할 줄 아는 소설가이기도 하다. 그래서 '서정적 소설가'라고 칭할 수 있을 것이다.

그리고 계용묵은 평소에도 성실하고 떳떳하게 살았으며, 남한테 싫은 소리를 하지 않고 살았던 작가이다. 이러한 그의 일상의 삶이 「별을 헨다」의 주인공 인물로 나타난다는 점에서 작가의 일상은 곧 작품에 투영된다는 것을 알 수 있다.

이와 같은 마음이 그의 소설 작품에 투영되었을 것이라는 판단은 자연스러운 것이 아닐까 한다. 이러한 관점을 가지고 사신과 작품 투영 관계를 연결해 창작 태도나 작품 구상 및 작가의 창작 심리 등을 연구해 볼 수 있다.

---

87 필자가 임의로 시행 처리를 해 보았다.
순 두 개가 완전히 자라거든 / 묵은 잎은 / 잘라버리소. //
음지에서는 / 사흘에 / 한번 / 물을 주면 됩니다.
꽃이 피면 / 香(향)이(굉장히: 필자 생략) / 좋습니다.

88 이 사신 기록물은 1963년, 1965년, 1966년, 1970년, 1971년 가운데 특정 연대로 볼 수 있다.

3) 사신을 통한 작품과 작가 접근 방법

(1) 사신과 작품의 관련성

작가 사신의 일상적인 삶의 특징을 분석하고 연구하는 것도 중요하나 궁극적으로 작가 사신의 본질은 작가와 작품의 관련성을 찾는데 있다. 작가 사신 없이 작품 자체만으로 작품 주제를 찾는 것, 문학의 과학적 접근법이라는 내재적 접근 방법은 오랫동안 수많은 문학연구자들이 고뇌했던 문학 연구 방법론으로 어쩌면 당연하다. 그리고 끝없이 작품의 의도를 간파하기 위해 작품을 매개로 하여 다양한 해석과 연구 방법이 동원되었다. 하지만 작품 발표 연대와 작가 활동 시기의 사회 환경을 고려해 작품을 이해하려는 관점에서 문학 사회학적 접근으로, 혹은 반영론적 관점은 작품론과는 다른 세계를 밝히는 것이 가능하다. 작품과 작가 세계를 밝히는 다양한 문학 연구 방법론의 변화가 있었듯이 문학적 요소가 담긴 작가 사신을 연구하는 것도 새로운 하나의 방법론이 될 수 있다. 그래서 작가들의 사신 기록물을 하나의 텍스트로 한 문학의 비평적 해석의 기능도 할 수 있다는 것이다.

기존의 문학 연구 방법론과 달리 작가들의 사신 기록물을 통해서도 이를 탐색할 수 있다. 이를 위해서는 작가의 창작 의도와 작품 발표 시기가 중요하다. 이 시기에 남긴 작가 사신 기록물을 발견하게 되면 작가의 창작 심리나 태도뿐만 아니라 작가 자신이 처한 일상의 상황 그리고 사회 환경까지 작품 분석에 동원되기 때문에 사신 연구는 중요한 가치를 지닌다. 사신 기록물에 나타난 작가의 창작 의도는 사회와 시대적 배경을 반영하기 때문에 문학 사회학적 접근법으로 작품 주제를 밝힐 수 있고, 또한 작품 발표 연대도 사회 반영론적 관점으로 투영이 가능하기 때문에 사신 연구도 문학 연구 방법론으로서 기능이 있는 것이다.

작가 사신을 통한 작가의 작품 세계를 분석하고 연구하는 방법을 몇 갈래 정도로 나누어 접근이 가능하다. 즉 발신자인 작가가 수신자인 특정 작가에게 보내는 일상적인 필요성을 담은 사신 속에 발신자인 작가의 대표 작품을 함께 보낸 경우와 대체로 사신만을 보내는 경우가 있을 수 있다는 의미이다. 발신자인 작가 자신이 처한 현실에 대한 심리나 상황 혹은 급변하는 사회나 역사 속에 작가 자신이 처한 상황을 가장 솔직하게 드러낸 사신과 함께 보낸 작품이기 때문에 깊은 상관성이 있다. 따라서 발신한 사신 내용과 사신 속의 작품을 연결해 분석하고 연구하는 방법이 그 하나이다.

이육사가 경주 옥룡암에서 답답한 현실을 직시하며 보낼 때, 지인인 신석초에게 사신과 함께 시 작품이 아닌 전통적인 운율로 구성된 시조 2편을 보낸다. 사신과 시조의 상관성을 분석하고 연구할 필요성이 있는 것이다. 작가 사신 내용과 사신 속의 작품을 직접적으로 분석하고 연구할 필요성을 제기한 예를 「5.1 편지와 작가 심리」(졸저, 『작가연구방법론』, 85~87쪽)에서 참고할 수 있다.

사신의 내용을 정확하게 검증하는 일은 작가의 생애나 창작 당시의 작가 내면 심리를 엿볼 수 있기 때문에 중요하다. 이를 통해 작가의 내면 심리가 작품에 영향을 끼쳤는지 여부를 가늠할 수 있다. 동시에 작가의 작품 목록 작성과 함께 당시의 사회나 시대 상황을 통해서 작품의 주제를 이해하는데 중요하기 때문이다. 가령 이상의 내면 심리와 그의 문학 연구를 위해 "김기림과 더불어 깊은 인간적, 내면적 유대 관계를 맺고 있었던 이상이 김기림에게 보낸 일련의 사신들을 참고할 필요"[89]가 있다.

89 김유중, 「연구 시대와 저작이 편중되어 있다 - 김기림 문학 연구의 문제점」, 《문학사상》, 1996. 11, 94~95쪽.

> 1930년대 중반 당시 센다이의 동북제대에 유학 중인 김기림에게, 와병 중이던 이상은 무려 7통이나 되는 애절한 사연이 담긴 편지를 띄운다.《九人會》 회원들 가운데 유독 김기림만이 이상의 참된 동료로 인식되었다는 것, 그리고 동경에 건너간 이상이 죽음 직전까지 애타게 김기림의 방문을 고대하고 있었다는 것 등을 우리는 이 편지를 통해 알게 되거니와, 이들 두 사람은 이제까지 알려진 것 이상으로 서로에 대해 깊은 신뢰와 존경심을 보이고 있었다는 사실을 알게 된다. 이들의 문학 활동이 표면상 각기 다른 방향성을 보이고 있으면서도 모더니즘이라는 공통 분모 속에서 어떤 상관성을 갖는지 추적하는 데 더없이 중요한 자료라고 생각된다.
>
> – 김유중, 「연구 시대와 저작이 편중되어 있다 – 김기림 문학 연구의 문제점」, 《문학사상》, 1996. 11, 95쪽.

위의 인용에서 보듯이 한국시사에서 1930년대 모더니즘의 기수였던 이상이 김기림에게 보낸 사신[90]을 통해 이들의 문학적 교류나 문학 세계를 볼 수 있기 때문에 작가 연구에서 작가가 남긴 사신 기록물의 조사는 귀중한 일의 하나임을 알 수 있다. 일본의 교육 체계 속에서 일본어 시를 썼던 이상이 《九人會》의 정지용, 이태준[91] 등을 만나면서 국문시(國文詩)를 쓰게 된다. 그래서 일문시(日文詩)보다도 국문시에서 이상 문학의 새로운 점이 발견되는 것이다. 이상 문학에서 보인 국어 파괴력은 1930년대 한국시문학사의 특이 사항이 아닐 수 없다. 그런 단서를 이상이 김기림에게 보낸 사신에서 확인할 수 있다.

---

90 편지의 구체적인 내용은 김윤식 엮은 『이상문학전집③』(《문학사상》, 1993, 215~240쪽)을 참고.

91 호테이 토시히로의 「일제 말기 일본어 소설의 서지학적 연구」와 이태준의 일본어 소설 「제1호 선박의 삽화」(《문학사상》(282호), 1994년 4월호 참고. 이태준은 우리소설사에서 단편문학의 대가라는 평가를 받는다. 김동인이 주춧돌을 놓고 현진건이 갈고 닦은 한국현대 단편소설을 완성한 대가라고 한다.

> 요새 조선일보 학예란에 근작시 「위독」[92]연재 중이오. 기능어, 조직어, 구성어, 사색어로 된 한글문학 추구시험(追求試驗)이오. 다행히 고평(高評)을 비오. 요다음쯤 일맥의 혈로(血路)가 보일 듯하오.
>
> –고은, 「이상 언어의 진수」, 『이상평전』,1992, 240쪽.

이상 문학에서 '국어 파괴력'을 보여 준 한글 문학의 추구 시험, 즉 '기능어, 조직어, 구성어, 사색어'의 특징을 그의 작품에서 보여 주고 있다고 고은은 설명하고 있다. 이것은 사신을 통해 그의 창작 태도를 확실하게 보여 준 것이다. 또 이상이 김기림에게 보낸 사신에는 이상이 활동했던 《九人會》의 상황이나 1930년대 경성(京城)의 사정을 잘 알려주고 있다.[93] 또 이상이 동경에서 죽음 직전에 한상직에게 보낸 사신은 이상의 마지막 암울한 세계를 보여 주고 있다는 점에서 작가 심리를 보여 준 사신으로의 검토가 필요한 것이다.

"1930년대 전후 한국시사를 구명(究明)하기 위해서는 박용철(朴龍喆, 1904~1938)의 저변을 알지 못하고는 거의 불가능할 것으로 판단된다. 고쳐 말해서 박용철에 대한 구명(究明)은 당시의 한국시사를 해명하는 일과 거의 일치"[94]한다고 본 김윤식은 일본에서 사귄 김영랑(金永郎, 1903~1950)에게 보낸 사신 속에는 박용철의 대표작 「떠나가는 배」(《시문학》 창간호 발표)가 있었음을 적고 있다. 그리고 이 사신에서 박용철의 시론 의미를 해석한 점으로 미루어 볼 때, 작가 사신은 작가의 문학 세계를 파악하는 한 축

---

92 연쇄시 「위독(危篤)」은 「금제(禁制)」, 「추구」, 「침몰」, 「절벽」, 「백주」, 「문벌」, 「위치」, 「매춘」, 「생애」, 「내부」, 「육친」, 「자상」 등의 12편으로서 그의 「오감도」 이후의 성숙한 묘사 기능을 보이고 있는 이상 시의 큰 수확이다. 그는 이 작품들을 퍽 중요하게 여긴 흔적이 있고 이상의 모더니티가 가장 세련되었으며 그에게 늘 붙어 있어야 했던 진술의 현학 취미가 거느린 지적 만행으로부터 떠날 수 있는 의식의 기교를 이상 문학의 정전(正典)으로서 시도하고 있다(고은, 「이상 언어의 진수」, 『이상평전』, 1992, 241쪽).

93 고은, 「그의 탈출 그리고 종로 파산」, 『이상평전』, 민음사. 1978, 260쪽 참고.

94 김윤식, 「10. 純粹詩論–박용철론」, 『한국근대작가론고』, 일지사, 1974. 124쪽.

이 된다는 사실을 작가 연구자는 중요하게 인식해야 한다. 윤동주가 일본 동경 유학 시절에 강처중에게 보낸 사신 속에는 그의 시 다섯 편이 있었는데, 그 시들은 윤동주 문학을 이해하는데 중요한 대표작들임을 알 수 있다.[95] 그 시제는 「쉽게 씌어진 詩」, 「흰 그림자」, 「사랑스런 追憶」, 「흐르는 거리」, 「봄」 등이다.[96] 이처럼 작가가 남긴 사신 기록물에는 작가의 작품 발굴 및 작품과의 상관성이 있음을 알 수 있다.

1920년대 염상섭, 김일엽(金一葉, 1896~1971), 오상순, 전영택 등과 같은 작가들의 사신만으로도 한국문학사적으로 존재감이 있으나 작가가 자신의 창작 활동과 관련된 사신 기록물을 남겼다면 이에 대한 분석과 연구 또한 가치 있는 일이며 연구 분석은 당연한 일이다.[97] 이와 같은 사신 기록물 내용 분석은 작품과의 관련성을 찾고, 나아가 문학사적 의미도 찾을 수 있다. 이로써 기존 연구 방법으로 미처 파악하지 못한 작가 세계의 입체성을 확인할 수도 있다.[98] 그렇기 때문에 문학 연구 방법론의 한 지류로 작가 사신 연구 방법론이 자리 잡을 수 있는 계기가 될 것이다.

'현대적인 단편소설의 확립자'인 김동인[99]이 극찬한 소설가 염상섭의 사신에는 그의 문학성을 대표하는 세 작품에 대한 이야기가 소개되어 있다. 이 사신 기록물에 등장하는 작품을 분석하여 작가의 문학성을 찾는 계기가 될 수 있다. 사신 기록물과 작품의 관련성을 검토할 수 있을 뿐만 아니라 이 작품의 분석을 통해 한국소설문학사의 위치도 검토

---

95 윤동주 시문학에 대한 참고 자료는 권영민이 엮은 『윤동주 연구』(문학사상사, 1995)를 참고.

96 송우혜, 「시인 윤동주지묘」, 『윤동주평전』, 세계사, 1989, 378쪽.

97 조연현의 〈작고 문인 사신철〉에 등장한 작가 사신에 대해 구체적인 연구는 진행 중이며, 필자는 이와 같은 관점으로 연구해 발표할 예정이다(2023년 1월 18일, 수요일 새벽 3시).

98 작가 사신과 작품의 관련성에 대한 치밀한 연구는 다른 지면에서 발표할 생각이다(2022년 12월 10일, 일요일 새벽 2시).

99 이재선, 「정립상태의 작가와 작품」, 『한국현대소설사』, 홍성사. 1979, 265쪽.

할 수 있다.

다음은 염상섭의 사신 기록물로 1통 1장이다.

[자료 32]

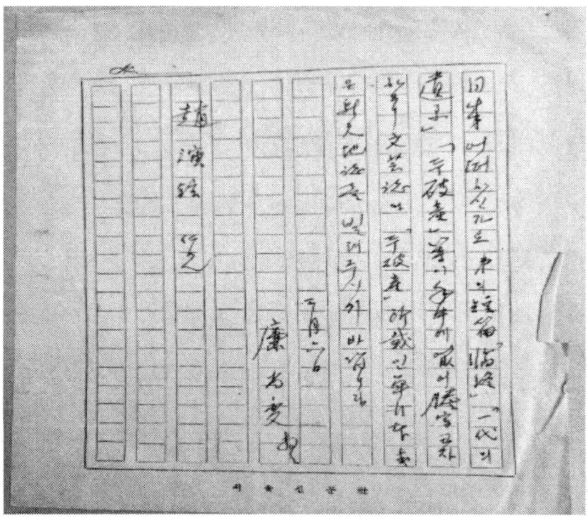

[자료 32]에는 다음과 같은 내용이 있다.

> 저의 短篇「臨終」「一代의 遺業」「두 破産」等이
>
> 제 手에 없어 謄字코자 하오니
>
> 文藝誌와「두 破産」의 所載인 單行本 혹은 新天地誌를
>
> 빌려주시기 바랍니다.
>
> –「전문」중에서

이 사신 기록물은 1949년 횡보 염상섭이 53세 때 발표한 대표작인 단편소설「임종(臨終)」(《문예》, 1949. 8),「두 파산(破産)」(《신천지》, 1949. 9),「일대(一代)의 유업(遺業)」(《문예》, 1949. 10) 등과 같은 세 작품에 대한 이야기가 나온

다.[100] 사신에는 위의 세 작품에 대해 '謄字(등자: 옮겨 적다, 베끼어 적다)'하고자 하니, 《문예》와 《삼천리》를 빌려 달라는 내용이 담겨 있다. 이유는 「임종(臨終)」, 「두 파산(破産)」, 「일대(一代)의 유업(遺業)」이 《문예》와 《신천지》에 각각 수록되어 있기 때문이다. 염상섭이 보낸 사신 기록물이나 발신자의 관점에서 그의 문학 세계와 창작품을 분석하고 연구하는 방향을 찾을 수 있다.

우선 작품에 대한 기본적인 이해를 바탕으로 사신을 분석하는 것이 도움이 된다. 「임종(臨終)」은 「두 파산(破産)」과 더불어 그의 단편 문학 대표작으로 꼽는다. 그리고 창작집 『일대(一代)의 유업(遺業)』은 작가 생존 시 마지막 창작집이라는데 주목할 필요성이 있다. 그리고 이 세 작품은 그의 단편 소설 창작에서 가장 절정기의 대표작으로 꼽힌다. 「임종(臨終)」과 작가 염상섭이 1963년 3월 14일, 이승을 떠난 작가의 죽음과의 상관성을 짚은 대목도 흥미를 끈다.[101]

염상섭은 다작으로도 유명하지만 작품으로도 높은 평가를 받는다. 횡보 염상섭은 동시대에 같이 활동했던 여느 작가들과 마찬가지로 평생 가난에 시달렸다. 평생 원고지를 두고 문학 창작을 꿈꾸었던 채만식[102]의 빈곤을 떠올릴 수 있다. 역사적으로 보면 조선 정조 때 추사 김정희

---

100 염상섭의 사신에 대한 대해 구체적인 연구는 진행 중이며, 필자는 연구 결과를 발표할 예정이다(2023년 1월 18일, 수요일 새벽 3시). 적어도 1949년 이후이며, 다만 인사말에 '日本 어떠하신가요'로 시작된 것으로 보아, 적어도 조연현의 일본 방문과 관련성이 있다고 판단된다. 『조연현 평전』의 〈작가 연보〉에 따르면, 조연현은 일본을 몇 차례 다녀온 것으로 조사되어 있다. 1차로 1962년(42세)에는 일본 〈조선학회〉의 초청이었고, 2차는 1964년(44세)과 3차는 1970년(50세) 때는 일본 〈잡지협회〉의 초청이었고, 그리고 4차는 1972년(52세), 5차는 1973년(53세), 그리고 1975년 1976년, 1981년이었다. 여기에다 염상섭의 생존 시까지를 역산해 보면, 발신 연대는 1962년쯤으로 보인다. 염상섭은 직장암으로 1963년 3월 14일 오전 9시 성북동 자택에서 사망했다. 따라서 조연현의 일본 방문 시기인 1962년쯤으로 추정된다.

101 장남 염재용은 아버지의 죽음을 회고하면서, 횡보의 임종은 작품 「임종」의 주인공과는 달랐다고 한다(『염상섭 연구』, 113쪽 참고).

102 소설가·극작가. 본관은 평강(平康). 호는 백릉(白菱)·채옹(采翁). 아버지는 규섭(奎燮)이며, 어머니는 조우섭(趙又燮)이다.

는 평생 동안 벼루 10개가 구멍이 날 정도였으며, 붓이 1,000자루가 닳도록 집필을 했다고 전해진다. 이 일화를 통해 추사 김정희가 당대의 정치 현실과 마주하면서 작품 완성에 얼마나 치열했던가를 알 수 있다. 횡보가 남긴 사신 기록물을 보면, 아마도 극도의 빈곤이라는 작가의 생활 환경 속에도 창작을 했던 그의 모습이 떠오르기도 한다. 붓이 닳도록 치열한 문학 창작열 속에 평생 원고지 걱정 없이 수많은 소설을 구상하고 싶어 했던 작가의 창작 태도와 작가 정신이 어떠해야 하는지를 단적으로 보여 주는 것이다. 이것이 횡보 염상섭이 한국문학사에서 우리들에게 남긴 사신의 가치이기도 하다.

수많은 작품 가운데 세 작품에 대한 작가의 유별난 관심은 어떻게든 해석이 뒤따라야 한다. 장남 염재용은 서울 중류의 풍부한 어휘를 구사하면서도 글자 하나, 표현 하나의 선택에 마음 조이고 망설이며 머리를 쥐어짜서 퇴고[103]하는 아버지의 '文學(문학) 業(업)'인 소설 창작 태도를 보았다고 한다. 이러한 염상섭의 창작 태도로 보아 그가 남긴 기록물에 대한 설명이 필요한 것 같다.[104] 여기에 사신 기록물과 관련된 심화 단계는 사신과 관련된 방계 자료를 찾아 연구하는 것이다.

다음은 김현승(金顯承, 1913~1975)의 사신 기록물로 1통 1장이다.

103 염재용, 「가친(家親)과 횡보(橫步)와」, 『염상섭 연구』, 민음사. 1987. 106쪽

104 〈작가 연보〉와 함께 〈작품 연보〉는 매우 중요하다. 신석초를 연구한 조용훈은 〈작품 연보〉 작성의 중요성을 강조했다. 작품 연구에서 가장 온힘을 기울여야 한다고 한다. 필자는 작품 세계를 모른 체, 사신을 들여다본들 전후 문맥을 이해하기 어렵다고 생각한다. 또한 〈작가 연보〉를 작성하면서 동시에 〈작품 연보〉도 이루어져야 한다. 작품 연구의 편리성이 있기 때문에 반드시 필요하다. 특히 평전류의 작가 연구에서는 핵이다.

[자료 33]

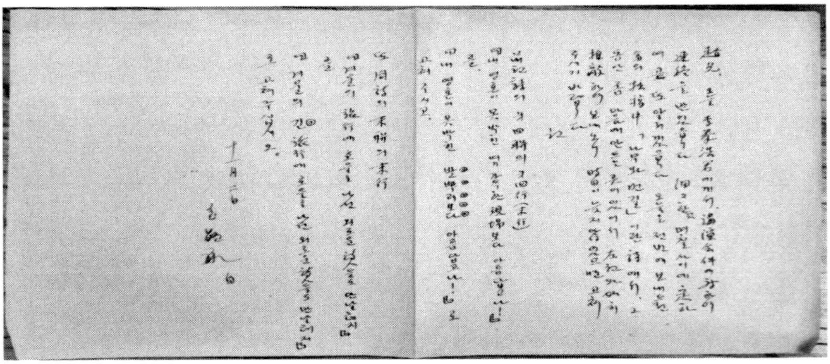

[자료 33]에는 다음과 같은 내용이 있다.

오늘 李泰浩 君에게서 講演會 件에 對하여
連絡을 받았읍니다. ○○○○ 며칠 사이에 定하여 곧 또 알리겠읍니다.
오늘은 전번에 보내드린 저의 拙稿 中「나무와 먼 길」이란 詩에서 그 동안
좀 마음에 안 드는 곳이 있어서 左記와 如히
推敲하여 보내오니 時日이 늦지 않았으면 고쳐주시기 바랍니다.

前번 詩의 第四聯의 第四行(末行)

'내 영혼이 못박힌 여기 가득한 現場보다 아름답고나!'를
'내 영혼이 못박힌 발뿌리보다 아름답고나!'로 고쳐 주시고,

또 同詩의 末聯의 末行

'겨울의 旅行에서 호을로 나선 외로운 詩人들도 만날려지'를
'겨울의 긴 旅行에 호을로 나선 외로운 詩人들도 만날테지'로 고쳐 주십시오.

(밑줄은 필자 표시)

–「전문」 중에서

강연 요청 건에 대한 내용과 전번에 보낸 작품「나무와 먼 길」은《현대문학》1960년 12월 호에 발표되었으니, 이 사신 기록물은 1960년 12월 이전에 보낸 것이며, 날짜가 11월 2일로 특정되어 있다. 따라서 1960년 11월 2일로 추정할 수 있다. 이를 통해 〈작품 연보〉를 작성할 수 있다.

「나무와 먼 길」의 원문은 다음과 같다.

사랑이 얼마나 중한 줄은 알지만
나무, 살결에 아직 아름다운 그이를 모른다.
하늘 살결에 닿아 너와 같이 머리 고운 여인을 모른다.

내가 시를 쓰는 오월이 오면
나무, 나는 너의 곁에서 잠잠하마,
이루 펴지 못한 나의 전개의 아마아쥬를
너는 공중에 펼쳐 벌여 그 모양을 떨쳐 보이는구나!
나의 입술은 매말라
이루지 못한 내 노래의 그늘들은
나무, 너는 땅위에 그렇게도 가벼이 느리는구나!

목마른 것들을 머금어 주는 은혜로운 오후가 오면
너는 네가 사랑하는 어느 물가에 어른거린다.
그러면 나는 물속에 잠겨 어렴풋한 네 모습을
잠시나마 고요한 너의 영혼이라고 불러 본다.

나무, 어찌하여 신께선 너에게 영혼을 주시지 않았는지
나는 미루어 알 수도 없지만,
언제나 빈 곳을 향애 두루는 희망의 척도-너의 너미는
내 영혼이 못 박힌 발뿌리보다 아름답구나!

머지않아 가을이 오면
사람마다 돌아와 집을 세우는 가을이 오면,
나무, 너는 너의 수획으로 전진된 어느 황토길 위에 서서,
때를 맞춰 불빛보다 다스운 옷을 너의 몸에 갈아입을 테지.

그리고 가을이 오면
너는 머리 숙여 기도를 올릴 테지.
부리 고운 가난한 새새끼들의 둥지를 품에 안고
아침 저녁 안개 속에 너는 과부의 머리를 숙일 떼제,
그리고 때로는
굽이도는 어느 먼 길 위에서,
겨울의 긴 여행에 호올로 나선 외로운 시인들도 만날 테지…

[밑줄 표시 필자]

이 작품은 마음에 안 드는 곳이 있어 퇴고하여 보내니, 시일이 늦지 않으면 고쳐 달라는 사신 내용이다. 매우 구체적인 연과 행을 표시하여 사신에 담았다. 즉 '여기 가득한 現場보다'를 '발뿌리보다'로 수정해 달라는 내용인데, 매우 추상적인 것에서 '발뿌리'라는 구체적인 대상을 표현해 이미지를 매우 선명하게 전달하려는 의도가 담긴 것으로 보인다.[105] 시적 대상인 '나무'를 통해 경건한 삶의 자세와 가을과 겨울의 세월 속에서 맞이하게 되는 가득한 일상보다는 영혼을 담은 '나무'를 대상

으로 표현하고 있다. 이처럼 창작 과정 전후를 통해 작가의 창작 태도와 창작 심리를 파악할 수 있는 근거를 제시하고 있다. 이 사신 기록물이 발견되지 않았다면 이러한 면을 밝히지 못했을 것이다.

'퇴고는 (시의) 내용과 형식의 균형을 잃지 않도록 노력하는데 그 의의와 방법의 진의(眞意)가 있는 것'[106]이다. 더구나 '시는 산문과 달라서 한 자의 탈락과 한 자의 오자로 전편(全篇)의 의미가 전가(轉嫁)되는 예가 가장 심할 것'이며, '군소리로 말미암아 문장의 생명이 좌우된다'[107]는 것을 김현승 시인은 누구보다도 절감했다는 사실이다. 창작 과정에서의 퇴고는 작가의 창작 태도와 창작 심리를 구체적으로 확인할 수 있는 중요한 근거를 이 사신 기록물이 제공한다는 사실이다. 신석초 역시 '개작을 통해 지성에 의한 시의 제작을 강조했을 뿐 아니라 아울러 동일한 작품을 다른 제목으로 발표'하기도 했다.[108] 김현승의 사신 기록물을 통해 그의 시작은 원전 비평이 필요하다는 사실을 알 수 있다. 원전 비평은 작품 분석에서 가장 기초 작업에 해당한다. 김유정의 「동백꽃」이 원전 오류가 있다는 점을 또한 상기할 필요가 있다.

김현승은 빈틈이 없는 매우 '치열한' 시작 태도를 보인다. 그리고 사신 기록물의 문체로 보아 매우 단호한 어조도 보인다. 그리고 문학 잡지 발표를 위해 송고한 뒤에도 작품의 시적 의미가 명확하게 표현되

---

105 어떠한 명문(名文)이라고 할지라도 자기의 사상 감정을 모두 표현했다고 할 수는 없을 것이며, 거의 불가능에 가까운 일이 아닐 수 없다.(그래서 작가들이 퇴고를 한다.) 도스토예프스키가 톨스토이를 부러워한 것은 그의 문벌과 재산이 아니고, 다만 퇴고할 시간 여유를 부러워했던 것이라고 하며, 문장이 거칠기로 유명한 고리키가 톨스토이와 체홉으로 비판을 받은 뒤부터는 어떻게 퇴고를 심하게 했던지 그 친구가 '그렇게 자꾸 고치고 줄이다가는 어떤 사람이 낳다, 사랑했다, 결혼했다, 죽었다의 네 마디밖에 안 남지 않겠구나?'라고 말했다는 말도 있다(김해성, 178~179쪽).

106 김해성, 「3. 퇴고의 방법」, 『한국 현대시의 이해』, 서문당. 1983, 181쪽.

107 김해성, 위의 책, 180쪽.

108 조용훈, 『신석초 연구』, 2001, 44쪽. 조연현의 《작고 문인 사신철》에는 「32. 신석초」로 1통 2장의 사신 기록물로 남아 있다.

도록 끊임없이 고민하고 퇴고하는 시인의 모습을 볼 수 있다. 앞에서도 언급했지만 염상섭이나 박화성의 사신 기록물에 따르면, 이들 소설가 역시 매우 '치열한' 창작 태도를 보인다.

이제까지 작가 사신 연구를 통한 작품과 관련성을 정리하면 다음과 같다.

첫째, 사신을 통해 작품의 창작 기법과 창작 과정 및 창작 심리 등을 파악할 수 있다.

둘째, 작가 사신 연구 방법론이 작품 연구의 하나로 정립할 수 있는 가능성을 고려해 볼 수 있다.

셋째, 사신 기록물에 개작의 내용이 있다면 이는 작품 분석의 중요한 기초 토대인 원전 비평과도 깊은 관련성이 있다.

(2) 사신과 작가의 관련성

작가 사신에 대한 연구자의 치밀한 분석과 규칙성의 개입으로 작품의 가치를 규명할 수 있고, 또한 작가와 관련된 다양한 자료의 접근과 활용으로 연구자와 독자들에게 흥미와 공감을 줄 수 있다. 그래서 연구자는 작가론 집필에 필요한 작가와 관련된 각종 자료 수집에 수고를 아끼지 않는다. 작가론에 필요한 각종 자료 수집과 분석에 몰두하는 동안 작가의 새로운 면을 엿보게 되면서 느낀 즐거움과 기쁨의 눈물에 모든 고통이 흡수되지만 시간의 흐름에 따라 해석의 오류와 왜곡에 대한 두려움 또한 무거운 마음을 벗어날 수 없음도 알게 된다. 그래서 연구자는 자료의 사실성과 연구자의 해석 오류를 경계할 뿐이다. '작가론이 지닌 유혹만큼 매력적인 것이 따로 없지만 동시에 이것만큼 까다로운 것이 없으며, 또한 얼마나 어려운지 〈공포와 전율〉이 느껴진다.'[109]고 김윤식

109 김윤식, 『작가론의 새 영역』, 강, 2006.

은 간파했던 것이다.

사신 기록물의 내용 분석을 통해 작가와 관련된 여러 활동 특히 문단 활동을 비롯하여 작가의 창작 심리나 기존 한국문학사의 지형도의 변화 등을 연구할 수 있다. 작가 평전을 구성하여 집필할 때 연구자의 주관적인 해석 혹은 추론으로 상상적 비평이 이루어질 수도 있으나, 객관적인 고증된 자료가 매우 중요하다. 이런 점에서 보면 작가의 사신 기록물은 작가의 문단 활동을 고증할 수 있는 의미있는 자료이다. 물론 작가의 사신을 고증하는 것은 결국 작품 분석과도 밀접하게 연관된다.

작품 분석만으로는 파악하기 어려운 작품 세계를 작가 연구를 통해 보완한다. 여기서 작가와 작품의 이면 세계를 파악하는 방법 중 작가 사신 기록물을 통한 작품 분석과 입체성도 중요하다. 즉 작가와 작품의 세계를 확장하는 방법이 사신 기록물 연구 방법이다.[110] 사신 기록물에는 한국문학사에서 알려지지 않았던 작가를 알 수도 있고, 발신자 혹은 수신자인 작가를 통해서 이들의 작품 세계를 밝히는 작품론, 작가의 세계를 탐구하는 작가론으로 한국문학사를 확장하는 길이기도 하다.

박목월이 그 동안 알려지지 않았던 시인 오용수를 추천했다는 사신 기록물은 그에 대한 작품성과 한국시문학사의 위치를 검토하여 정립하는 계기가 될 수 있는 경우이다. 단순히 작가명과 작품성을 규명하는데

---

110 청마 유치환의 대표적인 시 「수」가 북만주 유랑 시에 썼던 작품인데, 친일시(親日詩) 논란에 휩싸였다. 이는 작가 전기의 관점에서 보면 친일시 논란에 종지부를 찍을 수 있을 만큼 중요하기 때문에 작품 해석과 맞물려 작가 전기의 중요성이 새삼 강조된다. 이러한 때 작가의 사신 기록물이 있다면, 작가의 심리를 자료로 삼아 정확하게 판단할 수 있을 것이다. 한 작가의 작품성이 민족성과 결부되어 평가 절하되는 비극을 막아야 할 것이다. 작품 해석의 논란을 해결하는 방법은 작가 자신의 심경을 밝힌 사신 기록물 자료가 가장 중요한 잣대가 될 수 있고, 간혹 동시대의 작가 사신 자료가 이를 대변할 수도 있다. 그래서 작고 문인 사신을 발굴하고 연구할 필요성이 있다.

신상성은 "친일 문학 논쟁의 핵심이 되는 청마 「수」에서는 치열한 회환과 함께 오히려 일제 저항에 결의를 다시 다짐하고 있다"(「청마의 친일문학론의 핵심 쟁점」, 《문예운동》(156호), 2022, 211~226쪽)고 평가했다.

그치는 것이 아니라, 시문학사의 위치까지 정립이 가능하다면 사신 기록물에 대한 입체적인 고증이 절대적으로 필요하다.

다음은 사신 기록물에 등장한 시인을 발굴하여 시에 담긴 문학성과 그의 문학사적 위치를 정립할 수 있는 단서를 보여 주는 예시이다.

[자료 34]

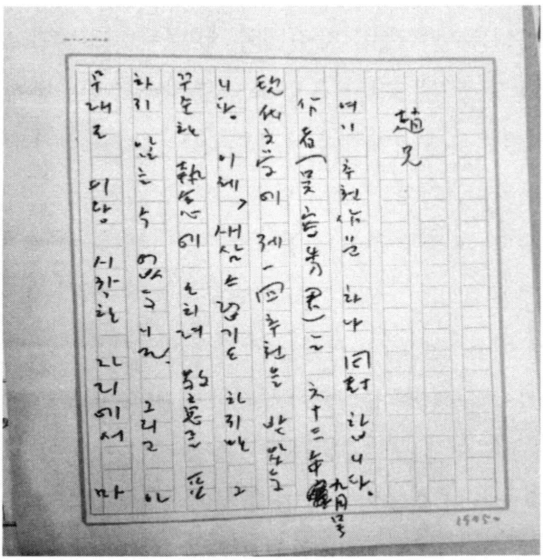
趙兄
여기 추천作品 하나 同封합니다.
作品(吳容秀君)은 六十三年 九月號
現代文學에 제一回 추천을 받았고

조연현에게 보낸 박목월의 사신

[자료 34]에는 다음과 같은 내용이 있다.

趙兄

여기 추천 작품 하나 同封합니다.

作品(吳容秀 君)은 六十三年 九月號 現代文學에

제 一回 추천을 받았읍니다.

이제, 새삼스럽기도 하지만 그 꾸준한 執念에 오히려

敬意를 표하지 않을 수 없음이라.

–「전문」 중에서

[자료 34]는 1940년대 전후 한국문예지에서 핵심적인 역할을 담당했던 《문장》지 출신인 박목월의 글씨체를 확인할 수 있으며, 또한 그의 시적 향취가 필체로 느껴지는 사신 기록물로서의 가치가 있다. 사신 기록물 원본으로서의 '아우라'를 확인할 수 있다. 《문장》 시 추천위원이었던 정지용은 '박목월의 시가 조선시다'라고 추천 사유를 밝혔다. 정지용의 시적 안목과 박목월의 시력은 한국시사의 한 지류임을 부인할 수는 없다. 이러한 박목월의 시적 안목으로 본 오용수 시인에 대한 시 세계를 천착하는 데에 사신의 의미가 있는 것이다.

[자료 34]에 등장하는 오용수 시인을 추천한 박목월은 1960년부터 《현대문학》, 《심상》, 신춘문예 등의 시 추천 및 심사위원으로 활동했다. 특히 《현대문학》에서 추천된 대표적인 시인으로는 허영자, 이승훈, 오세영, 유안진, 신달자 등이었다.[111] 이들은 한국의 대표적인 시인들인 점으로 보아도 《현대문학》의 문학적 위상을 짐작할 수 있을 것이다. 오용수를 발굴하여 그의 문학적 이력을 추적하고 시 세계를 분석하는 당위성을 사신 기록물을 통해 파악할 수 있다. 또한 조연현이 정리해 보관했던 〈작고 문인 사신철〉에 등장한 시인 최인희(崔寅熙, 1926~1958)에 대한 작가 발굴과 문학성에 대한 탐구의 필요성은 자연스러운 것이다.[112]

발신자 박목월과 시인 최인희의 사신을 통해 수신자 조연현을 들여다보면, 비평가적 안목과 문학사가로서의 시야를 볼 수 있는 계기가 되

111 홍희표, 『박목월 시인 연구』, 문학아카데미, 1993, 35쪽. 이외에도 유승우, 신규호, 정문호, 이건청, 신달자, 김명배, 한기팔. 신협, 손석일, 조우성 등이 있다.

112 최인희의 사신 연구를 비롯해 작가 평전에 대한 탐색을 하고 있으며 유족인 외동딸 최지은과의 인터뷰와 최인희 시인에 대한 관련 자료 채집을 통한 연구를 진행 중이다(2022년 10월 29일).

는 사신들이다. 즉 박목월의 추천 안목을 인정하면서도 오용수 시인의 발굴과 시적 세계에 대한 평가의 필요성과 함께 최인희에 대한 동일한 시각이 존재한다는 점을 사신 연구에서 읽을 수 있다. 작가와 함께 작품 분석을 통한 시 세계를 정리할 수 있는 계기가 이들의 사신이라는 사실이다. 이는 순전히 사신 보관에 따른 조연현의 시각이라는 점이다. 조연현에게 온 모든 사신을 정리하고 보관한 것은 아니다. 이는 나름 조연현의 문학적 시야의 존재 가능성이 내포된 일이기도하다.

다음은 유치환의 1통 2장의 사신 기록물 중에 1장이다.

[자료 35]

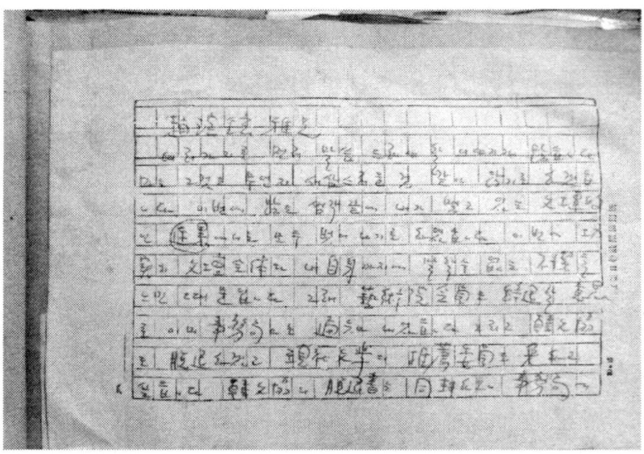

[자료 35]에는 다음과 같은 내용이 있다.

> 여러 가지를 먼저 말씀드려야 하는 이야기가 많읍니다마는
> 그것은 무언지 새삼스러울 것 같아 않기로 하겠읍니다.
> 이번에 많은 생각 끝에 내가 맡고 있는 文壇的인 連累에서는
> 모두 벗어나기로 하겠읍니다.
> 이번에 공연히 文壇 全體와 내 자신까지 말할 수 없는

不潔을 느낀 때문입니다. 그래 藝術院 會員도 辭退할 意思로
事務局으로 通知 내었읍니다. 그리고 韓文協도 脫退하겠고
現代文學의 推薦委도 免하고 싶읍니다.

-「전문」 중에서

앞에서도 언급했듯이 사신에는 청마 유치환이 문단 관계에 대해 '불결(不潔)'하다고 판단해 자신이 한국문협과 《현대문학》과 관련한 일에 일체 관여하지 않겠다는 내용이 담겨 있다. 이는 사신과 작가와의 관련성을 단적으로 보여 주는 예이다.

서울 정릉 자택에 보관 중인 《현대문학》, 2005년[113]

〈한국문인협회〉는 5·16 군사 정권의 문화예술 단체의 단일화 요구에 부합했던 문인 단체였다. 문협 파동에서 수신자인 조연현의 〈한국문인협회〉에서의 문단 활동을 정리할 필요성이 있다. 조연현은 1968년(49세)에 문협 파동이 발생하면서 김동리와 갈등이 생겨 잠시 한국문협을 탈

113 2005년 당시에는 2층에 있었으나, 2022년 8월 1일에 답방했을 때에는 지하에 보관 중이라고 조혜령이 증언했다.

퇴하기도 했다, 그리고 1971년(52세)에는 〈한국문인협회〉 부이사장직에 피선되었고, 1973년(54세)에는 〈한국문인협회〉 이사장직을 수락하면서부터 4년 동안 각종 문협의 문제가 발생했다고 술회한 적이 있다.[114] 청마가 1967년에 사망했기 때문에 문협과 관련한 사건은 1968년(49세)으로 문협 파동 전후로 보아야 할 것 같다. 그리고 1967년 청마가 사망했기 때문에 그 이전에 발신한 사신 기록물로 보아야 한다.

그리고 소위 문협 파동은 해방 전후한 좌우 이데올로기 대립이 있었고, 5·16 군사 쿠데타에 의한 정치적 세력에 야합한 문협 파동도 있었다. 그리고 1968년(49세)에 문협 파동이 있었다. 이 파동 시기에 유치환과의 관련성을 재고할 수 있다. 5·16 군사 쿠데타 세력에 문단 지도자들이 공식적이든 비공식적이든 지지하고 나섰다.[115] 소위 '만송족'이라는 문단 세력이 생겼다. 여기에 조연현의 위치가 보였던 것이다. 이 점 때문에 그는 문학비평가로서의 위상과 《현대문학》의 역할과 기능을 통해 공고화했던 그의 문단 활동이 반감되는 현실에 놓였던 것이다. 이런 상황에서 유치환은 한국문협과 《현대문학》에 매우 불쾌한 감정을 가지고 있으며, 모멸감까지 느끼고 있음으로 보아, 당시 문협과 《현대문학》과의 갈등이 매우 심각해 극에 달한 것으로 보인다. 이는 한국문학사가 안고 있는 태생적 고통이며, 해결의 실마리를 찾기 어려운 뇌관이기도 하다. 문학과 정치적 상황에 놓인 조연현의 행보에 엇갈린 평가가 존재한 이유이기도 하다. 이처럼 사신을 통한 작가들의 문단 활동을 파악할 수도 있으며, 이는 한국문단사이면서 한국문학사와 연결되기에 작가 사신 연구가 필요한 것이다.

지금까지 논의한 작가 사신 연구를 통한 작가와의 관련성을 정리하

114 조연현, 「문학 세미나」, 『내가 남기고 싶은 문단 이야기』, 부름, 1981, 209쪽.
115 정규웅, 「5.16 문단 활동」, 『글동네에서 생긴 일』, 문학세계사, 1999, 90쪽.

면 다음과 같다.

첫째, 수신자의 관점에서도 작가와 작품 연구를 검토할 수 있다는 점이다.

둘째, 사신 속의 내용을 분석하여 작가의 문단 활동, 문학사의 위치를 파악하여 작가와 작품을 발굴할 수 있는 계기가 된다.

셋째, 사신 연구 방법론이 작가 연구의 하나로 정립할 수 있는 가능성을 고려해 볼 수 있다.

3

사신 내용 심화 단계

앞에서 언급한 사신 연구의 단계를 확장해 접근할 수 있는 작가 사신 연구 단계는 다음 두 가지이다. 즉, 1) 작가 사신을 입체적으로 연구하여 작가와 작품을 '한 편의 논문(논의)'의 성격으로 규정할 수 있고, 2) 작품과 작가를 확장해 가는 '평전 혹은 전기'로 나누어 접근할 수 있는 방안도 있음을 여기서 설명하고자 한다.

1) 사신을 통한 작가와 작품 세계의 입체적 접근 방법

작가 사신 기록물에 등장하는 작가와 작품 관련 목록이나 자료는 객관적이면서도 고증의 장점이 있어, 작가의 문학 세계를 정립할 수 있는 근거가 된다. 물론 작품 분석도 연구자의 주관성을 객관화시킬 때 의미가 증폭된다. 사신들을 객관화된 자료로 탐색하고 이 탐색으로 얻어지는 작가들의 '정신적인 자료'는 작품 해석의 통로로 이어진다. 작품을 통해 작가의 문학 세계를 탐구하는 문학 본령의 접근법과 함께 작가와 작품을 입체적으로 조망할 때 작가는 완성된다. 여기에 작가 사신은 작가 연구의 필요에 따라 방계 자료로서 가치가 있기 때문에 사신 연구는 절대적이라 할 수 있다.

작가의 특징 혹은 창작 과정이 육필로 기록되어 있다면 이를 기준으로 앞선 연구자가 탐색하지 못한 문학 세계를 밝힐 수 있다는 점에서 작가 사신 기록물은 의미가 있는 것이다. 가령 자신의 대표작을 필사하여 재출간하는 염상섭은 '등자주의자'이고, 문예지에 발표 전까지 수정하고 퇴고하는 김현승은 '퇴고주의자'라고 명명할 수 있는 이유는 그의 사신 기록물에 근거한 평가이다.[116]

다음은 목포 지역 출신의 대표적인 여류 소설가인 소영 박화성(朴花城, 1903~1988)의 사신 기록물 1장을 대상으로 작가 사신 연구 방법으로 접근해 작가의 입체적인 모습을 보여 줄 수 있는 예시로 제시한 것이다.

작가 사신 연구 방법론의 단계에 따라 표로 정리했고, 표에 따른 원고 목차를 간략히 정리했다.[117]

[사신 연구 방법의 단계 적용 예시]

연구 단계		Ⅰ. 원본 확정 단계	Ⅱ. 사신 내용 분석과 분류 단계	Ⅲ. 사신 내용 심화 단계
1	사신 연구 방향	대상: 소설가 박화성의 사신 기록물(1통 1장) 1. 원본 확정 단계 1) 발신자-수신자 관계: 박화성 -《현대문학》 주간 조연현 2) 발신연도 및 발신 공간 3) 서명 및 서체 확인 4) 원고지 양식	2. 사신 기록물 내용 분석 1) 내용 분석 2) 작가와 작품 관련 분석 및 분류	3. 사신 기록물을 통한 작가와, 작품 세계에 대한 입체적 접근 방법 4. 사신 기록물의 사료적 가치 등
2	연구 목차	작가 사신 연구 방법론 서설(序說) – 목포의 소설가 박화성(朴花城)의 〈사신(私信) 기	Ⅱ. 사신 기록물의 내용 분석 1. 사신과 작품 관련성	Ⅲ. 문학관과 사신의 사료적 가치

116 염상섭과 김현승의 사신 연구는 다른 지면에서 발표할 예정이다(2023년 2월 11일 토요일).
117 차후 정교한 논의를 정리한 결과를 밝힐 것이다(2023년 1월 19일, 목요일).

		록물(1장)〉에 대하여 - 목차 - Ⅰ. 사신(私信) 원본과 접근 방향 1) 발신자-수신자 관계 2) 발신연도 및 발신 공간 3) 서명 및 서체 확인 4) 원고지 사신	2. 작가 생활과 원고료	
3	상호 작용성의 접근 방향		(1) 발신자의 관점 : 박화성 문학 세계와 작가 문단 활동 (3) 발신자 – 수신자의 관점 : 박화성과 조연현의 문단 교유기 (4) 제3의 관점 :《현대문학》과《서울신문》연재 소설 조사 및 정리	

박화성 사신에 대한 연구에서 1단계에는 사신 기록물 연구 방향을 검토 및 정리한 것이고, 2단계에서는 1단계의 방향을 구체화하여 목차를 정한 것이다. 그리고 〈Ⅱ. 사신 내용 분석과 분류 단계〉에서 실제 사신 기록물의 분석 방향을 정립하는 데 기본적인 〈1) 상호 작용성의 접근 방향〉을 세분화하여 정리할 필요성이 있었다.

다음은 앞에서 언급한 소설가 박화성 사신 연구 방법에 따라 목차를 정하고 연구 결과를 원고로 작성하였다. 다만 표에 따라 정확하게 일치하는 목차와 내용 전개가 되는 것은 아니나 최소한 일정한 연구 방향과 과정을 반영한 원고의 일부이다. 사실 작가들의 사신마다 담긴 내용이 다르기 때문에 개별적인 연구 과정과 방향 설정이 달라지는 것은 오히려 자연스러울 수가 있다.[118]

118 본고의 「Ⅳ. 작가 사신 연구 방향성과 가치」의 〈2. 사신 내용의 다양성〉 참고. 이 작가 사신 연구 방법론에 대한 논의가 한국 문학 연구 방법론에 대한 고민과 긍정적인 결과를 필자는 기대한다(203년 3월 5일, 일요일).

[사신 연구의 목차 예시]

작가 사신 연구 방법론 서설(序說)

-목포의 소설가 박화성(朴花城)의 〈사신(私信) 기록물(1장)〉에 대하여

- 목차 -

Ⅰ. 사신 원본과 접근 방향
1) 발신자-수신자 관계
2) 발신연도 및 발신 공간
3) 서명 및 서체 확인
4) 원고지 양식

Ⅱ. 사신 기록물의 내용 분석
1. 사신과 작품 관련성
2. 작가 생활과 원고료

Ⅲ. 문학관과 사신의 사료적 가치
* 참고 문헌

다음은 위의 목차에 따라 대략적으로 원고를 구성하였다. 다만 「작가 사신 연구 방법론 서설(序說)」에는 원고의 일부만을 분석하고 연구했기 때문에 다소 부족함이 있음을 밝혀둔다.

[사신 연구 원고 예시]

Ⅰ. 사신 원본과 접근 방향

이 글은 소영(素影) 박화성(朴花城, 1903~1988)이 문학평론가이며, 《현대문학》의 주간 석재(石齋) 조연현(趙演鉉, 1920~1981)[1]에게 보낸 사신(私信) 기록물 1통 1장[2]에 대한 검토 및 연구 결과이다. 이 1통의 사신 기록물 연구를 통하여 소영 선생의 소설 작품에 대한 단초를 찾아 한국소설문학사에서 작품성과 작가의 문단 활동과 관련된 한국문단사의 이면을 들여다보고자 했다. 박화성의 사신 기록물로 작품성과 문단사를 투시한다는 연구 태도에 의아함이 드는 이유는 '고작 1통' 때문임을 부인하기 어렵다. 그만큼 1통의 사신 기록물이 박화성의 문학성을 논의하는데 귀중한 자료임을 증명하는 일이기도 하다.

박화성의 사신 기록물 연구의 방향을 몇 가지로 나누어 볼 수 있을 것이다.

첫째, 사신 기록물 1장에 담긴 내용뿐만 아니라 박화성의 친필 원본이라는 서체의 '아우라'를 확인할 수 있다. 이는 〈Ⅰ. 원본 확정 단계〉에 해당한다.

둘째, 원고지를 통해서 확인할 수 있는 원고지 사용에 따른 특정 신문사와 관련성, 원고 내용에 따른 정보 확인으로 작가의 문단 활동과 창작 발표 지면과의 관련성을 확인할 수 있다. 이는 〈Ⅱ. 사신 내용 분석과 분류 단계〉의 〈상호 작용성의 접근 방향〉에서 (1) 발신자의 관점에

---

1 졸저, 『조연현 평전』, 역락, 2006.

2 이 사신 기록물은 조연현 자택인 서울 정릉에서 필자가 『조연현 평전』 출간 전인 2005년에 확인한 〈작고 문인 사신철〉에는 존재하지 않았다. 2022년 8월, 박화성 사신 기록물이 정리되어 있는 〈작고 문인 사신철 뭉치〉를 17년 만에 자료를 열람하고 필자의 의도에 따라 연구를 시작했다(2022년 10월 15일).

해당한다.

셋째, 조연현이 박화성 사신 1장을 보관한 이유를 고려해 보면, 소설가 박화성에 대한 문학 작품의 평가와 가치를 판단한 비평가와 문학사가인 조연현의 시각이 내재해 있다는 점이다. 이는 〈Ⅱ. 사신 내용 분석과 분류 단계〉의 〈상호 작용성의 접근 방향〉에서 (3) 발신자 - 수신자의 관점에 해당한다. 그리고 《현대문학》과 《서울신문》 연재 소설 조사 및 정리에 필요한 (4) 제3의 관점도 해당한다.

위와 같은 의미를 담고 있기 때문에 박화성의 사신이 단순한 일상적인 사신이 아니라 작고 문인 사신 기록물로 규정하여 작가 사신 연구 방법으로 접근하고자 한다.

사신(私信)이란 사사로운 편지란 뜻이다. 여기에는 작고 문인들의 사신이라는 의미이다. 현대문학사의 위치는 작가의 작품성 및 시대성과 관련된 기술이다. 따라서 작고 문인 사신이라고 하면, 한국문학사에서 문학성과 시대성을 바탕으로 한 작가들의 사신을 지칭하는 것이다. 이러한 작가들의 사신 기록물 연구를 통해 작품성과 작가를 밝히는 일은 한국문학사와 한국문단사의 조명 작업이기도 하다.

한국현대소설사에서 박화성은 1926년 숙명여고 졸업 후 1929년 일본 여자대학 문학부를 수료하고 작가 활동에 들어갔다. 문예지로는 최초로 최서해(崔曙海, 1901~1932)의 「고국」을 시작으로 추천제를 시행했던 《조선문단》을 통해 이광수가 추천한 「추석전야」(1925년 2월)로 등단했으며, 1931년 또 다시 이광수의 추천으로 《동아일보》에 「백화(白花)」를 연재하게 된다. 특히 1963년 자서전적 성격의 「눈보라의 운하」는 작가로서 걸어온 자신의 반생을 사실적으로 그렸다고 평가 받는다.[3] 이후 방인근(方仁根, 1899~1975)이 주도했던 《조선문단》의 추천은 안수길(安壽吉, 1911~

3 《국어국문학 자료사전》, 「박화성」, 한국사전연구사, 1994, 1178쪽.

1977)을 끝으로 폐간되었다.[4] 당시 《조선문단》 추천 위원으로는 이광수,[5] 주요한(朱耀翰, 1900~1979), 전영택 등이었다.[6] 그리고 1961년부터 1973년까지 문인협회 이사, 1965년에는 여류 문인협회 회장에 선임되었고, 1966년 대한민국 예술원 회원이 되었다.[7]

---

4 신인 추천제는 당시 작가로 등단하는 통로였다. 방인근 주도의 《조선문단》 추천제가 《문장》지로, 그리고 조연현이 주도했던 《문예》와 《현대문학》을 통해 수많은 작가들이 배출되면서 한국문학사를 풍성하게 되었다는 점이 있으나, 과잉 배출이라는 문제점 또한 지적되기도 했다. 이 외에도 학계를 중심으로 하는 작가 등단 집단으로까지 형성하기도 했다.

5 친일 작가로 규정된 이광수와 관련된 자료가 발견되었다. 이는 기존의 이광수의 문학관과 상관성을 짚어 볼 수 있다. 즉 친일 행각과 친일 작품과의 관련성을 자료를 통해 작가의 의식 변화라는 측면에서 연구 대상이 되는 것이다. 여기서 필자는 작가와 관련된 새로운 자료와 사실은 작품과 작가 연구의 전기가 된다는 점에서 간략히 인용하겠다. 이를 작가 사신 연구와 등치(等値)하면 작가 사신의 발굴된 자료는 작가와 작품 연구와의 관련성을 짚을 수 있는 만큼 자료 발굴은 매우 중요하다는 점을 강조하는 것이다. 간력히 정리하면 다음과 같다. 1919년 3·1운동의 기폭제가 된 2·8독립선언서 육필(肉筆) 영문본이 104년 만에 처음 발견됐다. 지금까지 확인된 하나뿐인 육필본 2·8독립선언서로, 춘원 이광수(1892~1950) 등 거사를 주도한 일본 도쿄 조선인 유학생이 직접 쓴 선언서 초고일 가능성이 제기되고 있다. 독립기념관(관장 한시준) 한국 독립운동사 연구소는 2019년 미국 로스앤젤레스(LA) 대한인국민회 기념재단에서 대여해 온 자료를 분석하다 육필본을 발견했다고 22일 밝혔다. 2·8독립선언은 1919년 2월 8일 도쿄 YMCA 강당에서 조선인 유학생 600여 명이 독립선언서와 결의문을 낭독한 사건이다. (중략) 2·8독립선언서는 이광수와 최팔용(1891~1922)을 비롯한 유학생들이 함께 우리말(국한문 혼용)로 작성한 뒤 각국 대사관과 언론에 배포하기 위해 영어와 일본어로도 작성했다. 이광수는 1월 31일 중국 상하이로 파견됐고, 영문본 선언서는 2월 8일 오전 각국 대사관에 뿌려졌다. 이명화 독립운동사연구소장은 "이광수가 자신과 긴밀한 관계였고, 당시 미국에 있던 안창호의 대한인국민회에 미리 따로 이 육필본을 보냈을 가능성이 있다"고 설명했다. 이광수는 당시 일본에 머물던 미국 선교사 조지 새넌 매큔(한국명 윤산온)으로부터 소개받은 미국인 박사에게 영문본을 감수받았는데, 육필본을 쓴 이가 감수자일 가능성도 없지는 않다. 2·8독립선언서의 육필 원본은 이 선언서가 유일하다. 이번 육필본은 미주사회에 배포된 2·8독립선언서의 초안이 된 것으로 분석된다(《동아일보》, 2023년 2월 23일, 최훈진 기자).

6 조연현의 정릉 자택에서 필자가 발굴한 〈작고 문인 사신철〉에는 방인근, 안수길, 전영택의 사신 기록물이 보관되어 있다. 물론 이에 대한 연구를 진행 중이며 조만간 지면을 통해 발표할 예정이다.

7 문학 활동에 대해 공식적으로 드러난 결과로는 예술원상·한국문학상·목포시 문화상·은관 문화훈장 등을 받았다.

비평가 김팔봉(金八峰, 1903~1985)이 전한 「조선문학의 현재와 수준」(《신동아》, 1934년 1월호)에 따르면, 그는 동반자적 작가의 일원으로 분류되었다. 김팔봉은 동반자 작가를 카프의 존재와 관계없이 자생적으로 작품 활동을 통해 카프 계열의 작품 색채를 띠는 일군의 작가들로서 1930년대에 활동한 작가들까지도 포함하는 경향으로 보았다. 이러한 경향이 1960년대에는 어떤 변화가 있었는지를 검토하는 것도 이 사신 기록물과 관련성이 있다.

본고는 소영 박화성의 사신 기록물을 다음과 같은 과정으로 사신 연구를 하고자 한다. 다만 본고에서는 본격적인 논의보다는 사신 연구의 방향을 보여주고자 한다.

사신 기록물을 접근하는 방법은 단연코 진위 여부로부터 시작된다. 발신 연대 추정, 발신자와 수신자 관계 확인 후, 내용 분석이 필요하다. 사신 내용에서 파악되는 작가와 작품 관련 정보를 분석하는 방법과 일상의 생활과 문단 활동에서 얻어지는 문단이면사를 정리하는 방법이다.

연구 목차에 따르면, 발신자-수신자 관계는 수신자인 조연현으로 쉽게 확인이 가능하다. 그리고 사신의 끝에 기록된 사신 기록물의 진위 여부를 판단하는 방법으로 '朴花城 - 趙演鉉 先生'에서 확인된다. 이 서명과 서체에 관한 유족(문학평론가, 아들 최용준)과 관련 연구자들의 의견으로도 확인이 가능하다. 원고지 양식은 〈서울신문사〉로 되어 있어 신문 연재소설 가능성은 당연하다. 물론 《현대문학》 발표 작품도 동시에 연구 대상이 된다. 언제 어떤 작품을 발표했으며 작품을 통해 어떤 작가 정신을 담았는지도 분석하고 연구해 한국소설문학사의 위치를 모색할 수 있는 계기가 될 것이다. 그리고 작고 문인들의 사신 발굴과 연구 결과물은 작가 문학관의 전시와 홍보로 연결되어야만 작가를 재조명할 수 있기에 사신을 연구하는 과정이 필요하다.

Ⅱ. 사신 기록물의 내용 분석

다음 자료는 소영 박화성이《현대문학》의 조연현에게 보낸 사신(私信) 기록물이다.

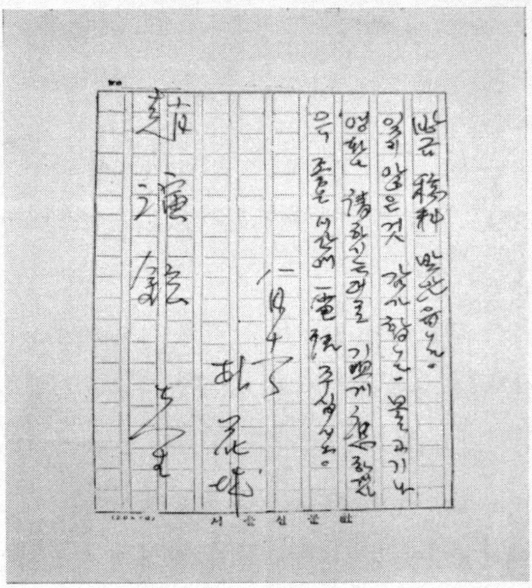

이 사신의 내용을 옮겨 보면 다음과 같다.

방금 稿料받았읍니다.

잊지 않은 것 감사합니다. 불고기나

請하시는대로 기쁘게 應하겠읍니다.

좋은 시간에 電話 주십시오.

八月 十日

朴花城

趙演鉉 先生

원고료는 작가들이 특정 지면에 발표한 대가로 지불받은 것이기 때문에 발신자의 관점에서 발표작을 찾아 작품 내용을 분석하여 작품 세계를 규명할 수 있다. 그리고 원고료와 작가의 일상생활, 창작 활동 등을 검토할 수 있다. 그래서 작가와 〈작품 연보〉를 참고하고 방계 자료도 접근하는 방법을 원용할 수 있다.[8]

박화성의 사신 기록물에서 연구할 방향은 첫째로 수신자인 조연현에게 보낸 사신이기 때문에 《현대문학》에 발표한 작품에 대한 탐색과 함께 작품 분석이 필요하다. 그리고 사신 내용에 대한 감사의 마음을 직접적으로 표현했기 때문에 작가 생활과 관련된 부분을 작가 연구와 관련성으로 정리할 수 있다. 또한 특정 신문사의 상호가 새겨진 원고지의 사용은 작가의 신문 연재소설에 대해서도 탐구할 필요성이 있음을 연구자는 간과해서는 안 된다.

우선 어떤 작품이 언제 발표한 작품인지를 파악해야 한다. 위의 자료에는 사신 기록물 자체의 발신 연도를 추정할 수 있는 근거는 찾기 어렵다. 이는 문학과 관련한 문단사와 문학사의 기초 작업이기도 하다(물론 본격적인 논의는 차후로 미룸).

박화성의 사신 기록물을 통해 서체와 작가의 성품과 관련된 평가를 볼 수 있다.[9] 「1950년대 목포 문단」을 회고한 차원재(아동문학가)는 박화성의 『고개를 넘으면』 작품집 출판기념회에 참석한 적이 있었다. 여기에 목포 출신의 극작가 차범석(車凡錫, 1924~2006)은 "불의에 타협하지 않으면서 어설프게 처신하지 않은, 시종일관(始終一貫) 흐트러짐 없는 성격"이라고 평가했다. 차범석은 1960년대 전후한 시기에 이해랑(李海浪, 1916~1989)[10]이 극

---

8 본 연구서에서는 크게 세 방향으로 정리했다. ㄱ. 사신 내재적 접근 방법으로 사신 기록 내용만을 중심으로 작가와 작품을 연구하는 경우, ㄴ. 사신 외재적 접근 방법으로 작품 연보/작가 연보를 참조해 작가와 작품을 연구하는 경우, ㄷ. 기타 접근 방법으로 주변 증언, 각종 기록물, 방계 연구 자료 등을 참고하여 작가와 작품을 연구하는 경우가 있다.

9 차원재(아동문학가), 「1950년대 목포 문단」, 『문단유사』, 한국문인협회, 2002, 82~87쪽.

단 〈신협〉으로 연극계를 주도할 시점에 이두현, 김경옥 등과 함께 〈제작극회〉를 통한 신연극 활동의 지평을 여는데 주도적인 역할을 했던 극작가였다. 어쩌면 이런 성격 때문에 "일제 말기에 일어로 작품을 발표하지 않으려고 고향에 와 있었다."는 차원재의 의견이 크게 들리게 된다. 박화성의 "필체는 궁체이고 오자는 하나도 없었다. 원고지를 들여다보았더니 오자를 처리한 흔적이 있었다. 일삼아 종잇조각을 잘라 붙이고 다시 쓴 것이다. 완벽주의를 추구하는 깔끔한 성격임을 알 수 있다는 단면을 읽을 수 있었다."고 회고했다.

사신은 분명 사신 겉봉투와 발신자가 소통하고자 하는 내용을 담은 사신이 필수적인 구성물이다. 그런데 대개 수신자가 겉봉투보다는 사신 자체를 중시하기 때문에 겉봉투는 사라지는 경우가 많다. 겉봉투에 적힌 발신 공간과 발신 연도 등을 확인할 수 없는 경우도 많다. 발신 연대와 수신자의 관계를 파악해야만 발신자의 의도와 발신자의 작품, 작가 연구의 근거가 된다.

특히 수신자인 조연현은 1955년부터 작고 직전인 1981년까지《현대문학》에서 확고한 문학사 및 문단사적 위치에 있었던 문예 잡지 제작자이며, 비평가이며 문학사가였다. 이런 조연현과의 사신 교환은 무엇보다도《현대문학》과 동떨어질 수 없다. 따라서 박화성 문학의 일정 부분을 이 문학지와의 관련성에서 찾을 부분이 있는 것이다.

1. 사신과 작품 관련성

박화성이 작품을 발표하고 원고료를 받았기 때문에《현대문학》발

10 배우·연출가. 본명은 해랑(海良). 서울 출생. 고조부 종응(宗應)은 조선조 철종의 사촌이고, 할아버지 재영(載榮)은 왕실 의전실장이었다. 세브란스의학전문학교 부속병원 외과 부장을 지낸 근용(瑾鎔)의 장남이다.

표작을 찾아 볼 필요성이 있다. 발표 작품은 박화성의 문학 세계이며 특정 시대의 발표작은 시대 상황과 개인 작품 경향까지 볼 수 있다. 그래서《현대문학》에 발표한 소설 작품 목록과 에세이 목록[11]을 통해 작가의 문단 활동을 재구성할 수 있다. 그리하여 박화성 소설의 특징과 소설 문학사적 위치를 규명하는 동시에 박화성 소설의 변곡점을 정확하게 탐구할 수 있을 것이다.

다음은《현대문학》(600호 기념 특대호, 2004)의 「총색인」을 참고해 정리한 작품이다.

[소설 작품 발표]

A : 「별의 오각은 제대로 탄다」(1962년 12월호, 통권 96호)

B : 「샌님마님」(1965년 7월호, 통권 127호)

C : 「증언」(특)(1966년 1월호, 1통권 33호)

[에세이 작품 발표]

발표 연도(연령)	발표 제목	기타
1961년 12월호(통권 84호)	「정인군자(正人君子)」	특별호/ 표지화-이중섭
1962년 12월호(통권 96호)	「빈곤과 고단한 최서해」	
1963년 2월호(통권 102호)	「부인 잡지에 처음」	
1963년 10월호(통권 106호)	「십팔세부터의 심교」	
1964년 8월호(통권 116호)	「약자의 편에 서서」	
1965년 6월호(통권 126호)	「아내와 어머니와 문학」	표지화- 김환기
1968년 4월호(통권 160호)	「은영중에 받은 영향」	
1970년 9월호(통권 189호)	「나무의 매력」	표지화- 김환기

11 목포 출신의 소설가 서근배는 「육탄」, 임옥인은 「어떤 경사」, 오영수는 「수변춘추」를 발표했다.

위에서 정리한 박화성의 작품 목록 가운데 사신 기록물과 직접적인 관련성이 있는지를 검토하기 위해 발신 연도를 추정해야 한다. 사신 기록물에 '八月 十日'인데, 연도가 불분명하다. 이는 작품 발표 연대를 추정해 사신 기록물의 발신 연도를 추정할 수 있다. 박화성이 《현대문학》에 발표한 A, B, C 세 작품이 사신 기록물과 발신 연대 추정과 관련성이 있다고 본다. 왜냐하면 작품 발표가 끝난 다음에 원고료가 지불되기 때문이다. 사신에는 작품 발표에 대해 원고료를 '잊지 않은 것'으로 보아 제법 시일이 지난 것으로 추정된다.

세 작품의 발표 시기를 중심으로 정리해 보면 적어도 1963년~1966년도 사이의 사신 기록물로 보인다. 왜냐하면 A작이 발표 뒤라면 적어도 1963년 사신 기록물로 보인다. B작과 C작은 6개월 차이라면 우선은 1965년 사신 기록물이고 또한 1966년도 사신 기록물일 수 있다.

해방 전 소작농 김선달이 겪어야 하는 토지 수탈의 고통을 그린 「춘경기」(1934), 일본인이 경영하는 면화(棉花) 공장에서 반신불수가 된 아버지의 병원 치료 때문에 접대부가 된 금례의 처참한 생활을 그린 「중굿날」(1938)과 《한국일보》(1955) 연재 장편 소설인 「고개를 넘으면」은 해방 전후 젊은 세대 여주인공 설희를 통해 환경보다는 인간의 의지와 지성으로 살아야 한다는 점을 그린 소설이라는 평가를 받는다.[12] 이의 연장선에서 1960년대 발표된 세 작품과 비교 분석하면, 1960년대 중반 정도로 추정되는 사신 기록물에서 추출한 그의 소설 작품을 통해 박화성의 1960년대 소설의 특징과 변곡점을 읽을 수 있다는 점을 검토할 수 있다. 이런 점이 이 사신 기록물의 가치라고 판단된다.

---

12 「박화성」, 앞의 책, 1178~1179쪽.

2. 작가 생활과 원고료

이 사신 기록물은《현대문학》의 소설 연재뿐만 아니라 '서울신문사'에도 신문 연재소설을 발표했다는 증거이다. 앞에서 제시한 사신 기록물 1장의 사신 용지는《서울신문》에서 제공한 원고지임을 알 수 있다. 박화성은《한국일보》에 장편「고개를 넘어서」를,《연합신문》에「벼랑에 피는 꽃」을,《여원》등 여러 신문과 잡지에 작품을 연재했다. 신문 연재소설은 일정한 수입 보장과 독자들에게 작가의 인지도를 높이는 장점이 있다. 그래서 박화성은 4남매의 교육과 생계를 담당해야 했던 이유로도 신문 연재소설의 의미를 읽을 수 있을 것이다.[13] 어쩌면 염상섭처럼 생계의 방도로 보아 '문학 업'의 창작이라는 해석도 가능하다. 원고료는 생계라는 등식이 성립되는 시대였기도 했다. 작가들의 생계가 창작에 영향을 끼친다는 문단이면사의 일면을 볼 수 있다.

박화성이 창작에 메달린 동기가 자식을 잃은 슬픔 때문이라고 밝힌 적이 있다. 6·25 동란 중 경기중학 5학년 학생회장이었던 아들이 당시 학교에서 좌경 쪽 아이들이 돌로 쳐 죽인 슬픔 속에서 살았다. 딸을 잃은 황금찬 시인을 만나서 슬픔을 위로하면서 '내가 문학을 하지 않았다면 아마도 그때 죽었을 거야. 그 하늘 같은 비통 속에서 그래도 살아남은 것은 잘하나 못하나 내가 하고 있는 문학 때문이야. 난 그렇게 생각해.'[14]라고 고백했던 적이 있었다.

《서울신문》연재소설 연구는 박화성의 사신 기록물을 통한 연구의 가치를 증명하는 일이기도 하다.[15] 박화성 문학의 연재소설의 가치와 일

---

13 김효자,「박화성 선생이 살던 집과 유적비」,『문단유사』, 월간문학 출판부, 2002, 525쪽.

14 황금찬,「남의 슬픔은 눈물로 위로하지」,『나는 어느 호수의 어족인가』, 문학세계, 2004, 67쪽.

15 "문학에서의 저자는 원고료나 인쇄료를 받는 법률적 공인으로서보다는 문학이라는 특수한 글을 만들어 낸 창조의 주체"(이상섭 엮음,「2. 문학의 테두리」,『문학의 이해』, 서문

상적인 삶이 반영된 사신 기록물은 작가 평전의 길잡이 기능도 있을 것으로 보인다.

Ⅲ. 문학관과 사신의 사료적 가치

박화성의 사신 기록물 1통 1장에 대한 검토 및 연구를 통해 다음과 같은 생각을 정리할 수 있겠다.

첫째, 박화성의 바른 글씨체의 가치이다. 정지용은 1940년대 순문예지의 성좌 역할을 했던《문장》의 추천 대상자들에게 '좋은 원고지에다 예술성을 드러내는 바른 글씨'를 요구했다. 이 사신 기록물은 육안으로 본 독자들의 주관적 평가들이 동의할 수 있을지는 의문이나 연구자의 눈에는 정지용의 시각으로 박화성의 사신 기록물을 평가할 수 있다. 군더더기 없이 의도를 분명하게 전달하는 화법이 글씨체에 묻어났다는 사실이다.

둘째, 전집(서정자 엮음, 푸른 사상, 2004)과 박화성의 전기적 사실 기록을 보완하는 자료의 가치가 있다. 작가의 문학사적 위치가 정리되었을 때나 작가의 작품 전집이 나름의 의미를 가지려고 하면, 단순한 자료일망정 필요하다면 수록하는 것이 '작가와 작품의 전집'의 가치이다. 그리고 작가의 내밀한 의식이나 문단 활동의 방향성을 짚을 수 있는 사신 기록물을 활용해야 객관적인 전집과 평전의 성격을 띤다고 할 수 있기에 박화성의 사신 기록물은 중요하다고 판단된다.

셋째, 문학관 자료 전시 효과이다. 주로 인쇄된 자료가 주를 이루는 문학관에 많은 독자들이나 연구자들이 작가의 체취(體臭)를 느낄 수 있도록 육필 원고를 전시할 필요성이 있다. 뭐니뭐니해도 좋은 문학관은 작

문고, 1996, 27쪽.)로서 의미가 있기 때문에 박화성의 소설을 탐구해야 한다.

가와 독자 중간에 들어서서 가장 요령있게 길잡이를 해 주는 것이라고 했다.[16] 이는 평론가의 역할이기도 하지만 오히려 문학관의 역할이 더 중요하다고 본다면, 박화성 문학관에서의 사신 기록물 전시와 해제(解題)가 분명 필요한 것이다.

넷째, 이 사신 기록물이 발신자-수신자 관계를 통해《현대문학》의 연재뿐만 아니라 '서울신문사'라고 알려주는 원고지임을 알 수 있다. 신문 연재소설의 연관성을 추정할 수 있는 단서이기도 하다.《한국일보》,《연합신문》,《여원》등 여러 신문과 잡지에 연재했다. 4남매의 교육과 생계를 담당해야 했던 현실적 이유로도 신문 연재소설을 창작해야 했을 것이다.[17] 신문 연재소설은 독자들에게 작가의 지명도를 높이며, 일정한 소득원이라는 현실적인 도움이 된다는 점에서도 작가 평전, 그리고 작품과의 상관성을 짚어 볼 수 있다. 이는 차후 박화성 소설 신문 연재소설의 가치 평가에 의미를 두고 검토할 필요성을 암시한다.

박화성과 교유 관계에 있었던 이영도(李永道, 1916~1976)[18]와의 사신 기록물 발굴 가능성이 있다면, 이 또한 사신 기록물을 찾는 작업도 필요해 보인다.

작가와 비평가의 관계가 소원하거나 따뜻할 수도 있다. 여기서 소설가 이호철에 대한 이야기를 귀 기울여 인용해 비평가의 평가에 대한 생각을 정리해 볼 수 있다. 소설가 이호철은 평론가 염무웅(廉武雄)에 대해 대체로 따뜻하기가 드문 법인데 글 전체에 따뜻한 온기가 담겨 있는데, 이는 작품에 대한 문제 제기가 꽤나 구체적이고 자상하면서도, 저만 잘

16 이호철, 앞의 책, 211쪽. 송욱(宋稶, 1925~1980) 연구를 위해 소설가 이호철을 서울 교대 주변의 커피숍에서 약 1시간 정도 인터뷰를 청해 만난 적이 있었다. 이호철은 소설가와 평론가는 흔한 말로 상극이지만 운명적으로 상호보완 관계에 있기도 하다고 피력한 적이 있다.

17 김효자, 「박화성 선생이 살던 집과 유적비」, 『문단유사』, 월간문학 출판부, 2002, 525쪽.

18 김남환, 「이 세상 떠나던 날의 이영도 선생」, 앞의 책, 556쪽.

난 척하고 일갈하는 투의, 흔히 보는 평론가의 글이 아니었다는 점을 강조하고 있다.[19] 평론가에 대한 이호철의 생각을 기준점으로 보면 조연현이 보일 것이다. 사신 기록물 1장이 박화성의 '따뜻한 온기'를 느끼는 읽기가 되었으면 하는 바람이다.

*** 참고문헌**

김남환, 「박화성 선생이 살던 집과 유적비」, 『문단유사』, 월간문학 출판부, 2002.

김효자, 「박화성 선생이 살던 집과 유적비」, 『문단유사』, 월간문학 출판부, 2002.

박종석, 『작가 연구 방법론』, 역락, 2002. / 수정증보판 2007.

______, 『조연현 평전』, 역락, 2006.

이호철, 「작가의 문학과 평론가의 현실」, 『우리 문단의 쓴소리』, 우리교육, 2004.

황금찬, 「남의 슬픔은 눈물로 위로하지」, 『나는 어느 호수의 어족인가』, 문학세계, 2004.

《국어국문학 자료사전》, 「박화성」, 한국사전연구사, 1994.

19 이호철, 「작가의 문학과 평론가의 현실」, 『우리 문단의 쓴소리』, 우리교육, 2004, 212쪽.

위의 논의에서 사신 기록물이 1장이기 때문에 작가의 입체적인 면을 그리는 데는 한계가 있다. 이는 하나의 사신 연구 방향을 제시한 예시일 뿐이다. 박화성의 유족 인터뷰, 방계 자료 그리고《현대문학》발표 작품에 대한 분석 및 연구를 통한 문학 세계 규명과 같은 세밀한 연구는 빠진 논의이다.

2) 사신을 통한 문학사와 문단사의 조명 방법

작고 문인들은 문학적 지표이면서 동시에 삶에서 존경의 대상이 된다. 만해, 육사, 윤동주, 김영랑(金永郞, 1903~1950) 등과 같은 작가들을 떠올릴 수 있다. 모두 한국문학사의 지표로 볼 수 있다. 다만 앞에서 열거한 작가들뿐만 아니라 작가로서 문학사와 문단사의 비중에 따라 존경과 비판의 대상이 될 수 있기 때문에 항상 긍정적인 부분만을 조명할 수는 없다.[119] 그래서 입체적인 관점으로 작가를 접근해야 한다.

사신 기록물 연구를 통해 작가를 입체적으로 접근할 때 고려해야 할 사항이다.

첫째, 기존 작가라고 하더라도 새로운 자료 즉 작가 사신의 발굴을 통해 작가를 조망할 수 있다.《창조》(1919) 동인지의 주역 중 소설가 전영택의 경우 자신의 사신 기록물에 등장하는 〈작품 연보〉는 현대소설 문학사에서 그의 문학성을 스스로 평가했다는 점에서 눈여겨볼 수 있다. 김현승이 남긴 사신 기록물에 등장하는 박봉우(朴鳳宇, 1934~1990) 시인

119 서정주, 고은 등은 그 나름의 시사적 위치가 있었으나, 친일 논란과 성 추문으로 금기시되는 문단 분위기가 되었다. 황석영 소설의 사전 판매, 이문열과 추미애 장관과의 설전, 김훈의 '내 새끼 지상주의', 신경숙 표절 등과 같은 문제는 작가와 작품이 유리되었다고 볼 수 없는 현실이다.

을 통해 당시 신춘문예와 문학지 추천제에 대한 문단사의 이면을 볼 수 있다. 청마 유치환이 남긴 사신 기록물은 1968년 문협 파동 전후에 대응하는 내용의 사신 기록물을 통해 역시 문단사를 읽을 수 있는 고증 자료이다.

둘째, 작가 사신을 통한 작가와 작품의 발굴 및 연구로 문학사와 문단사에서 그 위치를 조망할 수 있다. 작고 문인 가운데 그 문학성과 지역성으로 인해 조명되지 못한 작가들에 대한 연구자들의 관심은 당연하지만, 연구사 혹은 자료의 부족으로 후학들의 관심과 발굴에 소홀한 것이 사실이다. 이런 환경에서 작고 문인 사신의 발굴은 고증적인 자료를 바탕으로 작가들의 문학성과 지역성을 벗어나 새롭게 조명할 수 있는 여건이 조성된다. 이러한 조성은 물론 사신 기록물을 대하는 연구자 자신의 노력과 자료 발굴에 대한 열정을 필요로 한다.

다음은 사신 기록물 발굴로 한국문학사와 문단사의 의미를 새길 수 있는 시인 최인희 평전의 집필 의도를 반영한 예시이다.

본고에서 정리한 작가 사신 연구 단계를 적용하면 다음과 같고, 정리한 표에 따라 원고를 정리한 것이다.

[사신 연구 방법의 단계 적용 예시]

연구 단계	Ⅰ. 원본 확정 단계	Ⅱ. 사신 내용 분석과 분류 단계	Ⅲ. 사신 내용 심화 단계
사신 연구 목차	대상: 시인 최인희의 사신 기록물 관계 : 최인희 -《현대문학》 주간 조연현 1. 원본 확정	2. 사신 기록물 내용 분석	3. 사신 기록물을 통한 작가와 작품 세계의 입체적 접근 방법 4. 사신 기록물의 사료적 가치 등
상호 작용성의 접근 방향		(1) 발신자의 관점 : 최인희 시인에 대한 평전	

사신 기록물의 분석과 연구를 통해 작가 평전으로 확장할 수 있는 가능성을 볼 수 있는 예시로 여기에 정리한 것이다. 기본적인 사신 연구 과정에 따라 진행한 후에 다음과 같이 구체적인 문학사와 문단사를 아우르는 사신 연구의 방향을 볼 수 있다.

작가 사신 기록물을 통해 작품론과 작가론을 연구 방향으로 설정할 수 있으나, 연구자들은 연구 과정에서 명확하게 그 경계를 두기 어렵다는 점에서 공감할 것이다. 그러나 두 방향으로 접근하다 보면 상호 보완적이라는 사실에 도달할 것이다.

[작가 사신 분석 및 연구 방향]

문학론 경계	작가론	작품론
문학 분석 방법	외재적 접근 방법	내재적 접근 방법
문학사적 접근	문단사	문학사
연구 목차	**Ⅰ. 최인희 시인을 찾아서** 1. 조연현의 〈작고 문인 사신첩〉의 NO. 10 2. 시비(詩碑)를 찾아서 **Ⅱ. 생애와 문단 활동** 1. 성장과 유족 2. 학창 시절 3. 교사 시절 4. 「청포도(靑葡萄)」 동인 시절 5. 등단 시절 1) 《문예》와 시작 초기 2) 《현대문학》과 문학 세계의 방향 **Ⅴ. 부록** 1. 〈작가 연보〉 2. 〈작품 연보〉 3. 기타 자료	**Ⅲ. 「여정백척(旅情百尺)」의 문학 세계** 1. 시 세계의 지향점 2. 수필의 지향점 **Ⅳ. 시문학사의 과제**

위의 표는 작가 사신 연구 방법론이 미치는 문학론에 관한 영역을 세분화하여 이해를 돕기 위한 정리일 뿐 결코 구별되는 것이 아니다. 가령 위에서 정리한 〈Ⅱ. 생애와 문단 활동-5. 등단 시절〉의 〈1) 《문예》와 시작 초기〉에는 《문예》와 관련된 일화는 문단사로, 《문예》에 발표된 초기 작품 분석은 문학성을 검토한 문학사로 본다면 그 경계가 모호한 점이 있으나 편의상 분류했을 뿐이다. 이처럼 작가 연구와 작품 분석을 구별하기 어려운 이유는 바로 작가의 입체적인 모습을 형상화하는 과정에서 불가피한 것이다. 〈2) 《현대문학》과 문학 세계의 방향〉은 연구 목차에서는 문단사의 항목으로 분류해 정리했으나 실제로는 작가론의 영역과 겹쳐 있어 구분이 모호한 점이 있다.

상호 작용성의 접근 방향은 당연히 발신자의 관점인 최인희를 중심으로 평전을 기술해야 한다. 여기에다 발신자-수신자인 최인희와 조연현과의 관련성과 함께 제3의 관점에서 최인희가 작품을 발표했던 《문예》를 비롯한 《현대문학》까지 자료 정리를 하면서 그의 작품 세계 및 문예잡지사의 의미를 밝히는 작업을 동시에 진행하는 것이다.

전기나 평전을 집필할 때, 인터뷰 대상자 기억의 한계나 작가와 관련된 사실적 사건에 대한 해석의 양면성에서 오는 어려움에서 벗어나 객관적이고 고증적인 자료로서 이 사신 기록물을 유용하게 활용할 수 있다는 점에서 『최인희 평전』의 집필 가능성은 열려 있는 상태이다.

여기에는 작가 사신 연구 방법론을 적용하여 개략적으로 작성한 원고의 일부이다. 즉 사신 연구의 기초 작업 그리고 사신의 내재적 접근, 외재적 혹은 기타 접근법을 활용하면서 단계별로 적용한 원고의 일부이다. 그리고 작가 평전은 사신 연구에 작가 주변의 인물 인터뷰는 필수적이다. 즉 최인희의 외동딸과의 인터뷰, 《문예》와 《현대문학》 발표작에 대한 분석 및 연구도 해야 한다. 이러한 과정을 통해 작가의 입체적인 모습을 담은 작가 평전이 완결되는 것이다.

작고 문인 사신을 남긴 최인희의 평전을 집필할 목차를 정리하면 다음과 같다.

최인희(崔寅熙) 평전

- 목차 -

머리말

Ⅰ. 최인희 시인을 찾아서
  1. 조연현의 〈작고 문인 사신철〉의 NO. 10
  2. 시비(詩碑)를 찾아서

Ⅱ. 생애와 문단 활동
  1. 성장과 유족
  2. 학창 시절
  3. 교사 시절
  4. 「청포도(靑葡萄)」 동인 시절
  5. 등단 시절
    1) 《문예》와 시작 초기
    2) 《현대문학》과 문학 세계의 방향

Ⅲ. 「여정백척(旅情百尺)」의 문학 세계
  1. 시 세계의 지향점
  2. 수필의 지향점

Ⅳ. 시문학사의 과제

Ⅴ. 부록
  1. 〈작가 연보〉
  2. 〈작품 연보〉
  3. 기타 자료

0. 참고 문헌

[평전 원고 일부]

Ⅰ. 최인희 시인을 찾아서

1987년 해금 이후 납월북 작가들의 해금과 더불어 한국문학사의 연구와 전망으로 한때 뜨거웠다. 그래서 수많은 작가들이 이데올로기의 사슬을 벗어나 한국문학사에서 위치를 잡고 그 문학성은 다시 조명받았다. 납월북 소설가 민촌 이기영, 김남천, 이태준 등에서 시인 김기림, 정지용, 백석 등까지… 빛나는 작가들에 대한 조명 작업으로 각종 문학상과 세미나, 연구 과제들이 쏟아졌고, 그리고 문학관 개관으로 작가와 작품들의 예술성이 입증되었다. 그러나 이들에 대한 연구는 한국문학사의 복원이라는 명제로 이어지는데 한계가 있어 보인다. 왜냐하면 한국문학사는 작가들의 작품성으로 완성되는 것이기 때문에 납월북 작가들의 해금이라는 정치적 해금과 상관없이 소외되고 잊혀진 작가들의 모습을 복원하는 데는 오히려 소홀했다는 점 때문이다. 여기에 연구자들의 무관심과 한국문학사의 정립이 고착화되는 문제를 제기하고자 하는 의도로 시작된 것이 바로 이 『최인희 평전』이다.

이러한 최인희의 문학 세계를 조망하고자 하는 의도는 다음과 같다.

첫째, 해금 문인뿐만 아니라 지역 문단의 역할과 지역 작가들을 발굴할 필요에 부합하는 작가이다. 최인희 시인은 1950년대 초반에 요절한 시인이며, 당시 허약했던 50년대 문단과 지역 문학계를 떠받치는 역할을 했다는 점에서 연구의 가치가 있다.

둘째, 한국시문학사의 연속성에서 1950년대를 복원할 때 최인희의 문학성에 대한 고찰의 필요성이 있다.

셋째, 해방 전후《문예》의 발간과 기능의 역할에 대해 점검하는 고증 자료 역할을 한다.

넷째, 중앙 문단과 지역 문단의 균형추 역할을 할 수 있는 주요 시인임을 탐구한다.

동해 출신의 시인 황금찬은 문단 회고록에서 '기록은 바위같이 남아 있지만 기억은 구름같이 흘러가고 만다'(『나는 어느 호수의 어족인가』)는 단재 신채호 선생의 말을 인용하면서 기록의 중요성을 언급했었다. 아마도 최인희의 사신 기록물이나 이 자료를 통해 최인희의 문학적 활동을 분석하여 기록으로 남겨야 한다는 당위성을 예고한 것으로 필자는 인식하게 되었다. 그가 예술 기행을 통해 예술가들이 살았던 집을 국가가 관리한다는 사실도 알렸다. 오스트리아의 작곡가 프란츠 페터 슈베르트(Franz Peter Schubert, 1797년 1월 31일~1828년 11월 19일)가 나서 어린 시절을 보낸 집이나 독일의 서양 고전 음악 작곡가이자 피아니스트 루트비히 판 베토벤(Ludwig van Beethoven, 1770~1827)이 전세를 살다가 돈을 못내 쫓겨났던 건물을 나라에서 구입해 관리했다는 이야기를 듣고 보면 작가에 관한 모든 것을 관리해야 함을 절감하게 된다.

현대 소설의 길잡이였던 춘원 이광수의 창작 공간인 거주지가 관리되지 못하다가 갑자기 사라졌다는 이야기나 현진건의 집터가 헐렸다는 사실은 우리 문학사와 함께 한국문단사도 허물어진다는 생각이 든다. 이들은 문학적 논리보다는 시대적이며 정치적 논리에 함몰된 결정이라는 점을 재고할 필요가 있다,

다행히 최인희는 정치적 논리와 상관없이 우리 문학사에서 사라졌다는 점에서 『최인희 평전』의 집필 가능성은 열려 있는 상태이다. 최인희의 사신으로부터 작가의 문학성과 문단 활동을 정립하는 평전을 다음과 같은 방향으로 잡고자 한다.

최인희의 사신은 조연현이 보관했던 〈작고 문인 사신철〉의 「NO. 10 최인희」이기 때문에 내용 분석으로부터 시작되어야 한다. 사신 발굴과 동시에 시인의 문학성 연구는 필수적이며, 외형적으로 그의 작품이

발표된 시비를 또한 찾아야 한다. 그래서 강원도에 세워진 그의 시비에 대한 분석과 지역성의 확인을 위한 선행 작업이 또한 필요하다.

2장에서는 생애를 주로 다루되, 그의 유족을 파악해 가장 밀접성이 있는 유족 인터뷰를 해야 한다. 또한 사신에서 확인되는 그의 일상과 직업에 관한 추적이 필요하다. 그리고 그의 동인 활동과 문단 활동, 창작 활동을 분석 연구할 차례이다. 이를 정리해 1950년대 전후 지역문학사와 문단사에 위치와 가치를 평가하여 독자들에게 널리 알리는 방향까지 제시하는 것으로 맺으면 된다. 끝으로 최인희의 문학성과 함께 그의 문학적 삶의 기록이 필요한 시점이면서 그의 삶의 터전인 강원도 하늘에 별이 되어 빛나길 바란다.

다음은 이러한 방향에 따라 필자가 대략적으로 정리한 원고이다.

1. 조연현의 〈작고 문인 사신철〉의 NO. 10

전기나 평전을 집필할 때, 인터뷰 대상자 기억의 한계나 사건에 대한 양면성을 벗어나 객관적이고 고증적인 자료로서 이 사신 기록물을 유용하게 활용할 수 있다는 점에서 『최인희 평전』의 집필 가능성은 열려 있는 상태이다.

2. 시비(詩碑)를 찾아서—시비 답사와 시에 관한 분석 필요성

1) 동해시 삼화사 입구 시비—세워진 배경과 시 작품의 연관성

ㄱ. 시 작품

ㄴ. 제작 배경

ㄷ. 시 분석

2) 강릉 경포 호수 시비 — 세워진 배경과 시 작품의 연관성

ㄱ. 시 작품

ㄴ. 제작 배경

ㄷ. 시 분석

Ⅱ. 생애와 문단 활동

1. 성장과 유족 — 유족 인터뷰와 제적부 확인

2. 학창 시절 — 동료 인터뷰와 학적부 확인

3. 교사 시절 — 학교 근무 기록부와 교사 전경 사진

4. 「청포도(靑葡萄)」 동인 시절

강원도 속초 출신으로 〈청포도〉 동인이며, 《문예》와 《현대문학》에서 작품 활동한 시인 황금찬은 〈청포도〉 발간에 대해 매우 상세하게 회고하고 있다.

「청포도(靑葡萄)」(1집) — 동인 활동 및 수록 작품 특징, 생존 동인 인터뷰
「청포도(靑葡萄)」(2집) — 동인 활동 및 수록 작품 특징, 생존 동인 인터뷰

5. 등단 시절

1) 《문예》와 시작 초기 — 수록 작품 특징 분석 및 창작 활동

일제 강점기 말, 한국문학이 빛을 발했던 《문장》과 《인문평론》의 문예지가 폐간되면서 한국문학사의 암울한 시기였다. 해방 이후 《문예》는 이러한 시대 상황에서 조연현을 중심으로 발간된 순문예지이다. 이 잡

지의 위상은 당대의 역량있는 작가의 필진과 함께 등용문의 역할을 했다. 최인희는 이 잡지를 통해 등단했으며, 누구보다도 지속적인 발행과 배포에 관한 열정이 많았다. 작가의 등단은 자신의 문학 활동을 모색하는 과정이면서도 세상에 내 보이고자 하는 작가의 시 세계인 것이다. 물론 여기에는 연구자의 안목 또한 무시할 수는 없다.

다음 자료는 최인희가 전란 중에 출간된《문예》의 중요성을 언급한 사신 기록물의 일부이다.

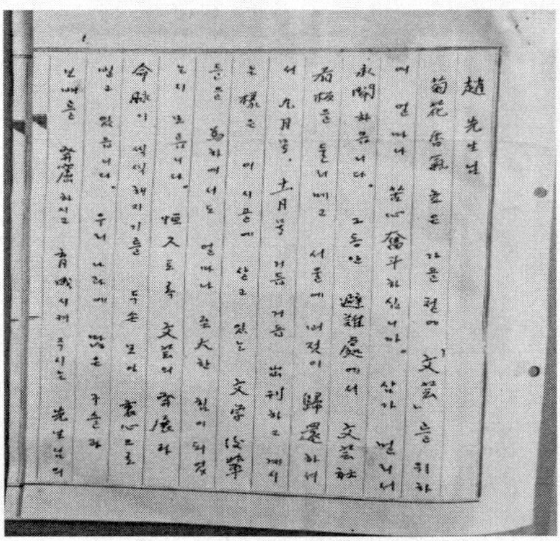

최인희의 사신

최인희가《문예》에 발표한 작품과 시기를《현대문학》(600호, 2004)의 「총색인」을 참고하여 조사하면 다음과 같다.[1]

1 남기택, 「최인희 시 연구」(《비교문학》(32호), 한국비교문학회, 2009)에서 비교적 상세하게 정리해 놓았다. 필자는 본격적으로 최인희를 연구할 예정이다. 다만 여기에서는 작가 사신 연구의 방법론에 해당하는 예시 수준의 원고를 작성하였다.

최인희 문단 활동		기타
발표 연도(연령)	발표 제목	조연현의 문단 활동
1950년 4월(24세)	「낙조」(서정주 추천)	「홍구범은 어디에 있는가-납치된 작가에게 회고」(《문예》, 1950. 12)
1950년 6월(24세)	「비 개인 저녁」(모윤숙 추천)	조연현 편,『작가 수업 : 문단인이 걸어 온 길』(수도문화사)
1953년 6월(27세)	「길」(모윤숙 추천)	「무병 나병 작가와의 해후」(《신태양》)

등단 작품들은 습작기를 거쳐 그의 공식적인 시 세계를 보여 준다는 점에서 주목을 요한다. 추천자는 서정주(徐廷柱)와 모윤숙(毛允淑, 1910~1990) 등이었다. 특히 1953년 6월에 모윤숙으로부터 추천받은 「길」은 작곡가 김달성(서울대 음대 교수 및 단국대 예술대 학장)이 직접 작곡한 가곡 작품이다.

김달성 교수의 가곡집 1집

시 작품 「길」의 가곡 악보

「길」에 대한 음악성과 시의 주제를 연구할 필요성이 제기되는 작품으로 보인다. 최인희의 초기 시 세계와 음악성의 추구라는 점을 생각해 볼 수 있다.

2) 《현대문학》과 문학 세계의 방향—수록 작품 특징 분석 및 창작 활동

《현대문학》의 작품 발표는 한국 문단의 위치를 보여주는 창작 행위라고 할 수 있다. 《현대문학》이 가지는 전국적인 지명도를 감안한다면 최인희의 문학 지형도를 가늠할 수 있는 것이다. 최인희는 강원도 속초라는 지역적인 문단 활동을 했던 시인이므로 그의 활동은 곧 지역문학사의 확장이면서 동시에 한국문학사의 영역을 확대하는 의미를 가진다. 또한 이 잡지에 발표했던 작품의 문학 세계를 탐색할 필요성이 있다. 최인희에 대한 본격적인 연구가 부족한 상황에서 그의 시작과 수필 세계를 동시에 탐구해 그가 가지는 강원도 문단의 지역성과 서울 문단의 중심성을 파악하는 것도 의미 있을 것이다.

최인희가 《현대문학》에 발표한 작품과 시기를 조사하면 다음과 같다.

[시 작품 발표]

발표 연도 / 연령	발표 제목	기타
1955년 3월호(통권 3호)/29세	「바위 아래서」	
1955년 3월호(통권 10호)/29세	「음향(音響)」	
1956년 5월호(통권 17호)/30세	「첫소리」	
1957년 4월호(통권 28호)/31세	「평화」	표지화 김환기
1957년 8월호(통권 32호)/31세	「언덕에서」	
1958년 6월호(통권 42호)/32세	「노방(路傍)에서」(특집)	
1958년 11월호(통권 47호)/33세	「거리」	

[에세이 작품 발표]

발표 연도 / 연령	발표 제목	기타
1955년 1월호(통권 1호)/29세	「신년도 나의 문학적 포부」	표지화-김환기
1955년 5월호(통권 5호)/	「숙이와 하숙집」	
1957년 2월호(통권 26호)/	「나의 문학 수업」	표지화-김환기
1959년 9월호(통권 57호)/	「바다로 돌아가리라」	
1960년 3월호(통권 63호)/	「낙수(落水)」	
1967년 7월호(통권 67호)/	「수선화(水仙花)」	표지화-김환기

Ⅲ. 「여정백척(旅情百尺)」의 문학 세계

최인희의 짧은 생애 동안에 남긴 그의 유고 작품집 「여정백척(旅情百尺)」은 그의 문학성의 가치를 밝히는 유일한 텍스트이다. 유고시집이 가지는 가치는 민족 저항 시인인 윤동주의 「하늘과 바람과 별과 시」가 증명하고 있다. 다작은 작가의 다양한 문학 세계를 보여준다는 점에서 그 의미가 있지만 한국시문학사의 보고인 김소월(金素月, 1902~ 1934)의 「진달래꽃」과 민족 저항 시인인 한용운의 「님의 침묵」은 단 한 권으로도 그 평가를 받았다. 이처럼 작가에게 단 한 권의 시집의 무게는 작가의 삶과 문학의 전체이기 때문에 분석과 연구가 철저해야 한다.

유고 작품집 「여정백척(旅情百尺)」

최인희 시인

유고 작품집 「여정백척(旅情百尺)」에 실린 그의 문학 작품을 세밀하게 분석하여 그의 문학적 평가를 심도있게 평가할 필요성이 있다.

1. 시 세계의 지향점—수록 작품 특징 분석 및 시적 변화 양상

2. 수필의 지향점—수록 작품 특징 분석

Ⅳ. 시문학사의 과제 — 한국시문학사와의 관련성

최인희는 한국시문학사의 중심인 서울 문단과 대비되는 지역 문단인 동해라는 문단과 문학의 불모지를 근간으로 활동했다는 점에서 시문학사의 확장 동기를 부여할 수 있는 작가라는 점에서 주목할 수 있다.

지역 문단의 활동 반경을 넓혀 지역 즉 강원도 지역의 문단 활성화라는 점에서 그의 시 작품을 눈여겨보아야 한다. 여기에는 「청포도(靑葡萄)」라는 지역 동인 활동을 통해 구체화되었다. 당시는 1950년 전후 문단 상황을 6·25라는 전란 시기와 맞물려 있다는 점을 고려한다면, 6·25 당시 동인지 활동은 인간 삶의 투쟁으로서의 문학 활동이며 생존에 관한 탈출구로서의 동인지 활동의 의미를 읽을 수 있다.

「청포도(靑葡萄)」라는 지역 동인 활동을 넘어서 문단 활동 영역을 넓히는 동시에 그의 문학적 실험을 확장하는 태도를 《문예》와 《현대문학》 작품 발표를 통해서 엿볼 수 있다.

유고 작품집만 남긴 그의 생애가 짧은 만큼 최인희의 문학의 다양성과 확장성을 더 이상 볼 수 없다는 점이 아쉽다. 그러나 유고 작품집에 담긴 삶의 처절한 심오성과 문학성을 탐구한다면 분명 지역 문학성과 한국시문학사에서 그의 문학 정신의 확장성을 기대할 만큼의 논의를 할 수 있다는 점에서 그에 대한 탐구는 절대적이다. 서울 문단 중심에서 지역 문단과의 조화를 통해 한국문학사와 한국문단사의 깊이와 넓이를 가져 올 수 있기 때문이다.

나아가 전국에 산재해 있는 작가 문학관을 통해 작가 정신과 문학 정신을 비롯해 지역 문화의 위상을 정립하는 동시에 창작의 열기를 이어가는 행정적인 지원을 받지 못하는 최인희에 대한 연구와 문학관 건립에 대해 지역 문화계 관심과 지역의 행정력이 필요한 시점이다.

Ⅴ. 부록—연구 활동 과정과 결과에 대한 고증 자료 및 작품, 작가 정리

1. 〈작가 연보〉

2. 〈작품 연보〉

3. 기타 자료

0. 참고문헌

최인희에 대한 평전을 집필하는 동안 〈작품 연보〉와 〈작가 연보〉는 자연스럽게 정리되면서 한국시문학사의 위치 또한 자리매김될 것이다.[120]

지금까지 논의한 Ⅰ장, Ⅱ장 그리고 Ⅲ장까지를 정리하면 다음과 같다.

한국 문학의 정립은 한국문학사와 함께 한국문단사이다. 이에 대한 하위 갈래로 작품론과 작가론의 의미를 규정하는 사신 기록물 연구가 뒷받침되어야 한다. 즉 작가의 미적 장치인 '사신 기록물 연구→작가론/작품론→한국문학사/한국문단사→한국문학의 정립'으로 나아가는 거시적 장치로 순환되어야 한다[121]는 것이 필자의 생각이다. 여기에는 반드시 사실의 근거와 일정한 법칙성을 바탕으로 한 분석과 연구가 근본이다. 본고에서는 한국문학사와 한국문단사의 정립의 한 방법론으로 작가 사신 기록물을 대상으로 한 사신 연구의 법칙성을 정리했다. 나아가 문학 연구 방법론의 한 범주화로 규명되는 과정을 기술하였다.

다음 Ⅳ장에서는 지금까지 사신 연구의 방향을 열어 사신 연구의 다양성과 그 가치에 대한 논의로 마무리하고자 한다.

---

120 졸저, 『작가 연구 방법론』 참고,

121 김윤식은 '거시적 장치에 문학사론이 있고 미시적 장치에 작품론이 있다.'고 하면서 '작품론-작가론→문학사론으로 순환'되어야 한다는 입장이다(『작가론의 새 영역』, 강, 2006, 〈머리말〉).

IV

작가 사신 연구 방향성과 가치

적어도 지금까지는 작가 사진 연구에 대한 비평문학계의 본격적인 논의가 부족했기 때문에 본고에서는 시론(試論)의 성격을 띤다. 이의 논의가 어느 정도 성과에 도달한다면 계속 진행하면서 보완하고 동시에 체계적인 방법론으로 정립될 수 있다고 본다. 작고 문인 사진의 발굴로 다양한 분석 방법이 확장될 것으로 예상된다. 따라서 본고에서 다루고 있는 연구 과정을 참고로 발표되거나 공개될 사진 기록물은 사진 내용과 연구 방법의 다양성을 염두에 둘 수밖에 없다.

문학에 관한 연구 방법론이 역사적으로 전개되면서 변화를 거듭했다는 점은 다양한 작품 세계와 작가의 창작 방법 그리고 창작 심리를 밝히는데 있었다. 작가 사진 연구 방법론 또한 사진을 대상으로 작품과 작가 세계를 규명하는데 하나의 연구 방법론으로 정립되면서 기존 문학 연구 방법론처럼 변화를 거듭할 것으로 예상된다. 작가 사진마다의 특징을 하나의 전형적인 방법론으로 밝히는 데에는 다소 무리가 있을 수 있다는 의미이기도 하다. 다만 앞 장에서 언급한 사진 연구 방법론을 기본적인 바탕으로 하되, 작고 문인들의 각 사진별 특징을 연구하는 다양성을 전제한다면 작가 사진 연구의 효용성이 있을 것이다.

이 장에서는 작가 사진 연구의 다양성에 대한 고민, 작가 사진 연구 후 작가 혹은 작가와의 관련자들의 사진을 짚고자 한다. 그리고 작가 사진의 사료적 가치를 반드시 염두에 두고 사진 연구는 검토되어야 한다는 점을 설명한 것이다.

1

작가 사진 연구의 다양성

작가들의 사진 발굴과 연구는 곧 한국문학사와 한국문단사의 새로운 모색을 의미한다.[122] 즉 작가 사진 발굴 전의 한국문학사와 한국문단사는 작고 문인 사진 발굴 후 사진 분석과 연구가 이루어지면서 한국문학이 새롭게 조명되고 문학 세계의 다양성과 풍요성을 가져온다는 의미이다. 다만 작가 사진 발굴은 시대성과 작가 정신의 치열성을 근거로 한 문학성을 담보로 한국문학사에 등장하는 작가들을 기준으로 하는 것이 타당할 것이다. 다양한 문학 세계를 그린 작가들의 사진 연구는 한 방향으로 정리하기에는 그 내용이 방대하기에 작가 사진의 내용에 따라 작가 사진 연구 방법을 다양화하는 것 또한 필요하다.

다만 앞장에서는 사진 연구에서 기본적이면서도 일정한 방향성과 작가 사진을 통해 연구 가능한 방법 등을 정리한 것인데 반드시 따라야 한다는 논의는 한국문학사의 확장성과 가능성을 제한할 수 있다. 즉 작가 사진 연구 방법을 한 방향으로 정하는 경우는 작가와 작품을 협소하

---

122 납월북 작가 연구와 실종 문인(정영진, 『통한의 실종문인』, 문이당, 1989)에 대한 연구를 통해 한국문단의 이면사와 한국문학사의 확장성을 열어갈 수 있으나, 현재 사진 기록물 연구에 대한 논의를 새롭게 할 필요가 있다.

게 조망할 수밖에 없다는 의미이다. 그래서 연구자들이 사신을 분석하고 연구해 시야를 넓혀 작가 사신 연구에 대한 접근 방법을 다양하게 할 필요가 있다.

여기서는 발굴하고 연구해야 할 작고 문인의 대상과 기준을 점검해 볼 것이다. 발굴될 작가 사신에는 작가 및 작품과 관련된 평가를 고증하는 것 그리고 기존의 내용과 다른 다양성을 내포할 수 있다는 전제에서 출발하는 것이다.

첫째, 이미 작가론이든 작품론이든 문학사적 평가를 받은 작가 즉 한국문학사에서 등장하는 작가들의 문학성을 판단해 작가의 사신을 발굴 대상으로 삼아야 한다. 이는 기존 문학사에서 문학 세계의 접점과 변곡점을 파악하는데도 의미가 있기 때문이다.

둘째, 첫째에서 언급한 내용과 반대일 수 있으나 한국문학사에서 소외된 작가들의 사신 발굴을 통해 연구 대상으로 삼는 기준이 필요하다. 이는 한국문학사와 한국문단사의 확장성과 연결되기 때문이다.

셋째, 작고 문인 사신 발굴로 작가들의 문단 활동과 각종 문단 현황까지를 파악할 수 있는 자료가 있을 수 있어 문단의 형성 구조를 파악할 수도 있음에 주목해야 한다.

사신 연구 대상에서 시인의 경우는 작가와 생활의 관계를 규명하는 방법으로 시인 김관식의 성품과 창작 태도가 더 연구되어져야 하고, 김현승의 경우는 작가와 문단과의 관계로 시인 추천과 문협 구성에 대한 내용을, 작가의 교유 관계를 통한 문학적 영향 관계의 김수영과 박인환, 신석초와 이육사를 연구 대상으로 하여 사신의 다양성을 엿볼 수 있을 것이다. 그리고 소설가의 경우는 작가와 자신의 창작품과의 관계에서 염상섭, 박화성 등을 들여다 볼 수 있다. 사신 연구 대상에서 비평가의 경우는 중앙 문단과 지역 문단의 비평계를 검토하여 비평문학사를 정리할 수 있는 고석규와 김종후의 비평을 비교할 수 있다. 극작가 한재덕,

문인과 예술가의 교유 관계는 김환기, 김광섭 그리고 김환기의 시화일률(詩畵一律)을 검토할 수 있을 것이다.[123]

이외에도 사신 연구 방법의 다양성에도 기본적으로 지켜야 할 항목 등을 정리하면 다음과 같다.

첫째, 사신 기록물의 외형적 특징은 발신자와 수신자 관계 그리고 발신 날짜와 발신 장소를 특정하는 방법을 찾아야 한다.

둘째, 사신 기록물의 내면적 특징을 밝히는 방법으로 앞에서 언급한 외형적 특징을 참고하여 ㄱ. 원문 해독과 ㄴ. 전후 맥락 즉 발신자의 사신 목적 등을 파악하여, 작가와 작품의 관련성을 참고할 단계이다. 예를 들어, ㄱ. 50년대 전후 세대 작가들의 글쓰기 특징은 이중어 즉, 국한문 혼용과 일본식 표기 사항으로 현재의 표기법과 다소 간 차이로 인해 원문 해독의 어려움이 있다. 따라서 연구자는 이를 감안해 어휘력에 대한 준비성도 갖추어야 한다. 아니면 전공자들의 간접적인 도움을 받는 것도 한 방법이다. ㄴ. 전후 맥락은 발신자와 수신자 관계를 정확하게 알아야 발신 목적을 파악할 수 있다.

---

123 시인 김관식의 사신을 분석해 보면 ① 청탁 관련 ② 일상생활에서 벌어진 일화 ③《현대문학》 관련 등이 주요 내용이다. 소설가 염상섭의 경우는 발신 날짜가 불분명하다는 점이다. 이는 곧 발신일의 정확한 시기를 특정할 수 없을 때 염상섭의 문학사적 특징과 발표 당시의 상황 등에 관한 객관적인 사실을 얻을 수 없다는 아쉬움이 크다. 결국 작가 주변을 통해 발신 날짜를 특정하거나. 작가 혹은 작품 연보를 통해 사신 기록물의 날짜를 특정하는 방법이 있다. 이처럼 한 방향과 일정한 이론의 접근의 어려움이 있기 때문에 사신 연구의 다양성 논의가 필요한 것이다.

2

작가 연구 후 사신 자료

작가 연구의 결과를 연구서로 출간한 후에도 연구자는 출간 도서에 관심을 가지고 있어야 한다. 작가 사신에 대한 치밀한 고증과 노력으로 연구한 결과를 내놓는 것이 바람직하지만 완전한 작가 연구는 있을 수 없다. 그래서 수정 및 개정을 염두에 두고 연구해야 한다. 고증을 기반으로 한 대상 작가의 평전과 작품 연구를 정리했다고 하나 작품 및 작가 연구 후 유족으로부터 혹은 작가와 친밀도가 높은 문인 혹은 지인으로부터 받은 미공개 사신이 발견되면 내용과 작가 연구의 방향이 수정될 수 있다. 작가 사신 기록물은 문학적 요소와 전기적 요소가 결부되어 있는 작가 연구의 기본적인 텍스트이다. 그래서 작가 사신 발굴과 연구로 작가와 작품 관련 연구서는 수정 및 개정이 불가피하다.

천재 작가 이상의 여동생 김옥희의 언급은 작가 연구를 위한 연구자들이 기억할 필요가 있다.[124] "오빠에 대한 기록이 잘못된 부분이 많은 것 같아요. 사실 잘못된 기록을 보았을 때 찾아가서 얘기해 주고 싶었지만 좀 쑥스럽기도 하고 너무 오래된 얘기라서…… 게다가 공부 많이 한

124 황광해, 「큰 오빠 이상에 대한 숨겨진 사실을 말한다」(『그리운 그 이름, 이상』, 지식산업사. 2004, 378~387쪽 참고), 인용은 앞의 책 381쪽.

사람들이 다 해놓은 거니…… 그러나 분명히 내 기억에는 몇 가지 잘못된 것이 있습니다."라는 부분에서 연구자들의 관점 변화가 필요해 보인다. 『송욱평전』 출간 후 누이동생이 보낸 사신에도 '기록의 잘못된 부분이 많은 것'이라는 지적은 분명해 보였다.

사신 기록물이 반드시 작가와 작품 연구에 긍정적으로만 작용하는 것은 아니다. 물론 작고 문인의 사신 자체만으로도 그 존재 가치를 논하기는 어려우나, 간혹 사신 연구 발표로 인해 작가 연구자의 심리적인 부담 그리고 연구서 내용에 대한 오류를 초래할 수 있다는 점 때문에 사신 연구 후 접하게 되는 사신 자료를 검토해야 한다.

다음은 『송욱평전』과 『송욱 문학 연구』 출간 후, 송욱의 누이동생으로부터 받은 사신의 일부이다. 최초의 본격적인 논문으로, 혹은 '빛난' 평전으로 평가[125]받았으나 유족으로부터 받은 사신에는 이견을 보인 부분이 있어, 연구자들에게 참고가 될 것으로 판단해 소개한다.

[자료 36]

『송욱 평전』의 표지화

125 이승하 외, 『송욱』(새미작가론 총서 13)의 〈서문〉, 새미, 2001.

[자료 37]

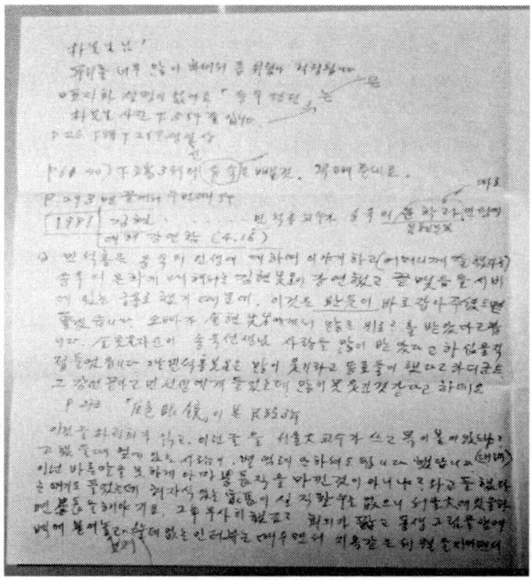

송욱의 누이동생이 필자에게 보낸 사신

내용

박 선생님 !

P. 293 맨 끝에서 두 번째 行

민석홍은 송욱의 인생에 대하여 이야기하고(어머니께 잘했다는)

송욱의 문학에 대해서는 김현 선생이 강연했고

끝맺음을 시비에 있는 詩로 했기 때문에, 이것은 반듯이(발신자가 표시함)

바로 잡아주셨으면 좋겠습니다.

오빠가 김현 선생에게서 많은 위로?를 받았다고 봅니다.

김 선생 자신이 송욱 선생님 사랑을 많이 받았다고 하심을 직접 들었습니다.

그날 민석홍 선생은 많이 웃기라고 동료들이 했다고 하더군요.

그 강연 끝나고 민 선생에게 들었는데, 많이 못 웃긴 것 같다고 하데요.

P. 213

〈「灰色 眼鏡」을 끼고 본 現住所〉

이것을 박정희가 읽고, 이런 글을 서울대 교수가 쓰고 목이 붙어 있느냐? 고 했을 때 옆에 있는 사람이 별 염려 안 하셔도 됩니다 했답니다. (대략) 이런 말을 못하게 아마 學長직을 맡긴 것이 아니냐?라고들 했다는 이야기를 들었는데 처자식이 있는 家長이 실직할 수는 없으니 서울대에 있을라면 學長을 해야지요. 그는 무사히 했죠? 회의가 짧고 동생 그림을 앞에 벽에 붙여놓고 보며 쓸데없는 인터뷰는 때우면서 지옥 같은 세월을 지내면서

–「전문」 중에서

[자료 37]에서는 송욱의 누이동생과 인터뷰를 한 후,[126] 기억에 의존하거나 인터뷰를 메모해 작가 평전을 집필했음에도 불구하고 유족과 집필자 사이에 기록의 차이가 있음을 보여 주는 자료이다. 이를 보완하는 방법은 인터뷰 대상자의 사신 기록물 내용을 바탕으로 일치 여부를 연구하는 것도 하나의 방법이다. 그래서 유족들이 보낸 사신 기록물도 참고하는 노력이 연구자에게 요구되는 이유이다.

송숙이 보낸 사신에서 송욱과 관련된 부분을 인용하면 다음과 같다.

연월일	생애	연구 활동 및 작품
1981	※ 유고 시집 『시신의 주소』(일조각, 1981) 출판과 1주기 추도식(서울 출판문화회관, 현재 중앙청 옆 위치) : 민석홍, 한우근, 김현, 홍기창 교수 참석. 민석홍 교수가 송욱의 문학과 인생에 대해 강연함(4.16)	※ 황동규, 「지적인 언어 실험–유고 시집–『시신의 주소』」(《한국일보》, 1981. 4. 24)

–『송욱평전』, 293쪽에서

126 집필과 출간 이후, 필자의 관심 부족으로 유족과 송욱의 자녀와 연락이 끊어져 아쉬움이 많다.

이 사신의 발신자인 송숙은 송욱의 바로 밑 여동생으로 1928년생이다. 2000년 당시는 72세로, 송욱에 대한 깊은 애정을 가지고 있었다. 이 저작을 위해 인터뷰나 각종 자료를 제공하는 등 많은 애정을 직접 보여 주었다. 〈작가 연보〉의 아주 작은 글씨도 읽고 또 읽고 했기에 송욱에 대한 애정이 많았던 것으로 보인다.

민석홍이 송욱의 언행 불일치를 지적했는데, 유족인 송숙은 인터뷰에서 이견을 사신으로 보내왔다. 또한 민석홍이 송욱의 시비 제막식에서 문학과 인생에 대해 강연했다고 기록했으나, 송숙의 사신에서 김현(金炫, 1942~1990)이 문학 강연을, 민석홍은 송욱의 인생에 대해 언급했다고 한다.

작품 연구와 달리 작가 연구에서는 방계 자료를 통한 연구와 유족 혹은 교유 관계 인터뷰도 한 방법이다. 특히 작가 연구는 인터뷰의 양면성처럼 한계가 있을 수 있다.[127] 특히 작가 전기와 관련된 방계 자료인 사신 기록물의 경우에도 주의 깊게 분석하고 판단해야 할 필요성이 있다.

유족 혹은 관련자의 사신을 접했을 경우나 새로운 증언으로 사신 연구 자체에 대한 변화가 있을 수 있다. 작고 문인의 사신은 상호작용에 의거하여 규명해야 한다. 즉 발신자와 수신자가 순환되면서 다시 사신을 주고받을 때 사신의 내용이 명확해진다. 여기 사신 연구에서 발신자의 사신 기록물을 중심으로 접근하다 보니, 사신 자체가 가진 문학적 의미가 모호한 점이 있다는 한계가 노출되었다. 그래서 사신 연구는 다시 수신자가 발신자에게 보낸 작가의 사신을 발굴하여 상호성의 연구가 이루어져야 하기 때문에 사신의 발굴은 지속성을 가질 수밖에 없다.

---

127 서양사학자인 민석홍 교수와 송숙을 인터뷰했었다. 송욱에 대한 평가는 달랐다(졸저, 《송욱 평전》 참고).

3

작가 사신 연구의 사료적 가치

개인 간의 의사소통에는 대중화된 인터넷을 활용한 다양한 방법이 있지만 중요한 감정까지 전달하는 데에는 다소 한계가 있다. 인터넷 발달과 보급의 대중화 이전의 작가들은 대개 펜으로 자신의 감정까지를 솔직하게 드러내는 사신으로 의사소통을 하거나 창작 활동을 했던 세대였다. 그래서 육필로 쓴 작가의 사신은 필체나 문체에서 묻어나는 작가들의 감정까지 전달되는 가치가 있는 것이다.

근현대 작가들은 작고 문인인 경우가 많은데, 이들 대부분이 육필 원고 세대이다. 육필로 남은 사신들을 정리하여 검토함으로써 작가와 관련된 일화와 문단 활동, 창작 활동을 들여다볼 수 있다. 이 사신 기록물은 작가의 역사성과 작품의 문학성에 대한 연구와 평가를 통해 문화적 가치로 보존 및 전시할 필요성이 있다. 그래서 기존의 사신 기록물을 정리하고 또한 발굴하여 연구할 가치가 있는 것이다.

이미 전국의 문학관에서 작가와 예술인들의 사신 기록물의 보존과 전시를 통해 문화적 가치를 보여 주고 있다. 다만 사신 기록물에 대한 본격적인 연구와 연구에 필요한 체계적인 이론의 접근이 부족하다는 측면에서 『작가 사신 연구 방법론』은 유의미할 것이다.

근현대 작고 문인들의 사진 발굴은 쉽지가 않다.[128] 작가 사진에 대한 가치를 인식하지 못했을 뿐만 아니라 대부분 사무적인 일이거나 인사와 안부로 활용되는 경우가 많아 보관하는 경우가 드물었다. 게다가 거주지 이동 및 친소 관계에 따라 단순하게 정리해 버리는 경우도 또한 많기 때문에 남아 있는 경우가 적다. 그리고 작가들의 문학 세계를 입체적인 모습으로 모형화한 문학관에서조차 작가가 남긴 사진들을 단순히 처리해 보관만 하는 경우도 있어 안타까운 현실이다.

오늘처럼 디지털화된 시대는 작가들의 육필 사진을 구하기는 더욱 어려운 현실이다. 아마도 지금이라고 생각되는 현재 시점부터 '디지털 원고 시대'라고 규정한다면 획일화, 유형화된 글씨체로만 컴퓨터에 저장될 것이다. 그래서 작가들의 숨결과 성격이 녹아든 육필의 가치가 높아지는 것이다. 작가와 작품 세계를 밝힐 수 있는 사진 기록물의 연구 및 보관은 한국문학사의 사명일 수밖에 없다. 다만 보관의 유무에 대한 가치만을 논하는 일은 어리석다고 본다.

작가의 사진 기록물이 적게는 한 장에서 많게는 수십 장에 이르는 경우도 있다. 그리고 전국 작가 박물관에 보관 중인 사진 기록물도 있다. 작가 사진 연구를 통해 작가의 새로운 모습이 드러나고 보관 중인 사진 기록물 연구를 축적해 작가의 입체적인 모습을 갖추게 되면 살아 있는 작가 박물관이 된다. 여기에 작가 사진 연구 방법론이 필요한 것이다. 연구자의 편의에 따른 선택적 연구보다는 체계적인 연구 방법을 통해 작가와 작품 세계를 조명하는 것이 그래서 타당하다고 할 수 있다.

작가 사진 기록물 연구 방법론에 대한 가치를 정리하면 다음과 같다.

첫째, 작가와 작품 연구에 필요한 텍스트의 발굴과 새로운 방법론이라는데 가치가 있다. 즉 문학 작품만이 연구 대상이라는 개념에서 벗어

128 이런 측면에서 보면 조연현의 〈작고 문인 사진첩〉에 대한 의미 부여를 할 필요가 있다.

나 작품 연구에 필요한 텍스트의 확장과 서구 이론에만 집중된 학계와 비평계의 풍토에서 벗어난다는 점에서 의미를 부여할 수 있다고 판단된다.

둘째, 작가와 작품 세계를 밝히는 하나의 연구 방법론으로서 문학 이론 정립의 가능성을 볼 수 있다는 점에서 의미가 있다.

셋째, 작가와 작품 세계뿐만 아니라 문학사와 문단사를 밝히는 하나의 방법론이라는 데 가치가 있다.

기존의 한국 문학 연구 풍토와 작가 연구 이론 부재의 원인에 대한 논의에 대응하는 방향을 제시할 수 있다는 점에서 유의미할 것이다. 즉 문학 연구 방법론의 다양화라는 측면에서 사신 기록물을 탐색할 수 있었다는 점을 긍정적으로 볼 수 있을 것이다.

위에서 언급한 연구 방법론의 가치와 함께 작가 사신 기록물의 가치에 대해 정리하면 다음과 같다.

첫 번째, 문학사에서 소외된 작가들에 대한 조명의 필요성이 담겨 있다. 가령 소설가 강석근, 조진대와 비평가 김종후, 일본 동경에서 카프 활동을 했던 월북 작가 한재덕 등등의 사신은 문학사에서 새로운 기술의 자료가 된다는 점에서도 사신의 가치가 있다. 그리고 수신자인 조연현의 비평사적 안목을 평가할 수 있다. 조연현이 남긴 〈작고 문인 사신철〉의 작가들은 단순히 인간관계이기도 하지만 문학사적 가치를 평가할 때 한국문학사의 확장으로 이어진다는 점에서도 가치가 있다.

두 번째, 발신자의 작가들은 다양한 장르와 분야를 아우르는 문학관을 작가 사신을 통해 간접적으로 보여준다는 점에서 눈여겨 볼 수 있다. 시, 소설, 희곡, 국어 학자, 구비문학, 독립 운동가 등등에 이르기까지이다.

세 번째, 작가들의 사신 내용을 통해 작가가 겪은 개인사와 시대 상황에 대한 문학 창작과의 연관성 검토에도 결정적인 근거가 된다는 점에서 가치가 있다. 작품과 인터뷰에서 얻어지는 결론보다 정확하거나 보완하는 근거가 된다는 점이다. 최초의 여성 잡지《신여성》을 창간한 김일엽, 만당 사건의 김법린, 영문학자인 양주동 등은 각 분야에서 기린아의 모습을 보였다. 작고 문인들의 사진 기록물에는 20대에 요절한 작가들도 있었다. 개인적으로 불우한 죽음이나 이들의 문학적 공과를 정리한다면 한국문학사의 나이테는 더 늘어날 것이라는 전망도 가능하다.

네 번째, 작가 사진으로 작가들에 대한 개인적인 인품을 엿볼 수 있다는 점에서도 가치가 있다. 작가의 인품은 작가들의 작품성과 인간 관계에서 휩쓸리지 않을 수 있는 객관적인 자료로 활용된다는 점에서 작가들의 사진은 주요한 기능을 한다.

다섯 번째, 작가 사진에 나타난 작가의 성격, 문단 교유, 작가들의 삶의 태도와 모습을 알 수 있다는 점에서 그 의미가 있다. 자칫 작가들의 신변잡기처럼 느껴질 수 있다는 생각도 들지만 작가 정신이나 심리와 같은 내밀한 세계를 볼 수 있다는 점에서 가치가 있다.

여섯 번째, 다양한 예술 세계를 가진 작가들의 사진과 엽서는 근현대 작가 사진 기록물이라는 측면에서 보관의 가치 여부를 판단할 수 있는 연구를 한다는 점에서도 그 의미가 있다. 작가 사진 기록물 연구 방법론의 이론적 토대가 부족한 현실을 볼 때, 작가 사진 연구를 통해 사진 기록물 연구의 활성화를 꾀할 수 있다는 점에서 사진의 가치가 있다.

일곱 번째. 현대문학을 결산하면서 작가별 전집류가 출판되나, 이는 사진 기록물 연구를 통해 새로운 작가와 작품의 세계가 새롭게 밝혀진다면, 당연히 수정되어야 한다는 전제도 염두에 두어야 할 것이다. 그래서 작가 전집은 끝나지 않았다는 명제가 만들어지는 이유이다.

여덟 번째, 작가의 전기 혹은 평전의 집필에 연구자의 의견보다는 고증의 자료로 활용될 수 있는 객관적인 자료 가치가 있다. 주변 인물의 인터뷰는 양면성이 있어 선택에 따라 작가의 면모가 달라진다. 그래서 작가의 내면 심리를 솔직하게 보여주는 객관적인 고증 자료라는 측면에서도 작가 사신은 필요하다.

아홉 번째, 작가 연구에 필요한 〈작가 연보〉와 〈작품 연보〉 작성 시에 고증의 자료로 활용할 수 있다. 문헌 고증으로 연구자가 사신을 정리하지만 사신만큼은 객관적인 고증 자료라 할 수 있다.

열 번째, 작가 전기 혹은 작가 평전은 문헌 고증과 가장 가까이 지냈던 문인들의 인터뷰, 그리고 작가 생활을 하던 특정 공간 답사로 이루지면서 합리적인 추론이나 연구자의 개인 관점에서 전개될 가능성이 있을 수 있다. 즉 전기나 평전이 하나의 장르적 성격의 창작으로 볼 수도 있으나, 적어도 객관성은 유지되어야 할 것이다. 왜냐하면 역사적 사료로서 가치가 부여되기 때문이다. 객관화된 고증 자료로서 사신 기록물은 가치가 있다. 여기서 사신 기록물 연구가 절실한 이유가 있는 것이다.

열한 번째, 각 지역의 문화 행정의 일환으로 설립된 각종 문학관이 정치적으로 활용되었다는 점에서 혹시나 부정적일 수도 있으나, 작가의 문학관이 문학 예술의 향취(香臭)를 향유하고 공유한다는 면에서 매우 고무적이다. 작가의 예술적 향취를 위해서는 개별 작가의 연구뿐만 아니라 작가와 관련한 자료의 집적이야말로 매우 중요한 작업이다. 작가의 사신 기록물까지 연구가 이루어져 작가의 입체적인 모습을 담은 진정한 문학관이라 할 수 있다. 이에 도달하기 위한 선행 연구로서 작가 사신 기록물을 연구해야 한다. 귀납적으로 정리한 작가 사신 기록물 연구 방법론으로 접근하여 현재 전국에 산재해 있는 작가 문학관에 보관되어 있는 작가들의 사신 기록물을 연구하여 새로운 작가의 모습과 문학 세계를 탐색할 수 있다는 점에서 선행 연구의 가치가 있다.

작가의 사신 기록물은 연구를 통해 작가와 작품이 새롭게 조명되어야 한다.[129] 사신 기록물 연구는 작가와 작품에 생명을 불어 넣는다. 사신 기록물의 존재 가치는 여기에 있다. 이러한 작업은 기존 한국문학사와 한국문단사에 사신 연구를 통해 새 '생명'을 불어 넣는다. 즉 사신과 작품과 작가라는 세 카테고리를 정립(鼎立)하는 과정이며, 그 결과를 통해 한국문학사와 한국문단사를 새롭게 구성하게 된다는 점에서 또한 가치가 있다.

위와 같은 사신 연구의 가치가 구현되기 위해서는 무엇보다도 사신 연구와 개별 작가와 작품에 대한 본격적인 연구만이 작가에게 생명을 불어넣는 것임을 연구자는 명심해야 한다. 이 연구에 필요한 작가와 작품 연구서, 작가 평전과 전기를 참고하고 각종 인터뷰를 진행하거나 문학관 등도 답사해야 한다. 결국 작가 사신 연구는 문학 연구에서 연구자가 가장 많은 노력을 기울여야 하는 작업이다. 이러한 연구자의 지난한 노력을 거쳐야 작가 사신이 '빛'을 발하는 것이다. 그 빛을 밝히는 조명장치가 바로 작가 사신 연구 방법론이라는 의미 규정을 지금껏 설명한 것이다.

이러한 작업의 결과는 다시 작가와 작품 그리고 문학사, 평전 등의 연구로 순환되어 새로운 근거로 활용되면서 입체적인 작가의 모습으로 그려지게 된다. 작가와 작품 세계를 밝힐 수 있는 사신 기록물의 연구와 작고 문인들의 사신 기록물의 보관은 한국문학사의 사명일 수밖에 없을 것이다.

129 조연현의 〈작고 문인 사신철〉에 등장한 작가들의 작품은 그 나름의 완성에 멈추었지만 사신을 통해 밝혀지는 작가와 작품이 있기에 작가 연구는 끝나지 않았다(2022년 12월 31일, 마지막 날에).

참고문헌

김구림, 『한국의 문학비를 찾아서』, 문학아케데미, 1995.

고 은, 『이상평전』, 민음사. 1978.

김병익, 『한국문단사(1908~1970)』, 문학과 지성사. 2003.

김영한, 『내 사랑의 백석』, 문학동네, 2011.

김유중, 『정태용 평론 선집』, 지식을 만드는 사람들, 2015.

______, 「중도적 비평의 전개 양상 – 정태용론」, 『한국 전후 문학 연구』, 삼지원, 1995.

김유중 · 김주현 엮음, 『그리운 그 이름, 이상』, 지식산업사. 2015.

김윤식, 『(속)한국근대작가론고』, 일지사, 1981.

김윤식 외. 『우리 문학 100년』, 현암사, 2001.

김승룡, 『정태용의 비평 문학』, 동국대 석사학위, 1984.

김용만, 『구인회 만들 무렵』, 정음사, 1984.

______, 『30년대의 문화예술인들 – 격동기의 문화계 비화』, 범양사, 1988.

김용성, 『한국현대문학사 탐방』, 국민서관, 1973.

김윤배, 『시인들의 풍경』, 문학과 지성사, 2002.

김현경, 『김수영의 연인』, 책읽는 오두막, 2013.

김효자, 「박화성 손생이 살던 집과 유적비」, 『문단유사』, 월간문학 출판부, 2002,

김화영, 『한국 문학의 사생활』, 문학동네, 2005.

김해성, 『한국 현대시의 이해』, 서문당. 1983.

박경리 외, 『나의 문학 이야기』, 문학동네, 2001.

박덕은, 『문학비평의 이론과 적용』, 새문사. 1989.

박종석, 『작가 연구 방법론』(수정 증보판), 역락, 2007.

______, 『조연현 평전』, 역락, 2006.

______, 『송욱평전』, 좋은날, 2000.

송우혜, 『윤동주 평전』, 세계사, 1989.

신경림 외, 『한국의 괴짜들』, 사회발전연구소, 1983.

신상성, 「청마의 친일문학론의 핵심 쟁점」, 《문예운동》(156호), 2022

오영수, 『오영수 문학전집』(4) 오영수 문학관, 2020.

이동주, 『소설로 읽는 현대문학사』, 현대문학, 1993.
이상 외, 『사랑을 쓰다 그리다 그리워하다』, 루이앤휴잇, 2016.
이상섭, 「제1장 서설」, 『문학의 이해』, 서문문고, 1996.
이상진, 『한국 근대 작가 12인의 초상』, 옛오늘, 2001.
이재선, 『한국현대소설사』, 홍성사. 1979.
이어령 외, 『한국작가전기연구』(상/하), 동화출판공사. 1975.
이호철, 「김소월과 나」, 『이호철의 쓴소리』, 우리교육, 2004, 169쪽.
_____, 「작가의 문학과 평론가의 현실」, 『우리 문단의 쓴소리』, 우리교육, 2004,
_____, 『이호철의 쓴소리』, 우리교육, 2004.
_____, 『문단골 사람들』, 프리미엄북스, 1997.
임종국, 『친일문학론』, 평화출판사,
윤범모, 『시인과 화가』, 다홀미디어, 2021.
조연현, 『남기고 싶은 이야기들』, 부름, 1981.
조용훈, 『신석초 연구』, 역락, 2001.
조 향, 『조향전집』(1, 2), 열음사, 1994.
조향래, 『향촌동 소야곡－낭만의 대구 문단 일화』, 시와 반시, 2007.
최일남 외, 『아름다운 시간의 나무』, 2000.
한수영, 『친일문학의 재인식－1937~1945년간의 한국 소설과 식민주의』, 소명, 2005.
한국문인협회, 『문단유사』, 2002.
홍희표, 『박목월 시인 연구』, 문학아카데미, 1993,
황금찬, 『돌아오지 않는 시간의 저편』, 신지성사. 2000.
_____, 『나는 어느 호수의 어족인가』, 문학세계, 2004,
(사) 한빛문학관, 『따스한 숨결로 쓴 타임캡슐』, 2022.
《국어국문학 자료사전》, 「박화성」, 한국사전연구사, 1994.
발터 벤야민, 최성민 옮김, 『기술 복재 시대의 예술 작품』, 길, 2007.
아도르노·벤야민, 이순예 옮김, 『아도르노-벤야민 편지(1928~1940)』, 길, 2018.

찾아보기

부록

〈작고 문인 사진철〉의 사진 기록물 분류

1. 사신 기록물 발굴과 가치

조연현은 자신에게 보내온 작가들의 사신을 〈작고 문인 사신철〉로 묶어 정리해 놓았다. 이러한 사실을 필자는 『조연현 평전』의 출간을 통해 밝혔다. 〈작고 문인 사신철〉에 등장한 작가 이름만으로도 한국문학사의 확장 가능성을 예고했다고 판단된다.

특히 작가들의 사신은 시대와 사회의 변화에 대한 관심을 드러내거나 자신의 작품과 관련된 내면 풍경을 담고 있다, 즉 작가들의 사신은 작가들의 전기적 요소와 문학적 요소를 함의한다고 할 수 있다. 그래서 작가 사신 기록물은 문학사와 문단사를 밝히는 근거이기 때문에 그 함의의 가치를 밝힐 필요가 있다.

2. 〈작고 문인 사신철〉의 작가

〈작고 문인 사신철〉에 등장하는 작가들을 조연현이 번호순으로 다음과 같이 정리했다.

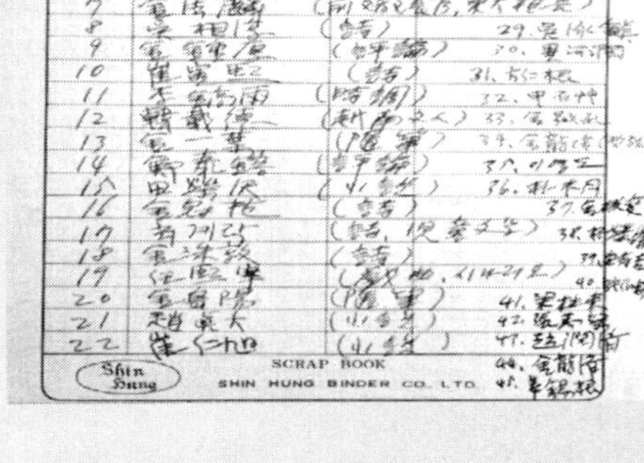

조연현이 직접 정리한
「작고 문인 사신철」

다음은 위의 [자료]에 등장하는 작가명을 순서대로 정리했다.

1. 염상섭(소설) 2. 유치환(시) 3. 강소천(아동문학) 4. 마해송(수필) 5. 계용묵(소설) 6. 고석규(평론) 7. 김법린(전 문교장관, 동대총장) 8. 오상순(시) 9. 김종후(평론) 10. 최인희(시) 11. 이호우(시조) 12. 한재덕(월남문인) 13. 김일엽(수필) 14. 정태용(평론) 15. 전영택(소설) 16. 김관식(시) 17. 최계락(시, 아동문학) 18. 김수돈(시) 19, 임희재(희곡, 시나리오) 20. 김도양(수필) 21. 조진대(소설) 22. 최인욱(소설) 23. 구자운 24. 김광주 25. 이광래 26. 김환기 27. 양재연 28. 유치진 29. 오영진 30. 이하윤 31. 방인근 32. 신석초 33. 김현승 34. 김용배(철학가) 35. 이영도 36. 박목월 37. 김광섭 38. 박영준 39. 안수길 40. 허백련 41. 양주동 42. 장만영 43. 조윤제 44. 김용제 45. 강석근

〈작고 문인 사신철〉에는 총 45명의 작가명 앞에 순서를 나타내는 아라비아 숫자를 적고, 작가명 다음에 (　　)를 붙여 안에는 창작 활동 영역을 구체적으로 구분하여 표시했으나, 작가명만 있고 (　　)가 없는 경우도 있다.

3. 〈작고 문인 사신철〉의 작가 분류표

45명 작가들의 사신 내용을 간략히 정리하면 다음과 같다.

장르	작가명	특징	사신 내용		
			창작 관련	문학지 관련	안부, 기타
소설가 (10명)	1. 염상섭 5. 계용묵 15 전영택 21. 조진대 22. 최인욱 24. 김광주 31. 방인근 38. 박영준 39, 안수길 45. 강석근	5. 계용묵(필화 사건) 15. 전영택(《창조》 동인) 21. 조진대(조연현과 동향, 문청 활동)	15. 전영택(작품 연보 보냄)		17. 최계락 (오영수, 박재삼과 안부, 시작 관련 사신)
시인 (13명)	2. 유치환 8. 오상순 10. 최인희 16. 김관식 18. 김수돈 23. 구자운 30. 이하윤 32. 신석초 33. 김현승 36. 박목월 37. 김광섭 42. 장만영 44. 김용제	18. 오상순(《폐허》동인, 33세 때 부산 범어사 스님) 10. 최인희(요절 시인) 16. 김관식(서정주와 동서지간) 23. 구자운(평생 소아마비 고통, 창작) 33. 김현승(박봉우 추천 건 시비) 30. 이하윤(해외문학파, 《시문학》 동인, 《문예월간》(1931) 편집 담당) 31. 김광섭(사제지간) 42. 장만영(신석정 동서 지간) 44. 김용제(친일 논란)	8. 오상순(해공 선생 추도시 창작)	18. 김수돈(원고 수록 부탁) 16. 김관식(원고 게재,잡지 요청) 36. 박목월(추천)	36. 박목월 (추천건, 새해 인사)
시조 시인 (2명)	11. 이호우 35. 이영도	11. 이호우(원고 게재 시 이영도의 수필 보냄)			35. 이영도(시조 강연)
수필가 (3명)	4. 마해송 13. 김일엽 20. 김도양	4. 마해송(시인 마종기의 부친) 13. 김일엽(승려, 최초여성 잡지《신여자》 간행, 《폐허》 창간 동인)		13. 김일엽(원고 수정)	4. 마해송(『여백의 사상』 감사, 1962) 20. 김도양(안부)
희곡/ 시나리	19. 임희재 25. 이광래	24. 김광주(김훈의 부친)			19. 임희재(『한국현대문학사』

장르	작가명	특징	사신 내용		
			창작 관련	문학지 관련	안부, 기타
오(4명)	28. 유치진 29. 오영진	25. 이광래(「산토끼」 작가 이일래의 아우)			출간 인사)
비평가(3명)	6. 고석규 9. 김종후 14. 정태용	6. 고석규(26세 요절) 9. 김종후(28세 요절) 14. 정태용(바둑, 유고집 출간)		6. 고석규(「시적 상상력」 문학지 수록)	
아동문학(2명)	3. 강소천 17. 최계락	3. 강소천(소천 문학상 제정/백석이 추천한 작가) 17. 최계락(정비석과 《대조》 잡지 발행, 김억과 〈수선사〉 출판사)			
기자 및 작가(1명)	12. 한재덕	12. 한재덕(1927년 동경 지부 카프 발행지 《제3전선》 임화, 안막, 한재덕, 김남천 등과 활동)			
국문학자(2명)	41. 양주동 43. 조윤제				
화가(1명)	26. 김환기	사신 여부 미확인			
서예(1명)	40. 허백련	40. 허백련(동양화 10대가)			
기타(3명)	7. 김법린 27. 양재연 34. 김용배	7. 김법린(승려, 동립운동가) 27. 양재연(송석하 사위) 43. 김용배(철학)		27. 양재연(「호질(虎叱) 번역 잡지 수록)」	7. 김법린(만당사건, 독립투사, 스님) 27. 양재연(『여백의 사상』 감사, 1962) 12. 한재덕(월북문인)

4. 〈작고 문인 사신철〉의 발굴 자료

〈작고 문인 사신철〉의 발굴 자료 중 일부만을 공개한다. 이후 비공개된 자료까지 연구해 출간할 계획이다.

1) 염상섭(廉想涉, 1897~1963)

작품의 창작 배경 및 창작 당시의 작가 심리까지를 들여다 볼 수 있어 작품 세계를 입체적으로 파악할 수 있는 사신 자료이다.

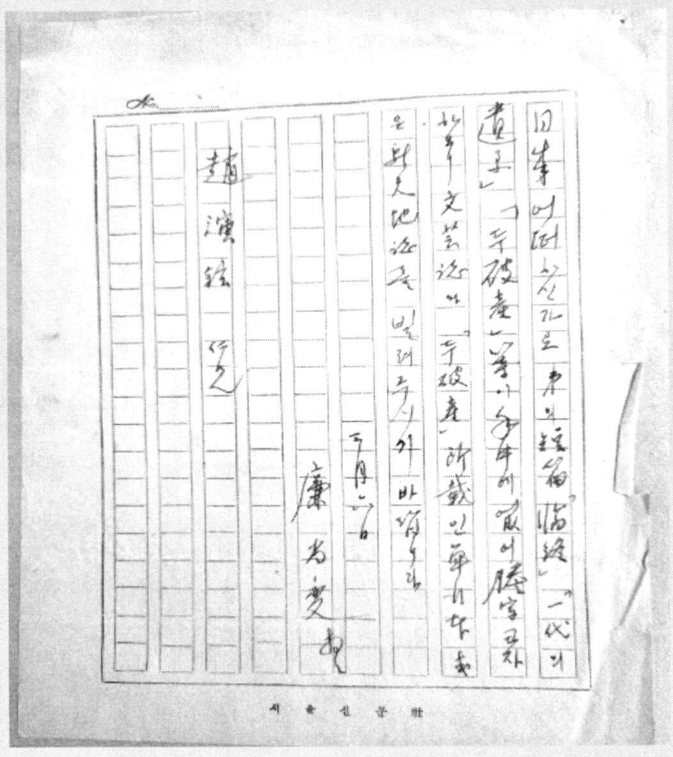

염상섭의 사신

2) 유치환(柳致環, 1908~1967)

깐깐한 청도의 정운 이영도와 이야기를 나누고, 문단 권력을 질타한 대가급 문사(文士)의 면모를 보여 준 사신 자료이다.

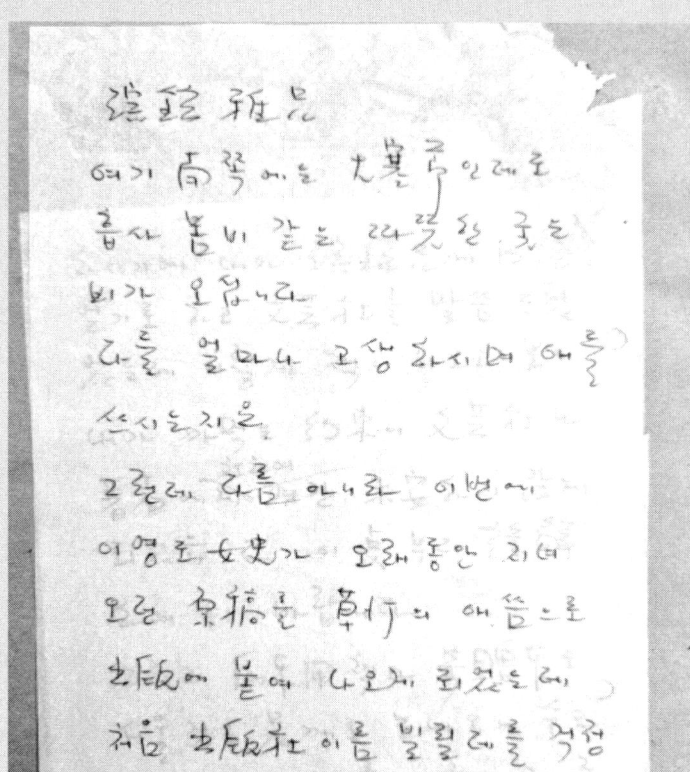
정음社 社長님
여기 南쪽에는 大寒中인데도
흡사 봄비 같은 따뜻한 궂은
비가 오옵니다.
다들 얼마나 고생하시며 애를
쓰시는지요.
그런데 다름 아니라 이번에
이영도 女史가 오래동안 지어
오던 原稿를 草汀의 애씀으로
出版에 붙여 나오게 되었는데
처음 出版社 이름 빌릴데를 걱정

유치환의 사신

3) 강소천(姜小泉, 1915~1963)

1951년 월남한 아동문학가이다. 1960년 아동문학연구회 회장을 역임. 백석은 강소천의 문재(文才)를 높이 평가했으며, 강소천의 시집 『호박꽃초롱』에 추천시를 써 줄 만큼 애정을 보였다. 마해송과 함께 아동문학 선구자라는 평가를 받는 작가의 사신 자료이다.

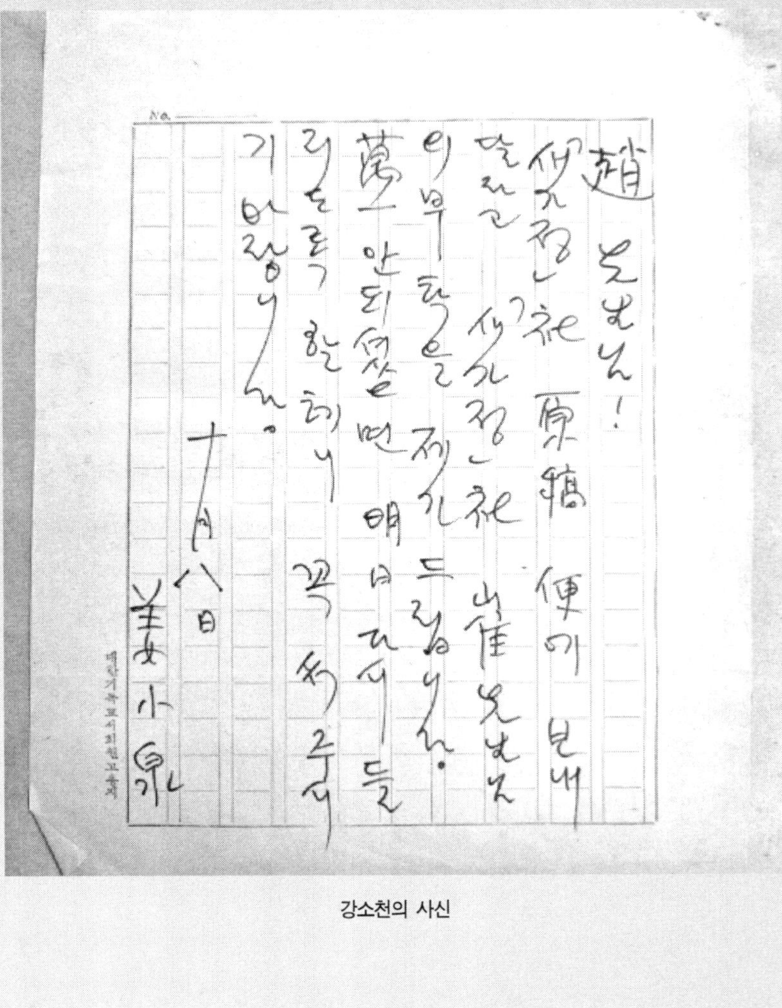
趙 先生님!
생각社 原稿 便에 보내
달라고 생각社 山隹 先生님
의 부탁을 제가 드립니다.
萬一 안되었으면 明日 다시 들
리도록 할테니 꼭 써주시
기 바랍니다.
十月 八日
姜小泉

대한기독교서회원고용지

강소천의 사신

4) 마해송(馬海松, 1905~1966)

아동문학가 · 수필가이며, 마종기 시인이 아들이다. 마해송이 보낸 사신에는 조연현이 42세 때인 1962년에 출판한 『여백의 사상』(정음사)을 받고 답례의 인사와 안부를 전하는 사신 자료이다.

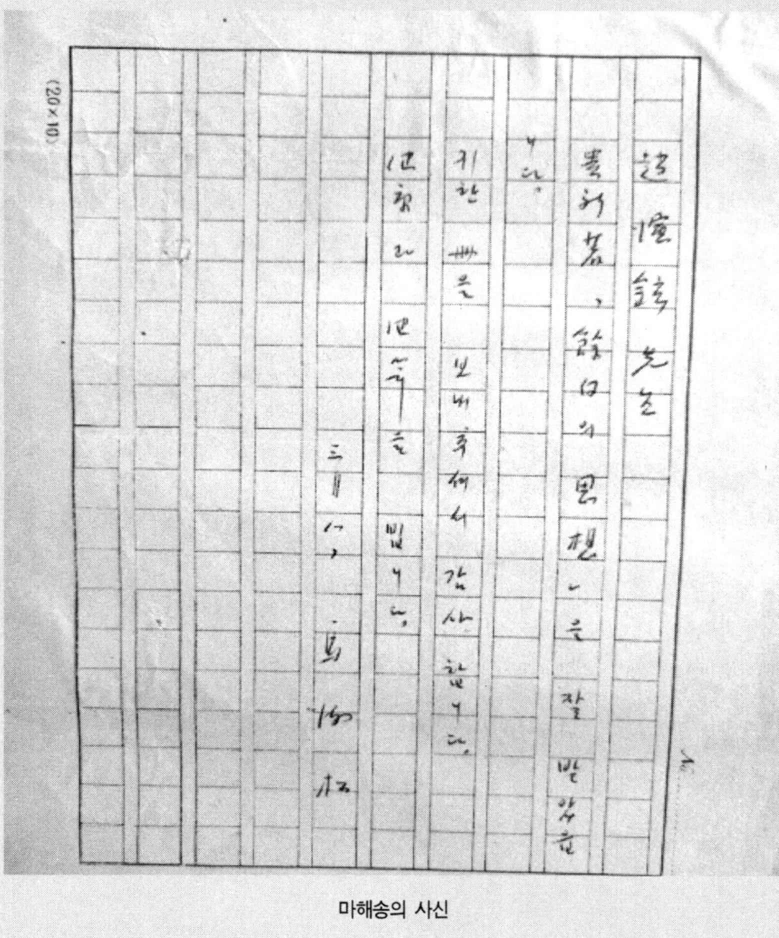

趙演鉉 先生

書翰과, 餘白의 思想 ~ 은 잘 받았읍니다.

귀한 冊을 보내주셔서 감사합니다.

健康과 健筆을 빕니다.

三月 八日, 馬海松

마해송의 사신

5) 계용묵(桂鎔默, 1904~1961)

'고집 센' 완벽주의 소설가라는 면모를 파악할 수 있는 사신 자료이다.

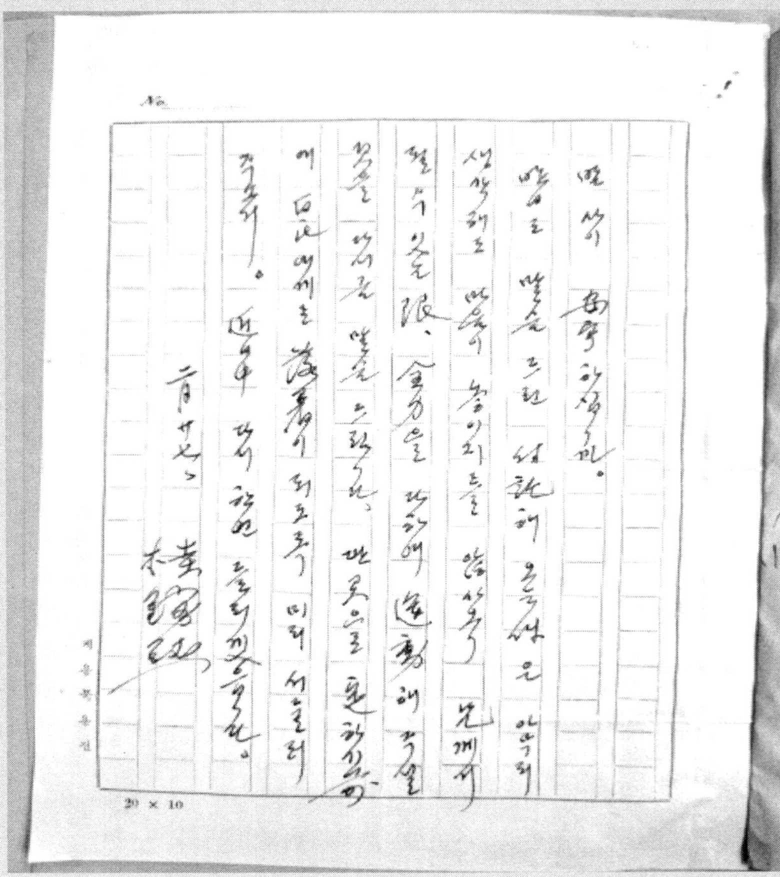

계용묵의 사신

6) 고석규(高錫珪, 1932~1958)

1950년대 초 한국 비평계에 서양적 시각의 비평추를 확산(擴散)하는 데 초석이 되었던 부산 지역의 비평가의 사신 자료이다.

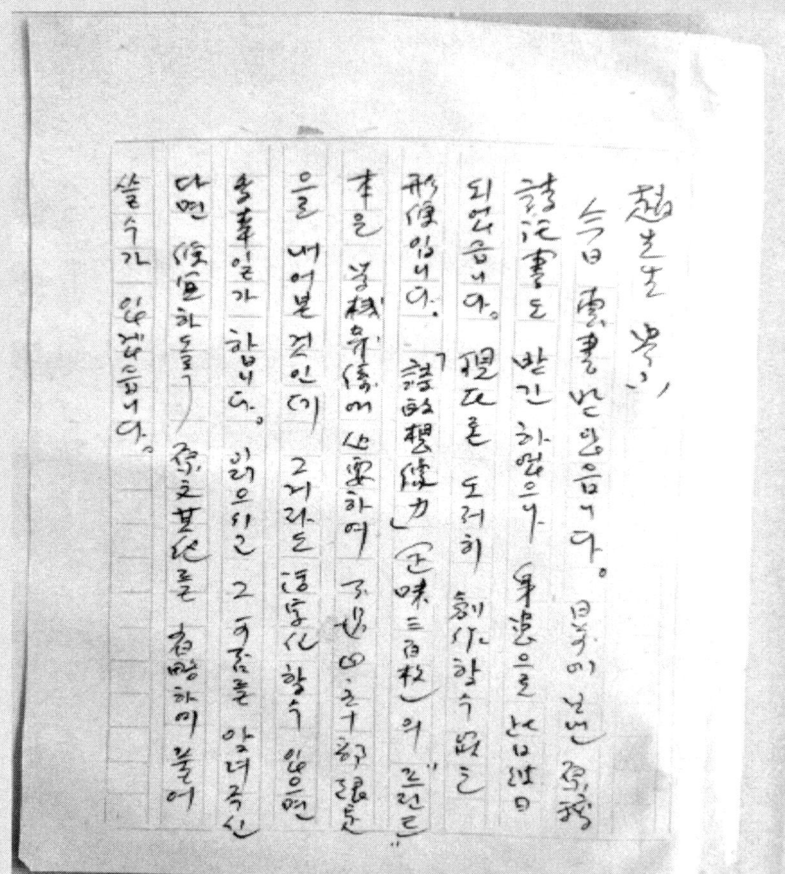

고석규의 사신

7) 김법린(金法麟, 1899~1964)

승려·독립운동가·정치가·학자. 호는 범산(梵山). 3·1운동 때 만세운동에 참가하였고, 만당 사건으로 검거되어 옥고를 치렀다. 이후 조선어학회 사건으로 투옥됐다가 불교 연구와 독립운동을 지속하였다. 전 문교부 장관과 동국대 총장 역임한 김법린의 사신 자료이다.

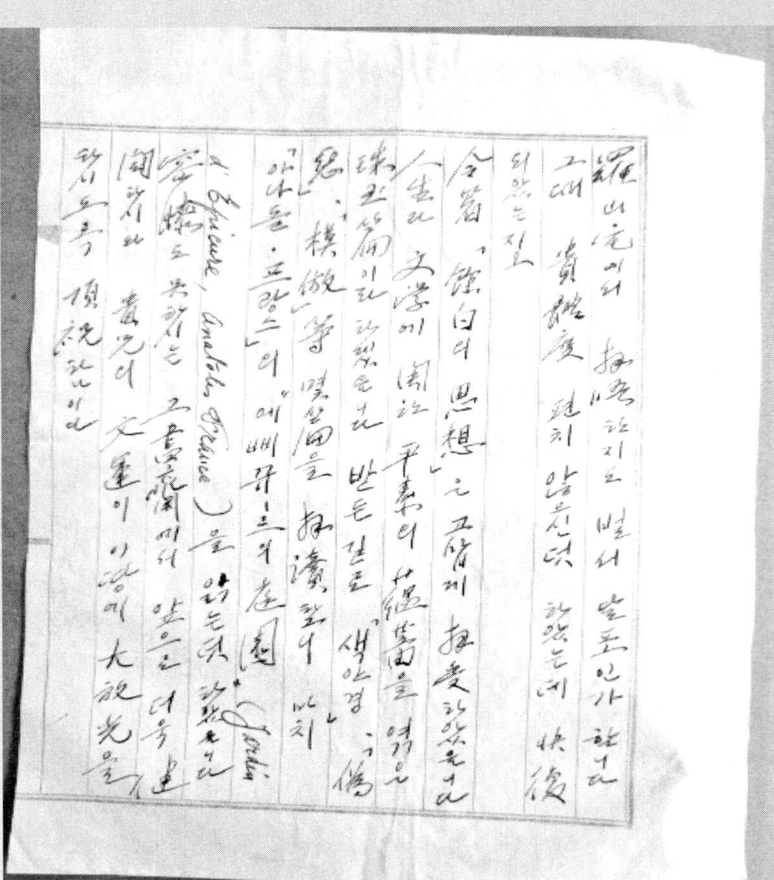

김법린의 사신

8) 오상순(吳相淳, 1894~1963)

민족 지도자 해공(海公, 1894~1956)을 애도한 공초(空超) 선생의 사신 자료이다.

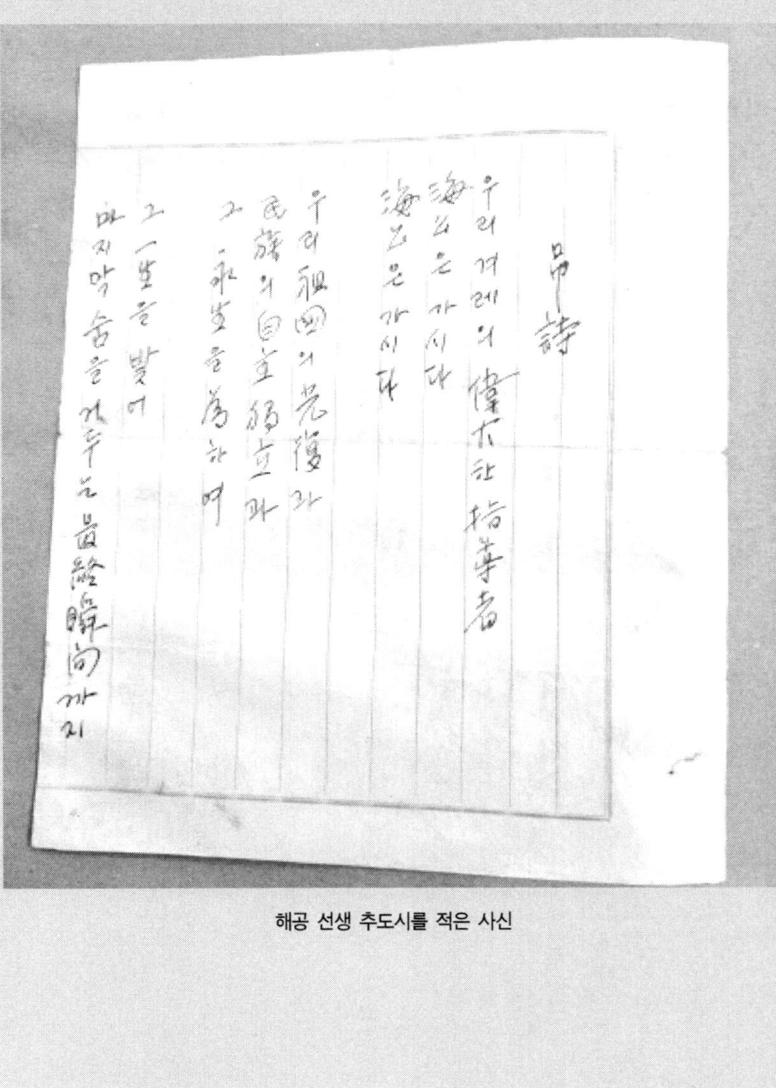
弔詩
우리겨레의 偉大한 指導者
海公은 가시다
海公은 가시다
우리 祖國의 光復과
民族의 自主獨立과
그 永生을 爲하여
그 一生을 받어
마지막 숨을 거두는 最後瞬間까지

해공 선생 추도시를 적은 사신

9) 김종후(金鍾厚, 1928~1958)

1950년대 초 한국 비평계에 동양적 시각의 비평추를 달았던 비평가의 사신 자료이다.

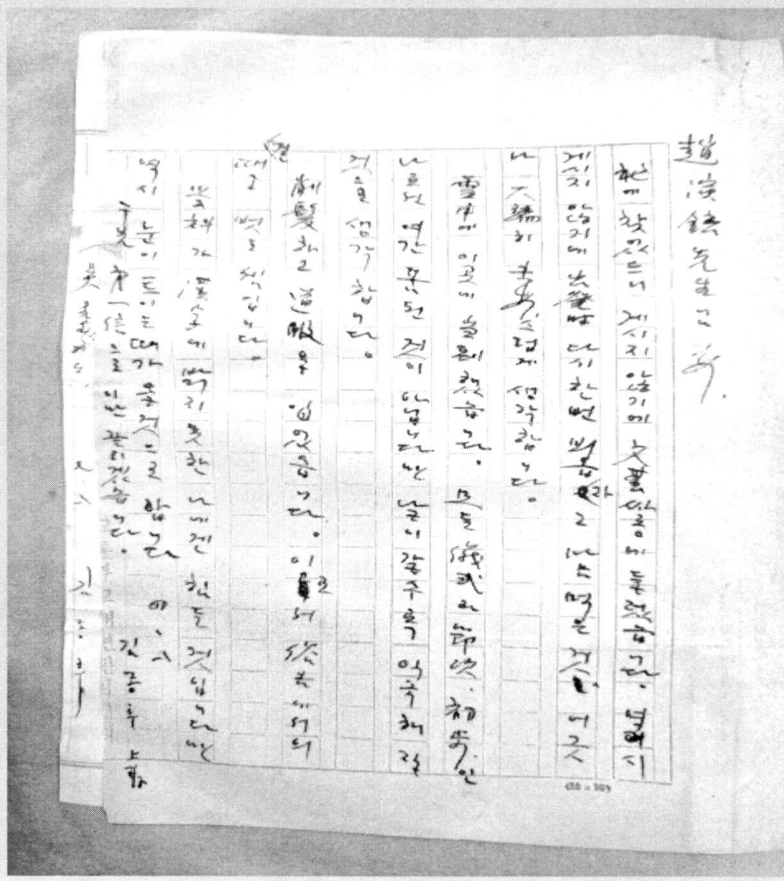

김종후의 사신

10) 최인희(崔寅熙, 1926~1958)

1950년대 초 한국 문학계에서 강원도 동해 지역에서 활동한 요절 시인의 사신 자료이다.

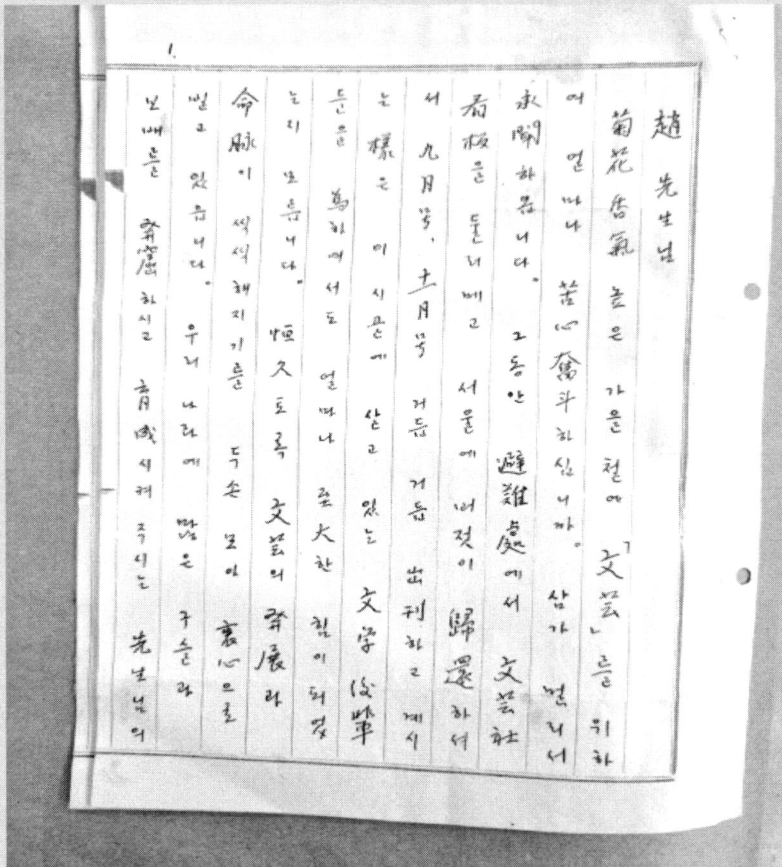

최인희의 사신

11) 이호우(李鎬雨, 1912~1970)

경주의 유치환, 청도의 시조 시인 이호우와 이영도, 이들의 운명적 만남을 엿볼 수 있는 사신 자료이다.

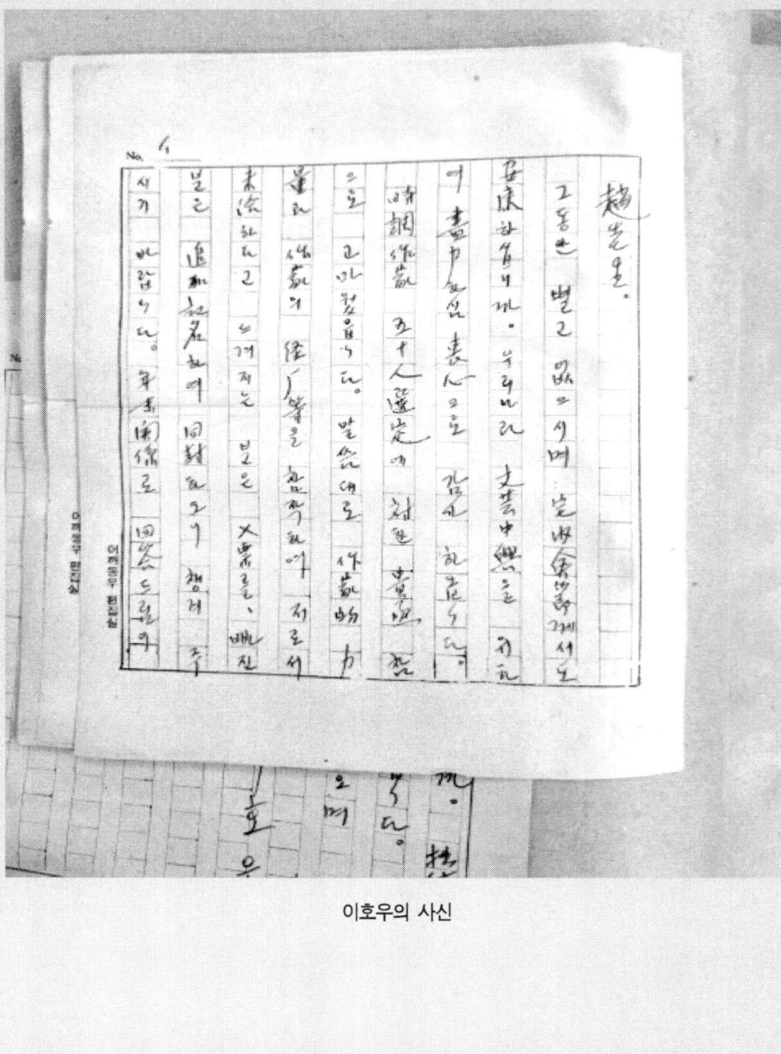

이호우의 사신

12) 한재덕(韓載德, 1911~1970)

월남한 문인으로 북의 작가에 대한 관심도는 한국문학사의 편향성을 극복하는 데에 의미가 있는 사신 자료이다.

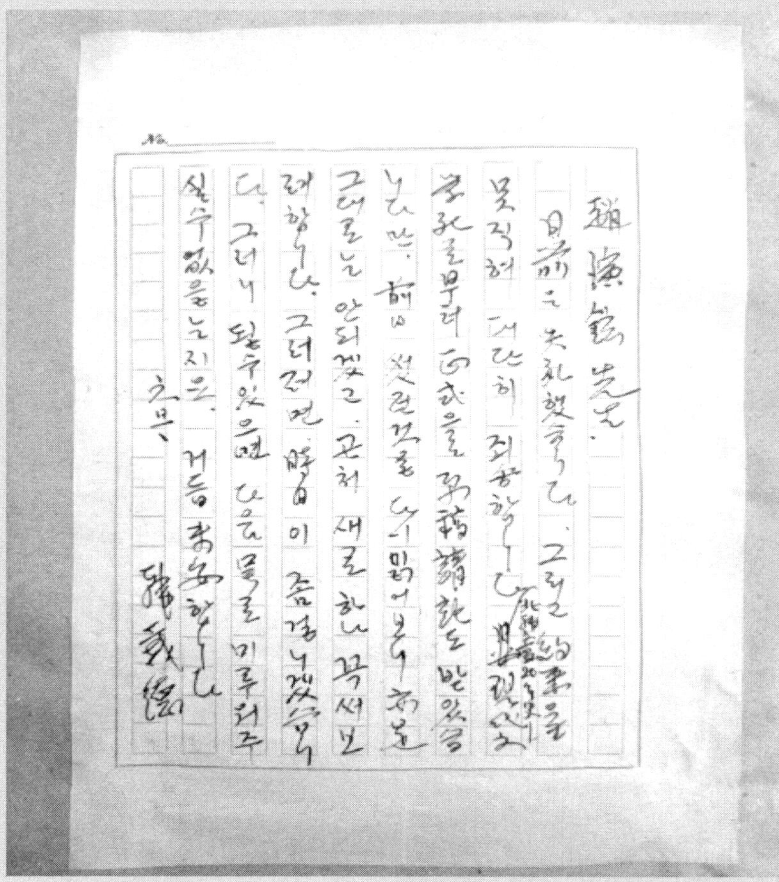

한재덕의 사신

13) 김일엽(金一葉, 1896~1971)

현대의 여류 문인·승려. 호는 일엽(一葉). 《폐허》의 동인으로 활약하였다. 최초의 여성잡지 《신여자》를 간행 및 주간을 맡았다. 여성의 자유·개방을 추구하며 지위 향상 운동에 힘을 쏟은 작가의 사신 자료이다.

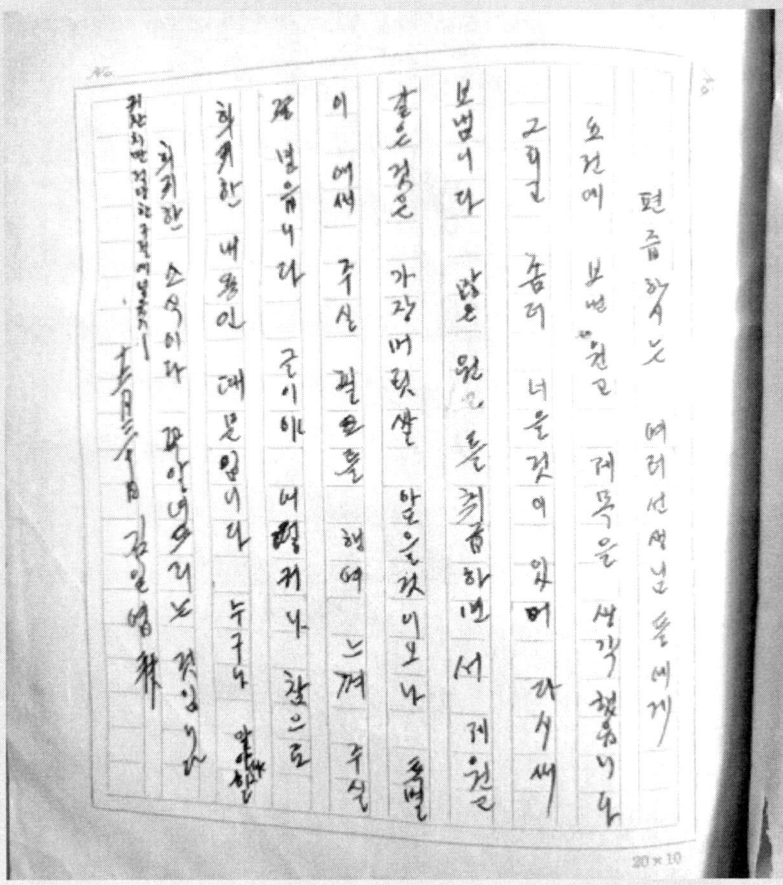

김일엽의 사신

14) 정태용(鄭泰榕, 1919~1972)

조연현의 노력으로 그의 사후에 『한국현대시 연구-기타』(어문각)를 출판했던 비평가의 사신 자료이다.

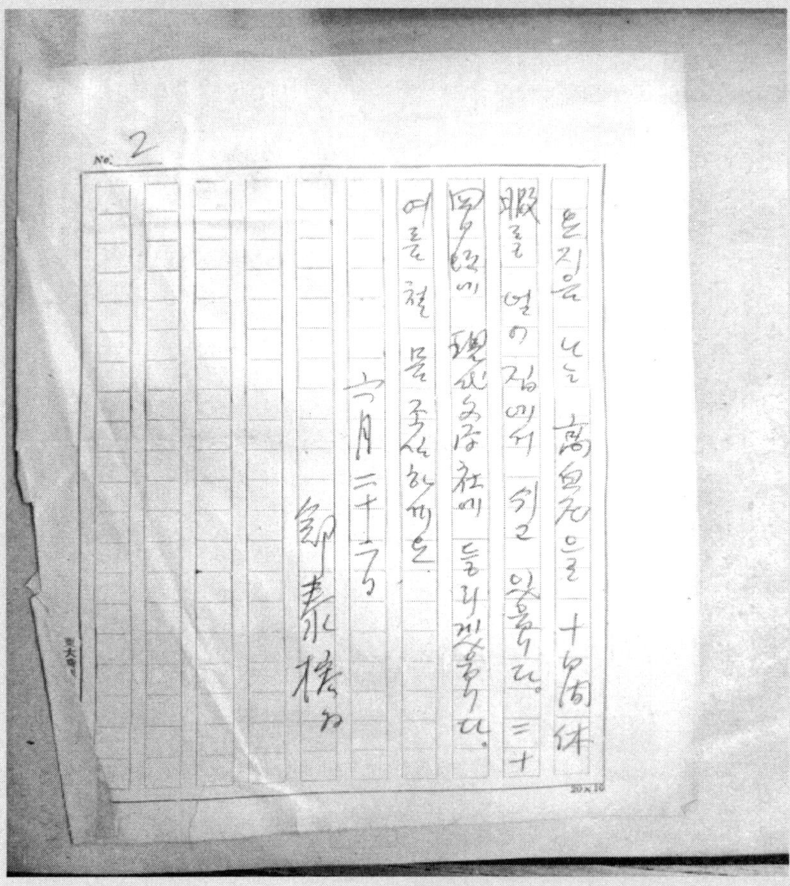

정태용의 사신

15) 전영택(田榮澤, 1894~1968)

최초의 동인지 《창조(創造)》 동인, 하층민의 비극적 삶을 다룬 작가의 사신 자료이다.

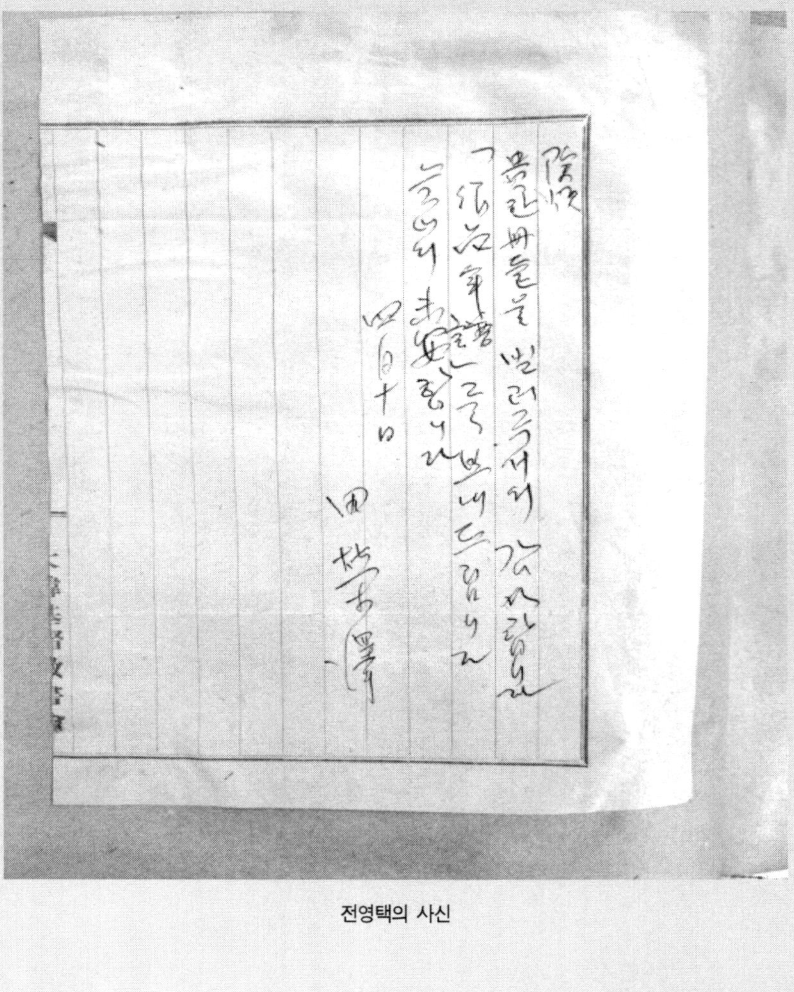
[illegible]
음악冊들을 빌려주셔서 감사합니다
그 [illegible]를 보내드립니다
늦어서 未安합니다
四月十日
田榮澤

전영택의 사신

16) 김관식(金冠植, 1934~1970)

《현대문학》 초대 편집장이었던 오영수(吳永壽, 1914~1979)가 청탁한 '拙詩(졸시)를 仰呈(앙정: 삼가 올림)하나니, 보아 주십시오'라는 지극히 예의를 갖춘 시인의 사신 자료이다.

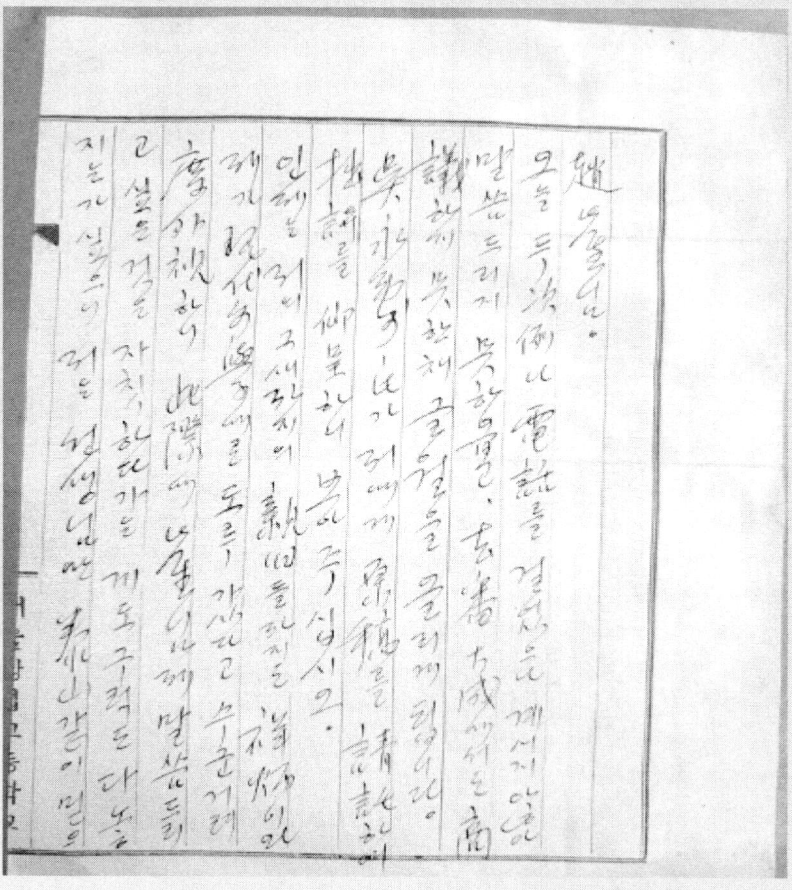

김관식의 사신

17) 최계락(崔啓洛, 1930~1970)

경남 진양(晉陽)에서 출생, 진주고등학교를 졸업하고 잡지 《소년세계》와 《국제신보》 등에 근무하였다. 고등학교 때부터 《어린이 나라》에 동시를 발표, 1959년 『꽃씨』, 1966년 『철둑길의 들꽃』 등의 동시집을 냈던 작가의 사신 자료이다.

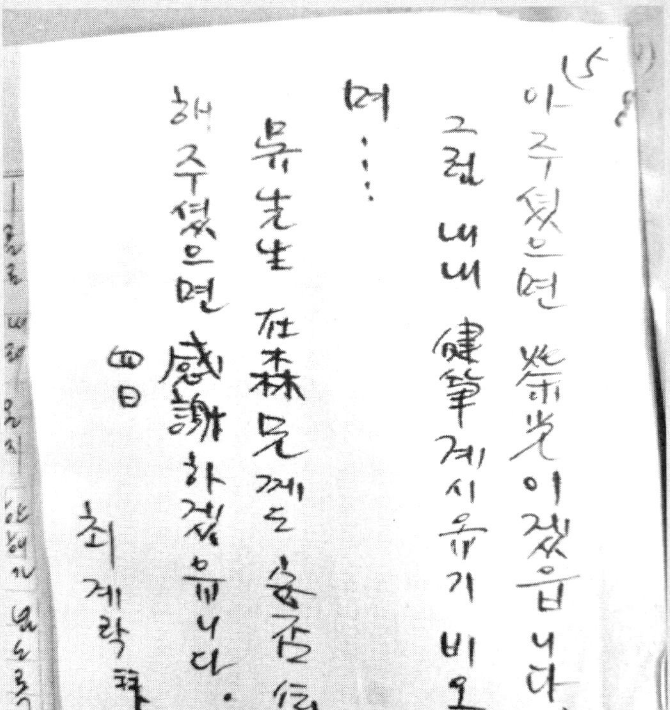

최계락의 사신

18) 김수돈(金守敦, 1917~1966)

한국시문학사에서 조명할 필요성이 있는 시인으로, 청록파를 추천했던 정지용에게 추천된 김수돈 시인의 사신 자료이다.

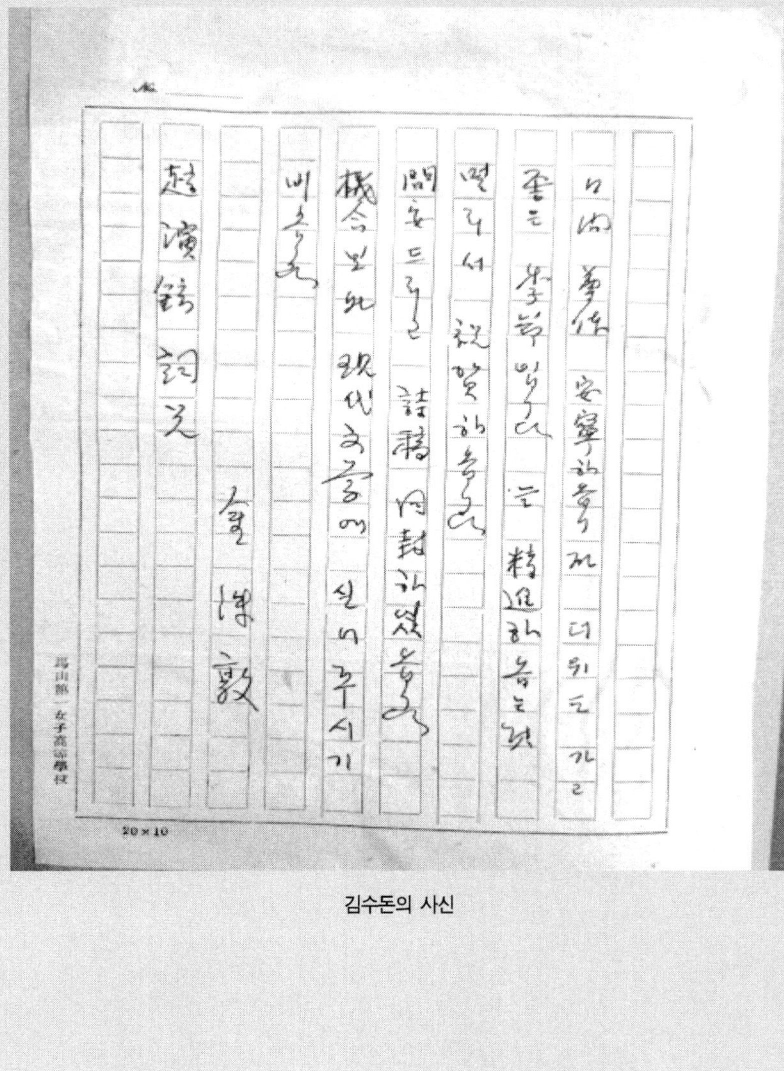
日內 尊体 安寧하옵시고 더위도 가ㄹ
좋은 季節입니다 그 精進하옵는 것
멀리서 祝賀하옵니다
關係 드리는 詩稿 同封하였으오니
機會보아 現代文學에 실어주시기
바라오며
金守敦
趙演鉉 詞兄
馬山第一女子高等學校
20×10

김수돈의 사신

19) 임희재(任熙宰, 1919~1971)

희곡 · 시나리오 · 라디오 드라마 · TV 드라마 등 30여 편의 작품을 발표했던 작가의 사신 자료이다.

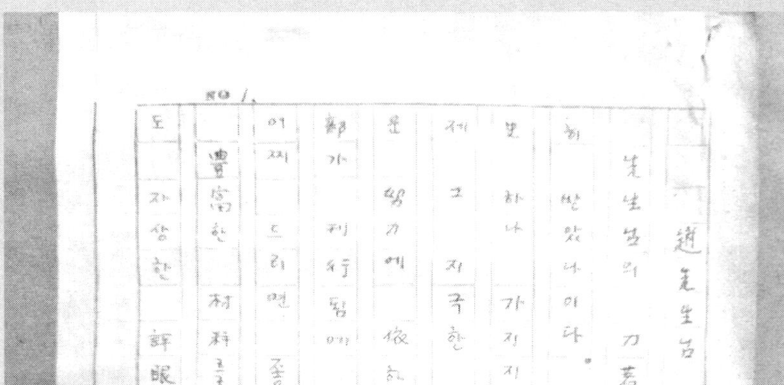
NO 1.

趙先生님

先生님의 力著 韓国現代文学史는 感謝
히 받았나이다. 半世紀가 지나도록 文學
史 하나 가지지 못한 우리 文壇에 이
제 그 지극한 當望이 先生님의 눈물겨
운 [illegible]力에 依하여 大成되어 그의 [illegible]一
部가 [illegible] 됨에 [illegible]하여 敬意와 感激을
어찌 드리면 좋을바를 모르겠나이다.
豊富한 材料를 가지고 높고 銳利하고
도 자상한 評眼으로 充實하고도 正確한

임희재 사신

20) 김도양(金島陽)

1959년 수필동인지 〈돌풀〉을 주재(主宰)했으며. 1962년 〈현대문학〉에 《돌풀》을 게재한 다음 본격적인 활동을 시작한 작가이다. 1961년, 신축년(辛丑年)에 김도양이 조연현에게 보낸 새해 인사 사신 자료이다.

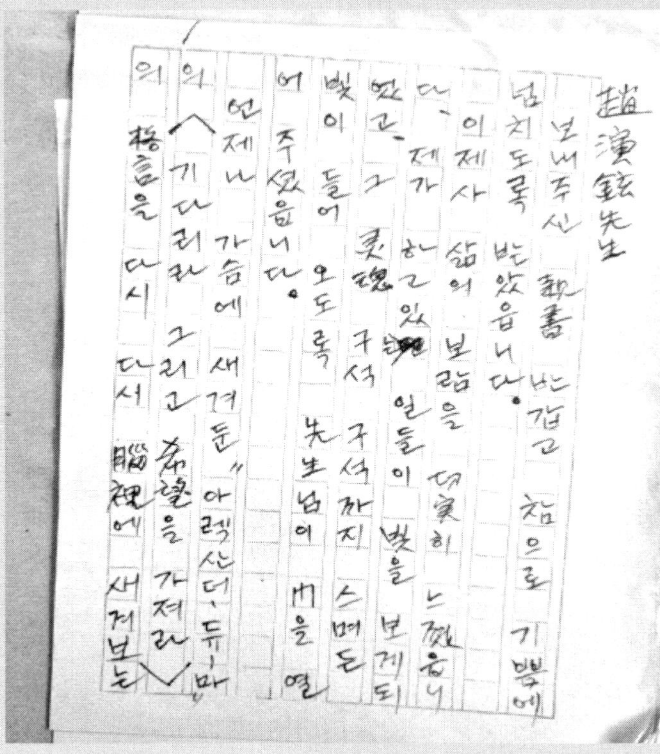

趙演鉉先生

보내주신 賀書는 반갑고 참으로 기쁨에 넘치도록 받았읍니다. 이제사 삶의 보람을 切實히 느꼈읍니다. 제가 하고 있는 일들이 빛을 보게 되었고, 그 靈魂 구석 구석까지 스며든 빛이 들어오도록 先生님이 門을 열어 주셨읍니다. 언제나 가슴에 새겨둔 "아렉산더 듀마의 〈기다리라 그리고 希望을 가져라〉의 格言을 다시 다시 腦裡에 새겨보는

김도양의 사신

21) 조진대(소설)

조연현과 함께 동인 활동을 했던 작가의 사신 자료이다.

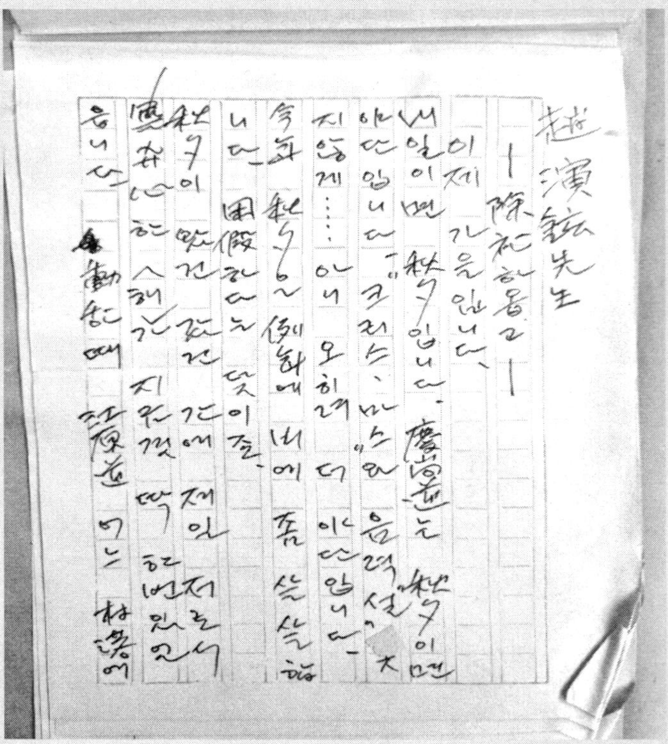

조진대의 사신

22) 최인욱(崔仁旭, 1920~1972)

1939년 4월 《조광(朝光)》에 「月下吹笛圖」를 발표한 소설가의 사신 자료이다.

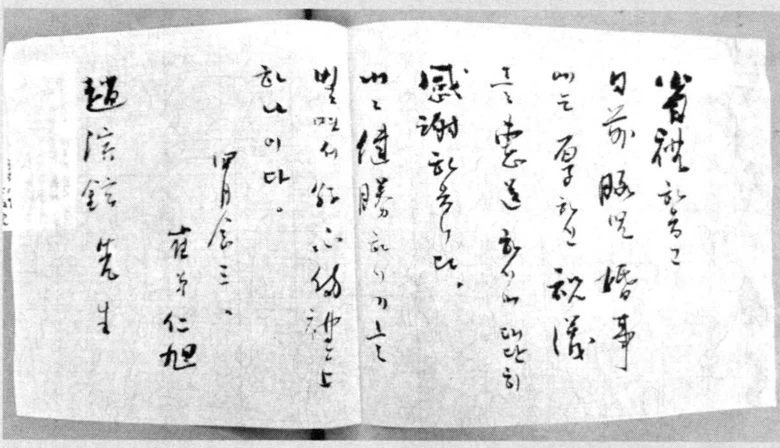

최인욱의 사신

23) 구자운(具滋雲, 1926~1972)

1959년 제4회 《현대문학》 신인상을 수상. 평생 소아마비로 병마에 시달리는 고통 속에서도 시작에 몰두한 시인의 사신 자료이다.

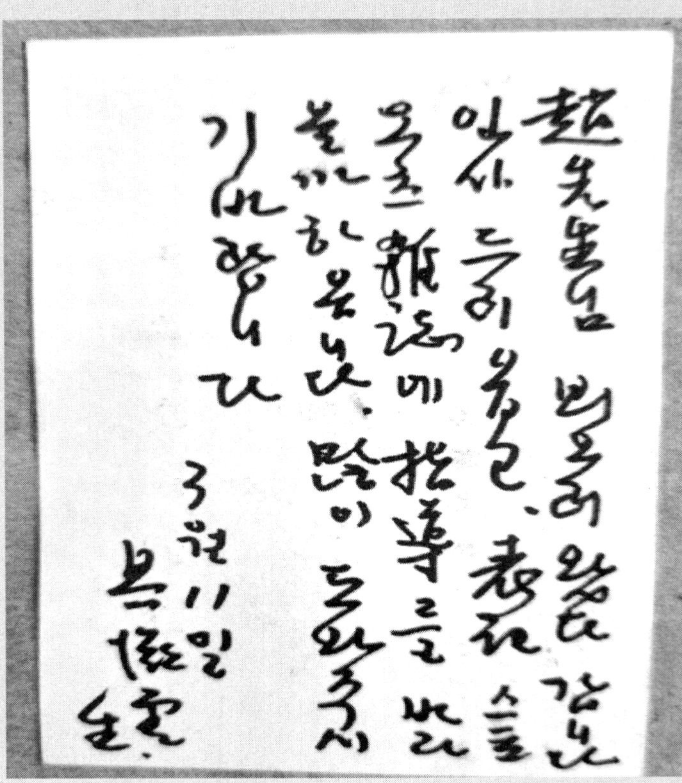

구자운의 사신

24) 김광주(金光洲, 1910~1973)

소설가 김훈의 부친으로 알려진 소설가 김광주의 사신 자료이다.

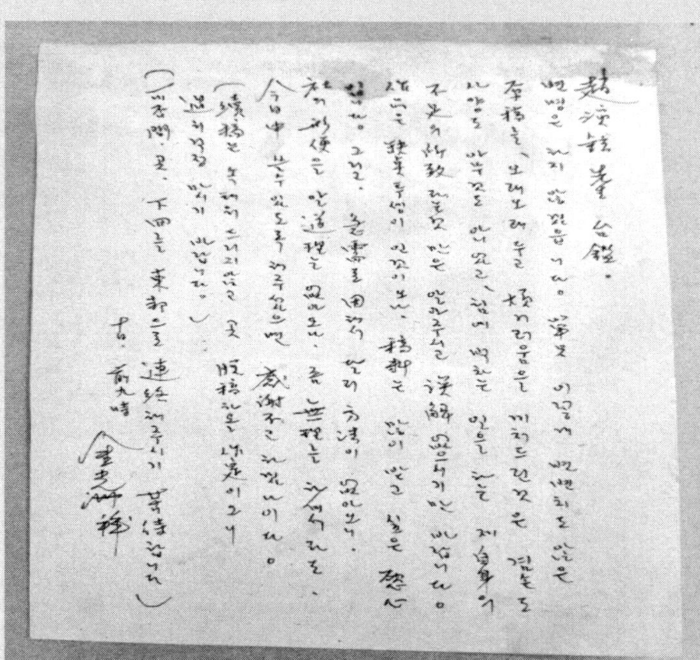

김광주의 사신

25) 이광래(李光來, 1908~1968)

극작가 · 연출가 · 연극이론가. 1930년 동경 고교를 졸업 후 와세대 대학 영문과 3년을 중퇴하고 귀국했으며, 「산토끼」(1938년) 동요 작가 일래(一來)의 아우이다. 1949년 유치진과 〈한국연극학회〉를 발족했으며, 30년 동안 희곡 발전에 공헌한 작가의 사신 자료이다.

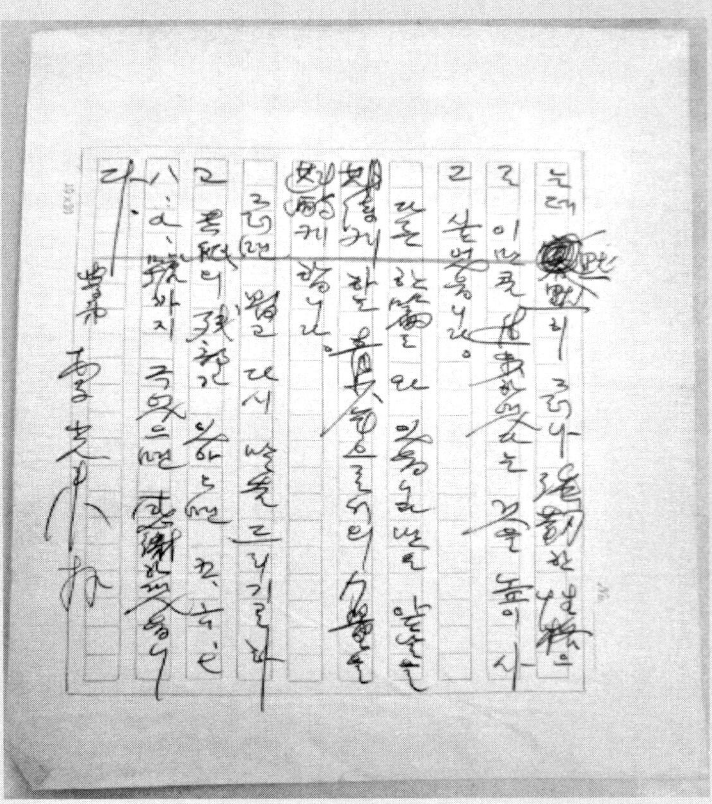

이광래의 사신

26) 김환기(金煥基, 1913~1974)

김환기는 목차에 있으나 사신 확인 결과, 〈작고 문인 사신철〉에 존재했음에도 불구하고 필자가 조연현 자택에서 확인한 순간까지도 발견되지 않았고 사라진 것으로 보인다. 이 또한 발굴 조사가 절실해 보인다.

27) 양재연(梁在淵, 1920~1973)

한국 민속학 및 문화 인류학에 관한 많은 논저를 남긴 저자의 사신 자료이다.

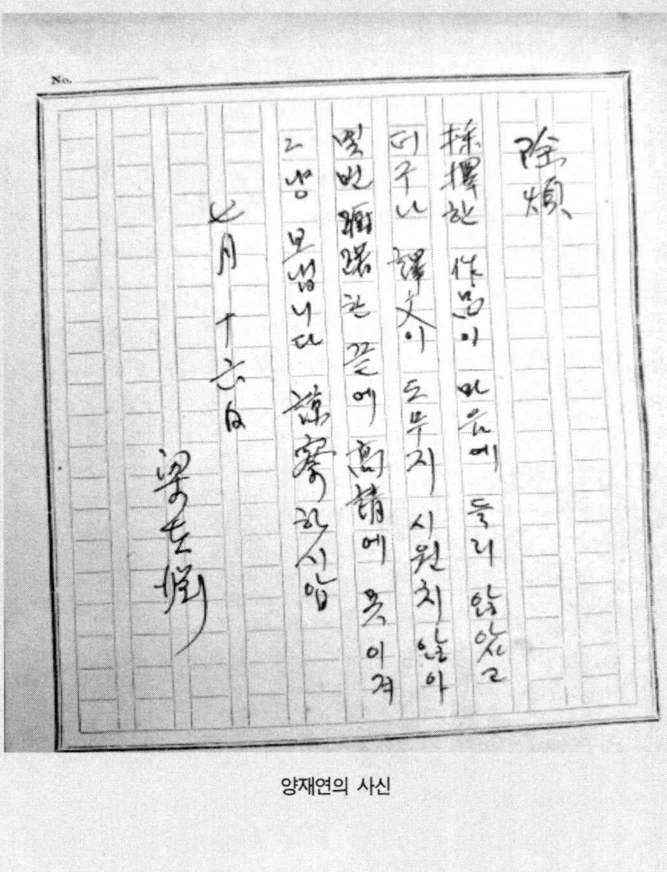
No.
徐熉
採擇한 作品이 마음에 들지 않으시
더구나 譯文이 도무지 시원치 않아
몇번 彌縫한 끝에 高請에 못이겨
그냥 보냅니다 諒察하시압
七月 十六日
梁在淵

양재연의 사신

28) 유치진(柳致眞, 1905~1974)

현대의 극작가·연출가, 국립극장장, 반공통일연맹 이사, 동국대학교 교수 등을 역임하였고, 드라마 센터 소장으로 후진 양성에 힘썼다. 연극계에 끼친 공로로 예술원상, 문화훈장, 5월 문예상, 3.1 연극상 등을 수상한 작가의 사신 자료이다.

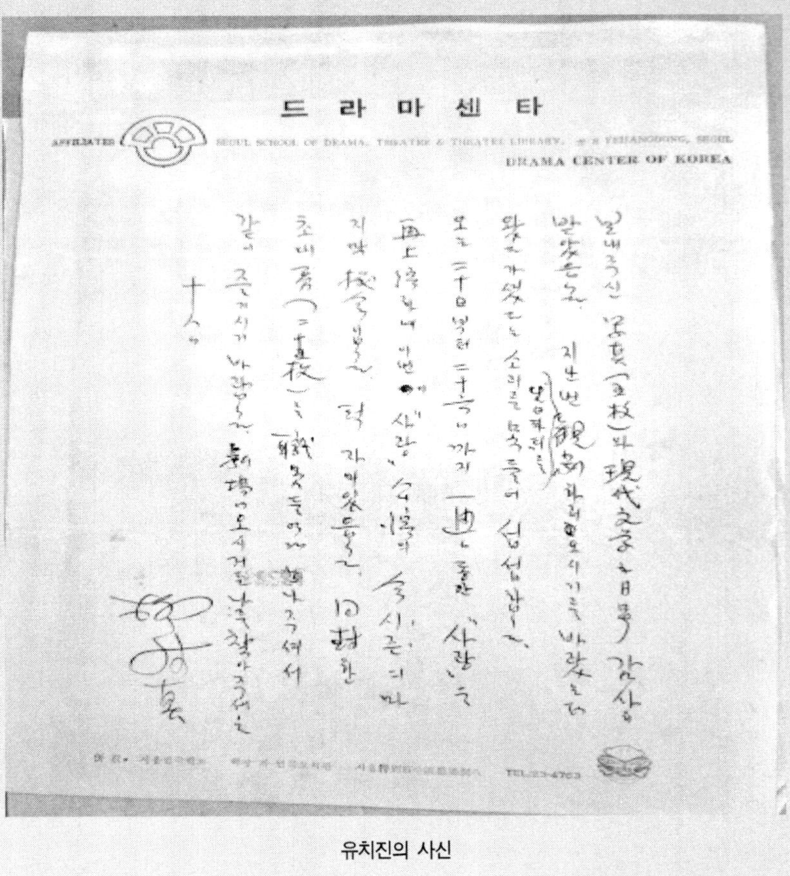

유치진의 사신

29) 오영진(吳泳鎭, 1916~1974)

경성제국대학 법문학부를 졸업하고, 일본으로 건너가 도쿄 발성영화제작소에서 영화를 공부했다. 1937년 《조선일보》에 평론 〈영화예술론〉을 발표하여 문단에 나온 뒤, 1942년 시나리오 〈배뱅이굿〉과 1943년 희곡 〈맹진사댁 경사〉를 발표한 극작가·시나리오 작가·영화 이론가의 사신 자료이다.

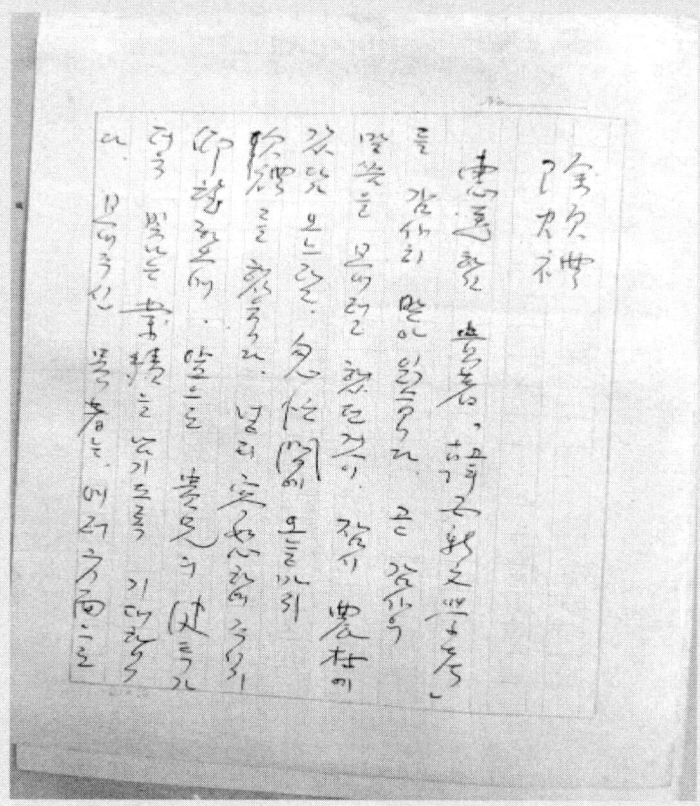

오영진의 사신

30) 이하윤(異河潤, 1906~1974)

영문학자로 해외문학파 일원으로 활동했던 비평가이다. 1920~30년대 카프 문학에 이론적이면서 학문적으로 문학을 접근한 해외문학파의 우월감으로 논쟁을 벌였다는 문학비평사적 역할을 담당했던 작가의 사신 자료이다.

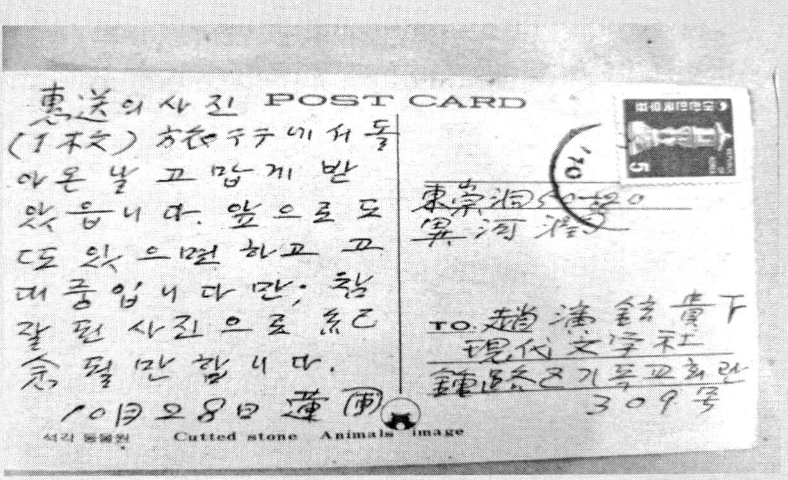
惠送의 사진 (1枚) [illegible]에서 돌아온 날 고맙게 받았읍니다. 앞으로도 또 있으면 하고 고대중입니다만; 참 잘된 사진으로 紀念될만 합니다.
10月28日 蓮雨

POST CARD

東崇洞 [illegible]
異河潤

TO. 趙演鉉 貴下
現代文学社
鍾路 [illegible] 기독교회관
309号

석각 동물원 Cutted stone Animals image

이하윤의 엽서

31) 방인근(方仁根, 1899~1975)

친일 문학 작가로 분류되었으며, 문학사가 조연현과의 문단 교유를 엿볼 수 있는 작가의 사신 자료이다.

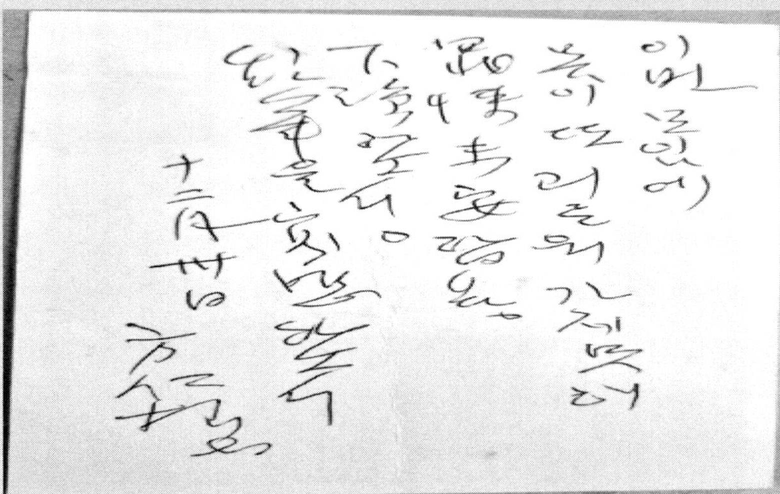

방인근의 사신

32) 신석초(申石艸, 1909~1975)

위당 자택에서 '천재적인 빛깔' 육사를, 문인 집합소 '문예 싸롱'에서 동리를 만났던 작가의 사신 자료이다.

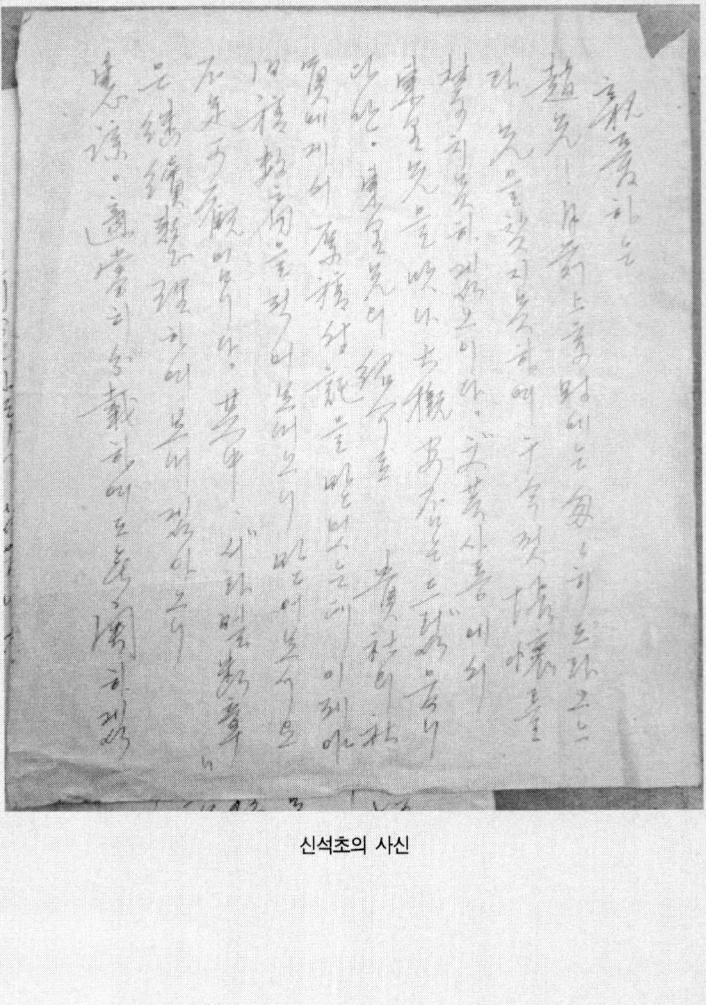

신석초의 사신

33) 김현승(金顯承, 1913~1975)

「플라타너스」라는 시로 유명한 시인이며, 종교적인 색채가 짙은 시인의 사신 자료이다.

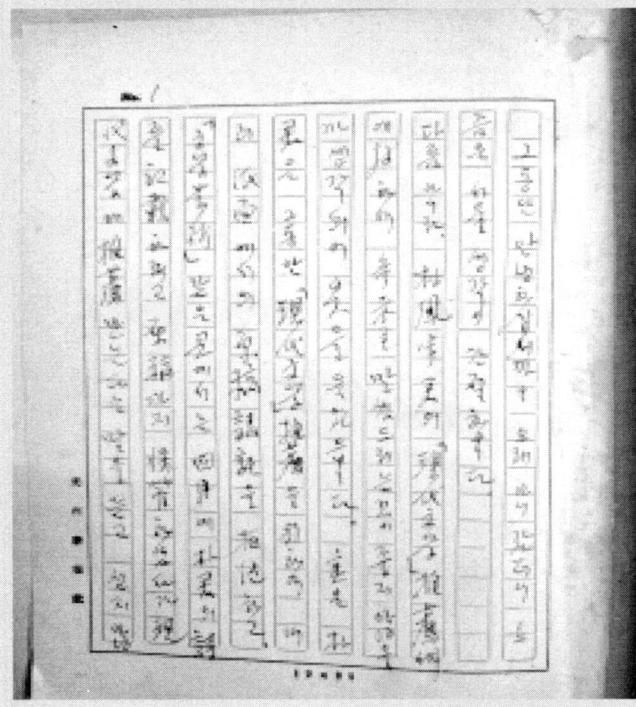

김현승의 사신

34) 김용배(金龍培, 1895~1961)

1937년 만학으로 경성제국대학(京城帝國大學) 법문학부(法文學部) 동양철학과에 선과생(選科生)으로 입학, 1939년에 졸업하고 다시 철학과에 편입학하여 서양철학을 전공하고 1941년에 졸업하였으며, 1947년 동국대학 교수가 되었다. 동양철학 분야에 조예가 깊은 철학자의 사신 자료이다.

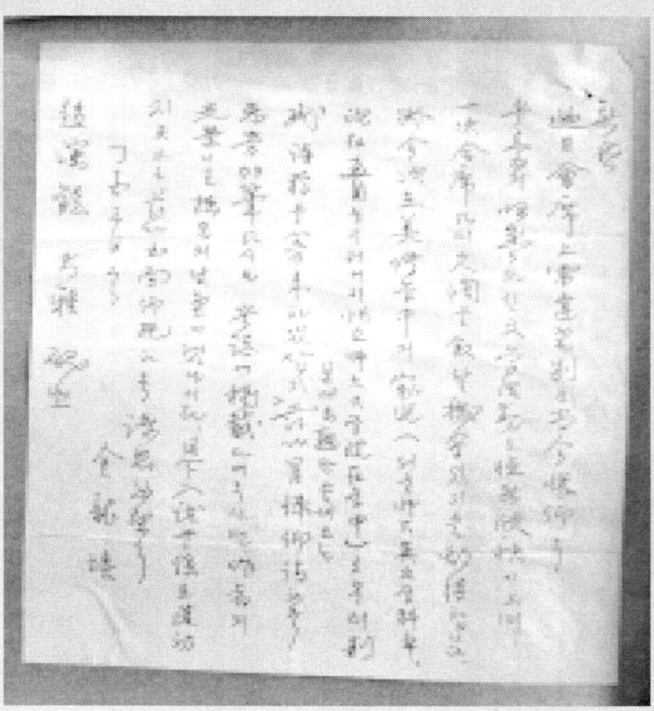

김용배의 사신

35) 이영도(李永道, 1916~1976)

1968년에는 이호우와 함께 『석류』라는 공동 시조집을 발간하기도 한 여류 시조시인의 사신 자료이다.

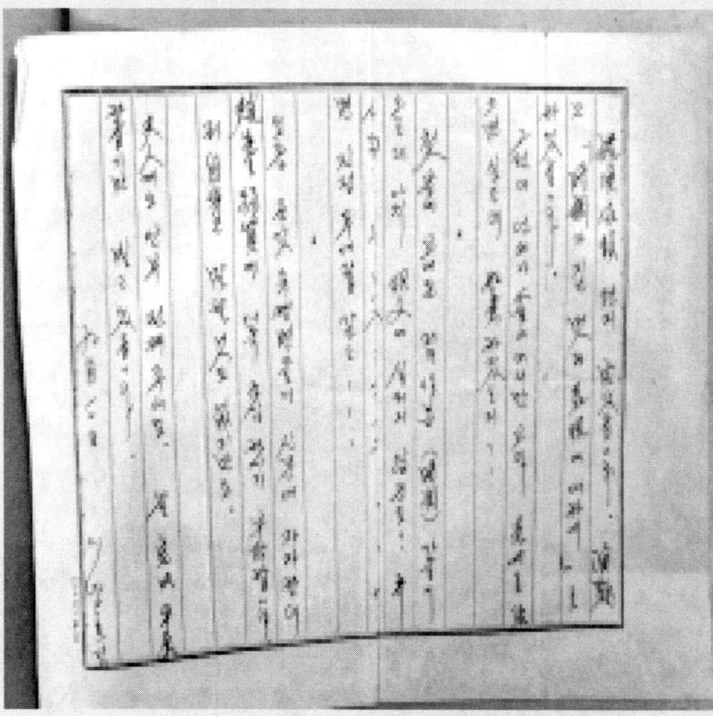

이영도의 사신

36) 박목월(朴木月, 1916~1978)

담백한 문체와 치열한 창작열의 시인으로 살다 간 작가의 사신 자료이다.

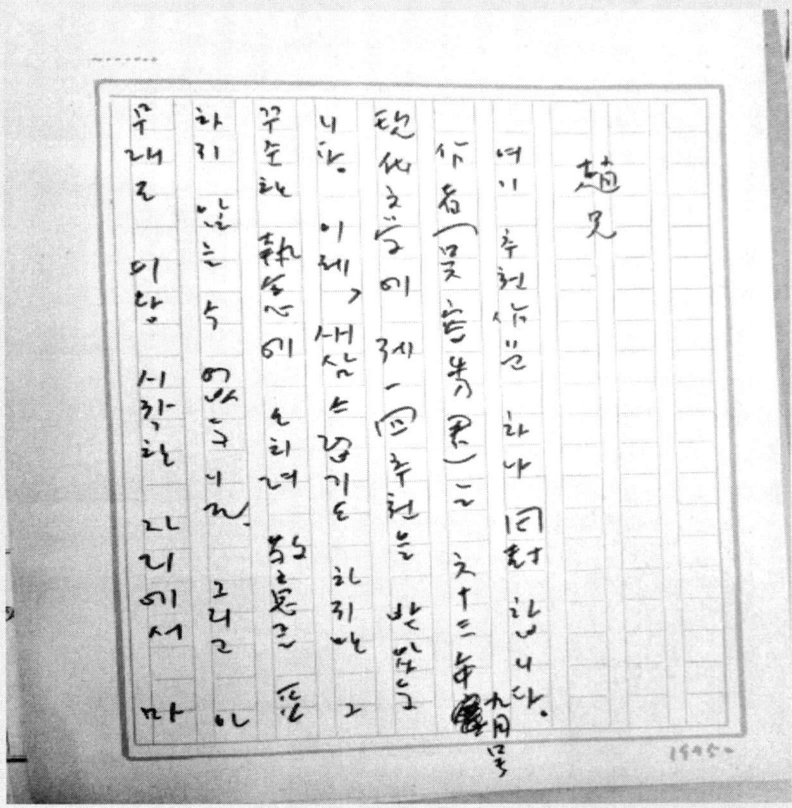

趙兄

여기 추천사를 하나 同封합니다.

作者(吳貞淑君)은 二十三年 [illegible]

現代文學에 3回 추천을 받았고

나는 이제 새삼 말하기는 하지만 그

꾸준한 熱意에 오히려 感動을

하지 않을 수 없읍니다. 그리고 [illegible]

[illegible]

九月 목[illegible]

박목월의 사신

37) 김광섭(金珖燮, 1905~1977)

김광섭 시는 특히 세계적인 서양화가 김환기의《우리가 무엇이 되어 어디서 만나리》라는 그림으로 남아 있다. 시의 영감과 예술적 영감이 충돌하는 세계를 보여 준 작가의 사신 자료이다.

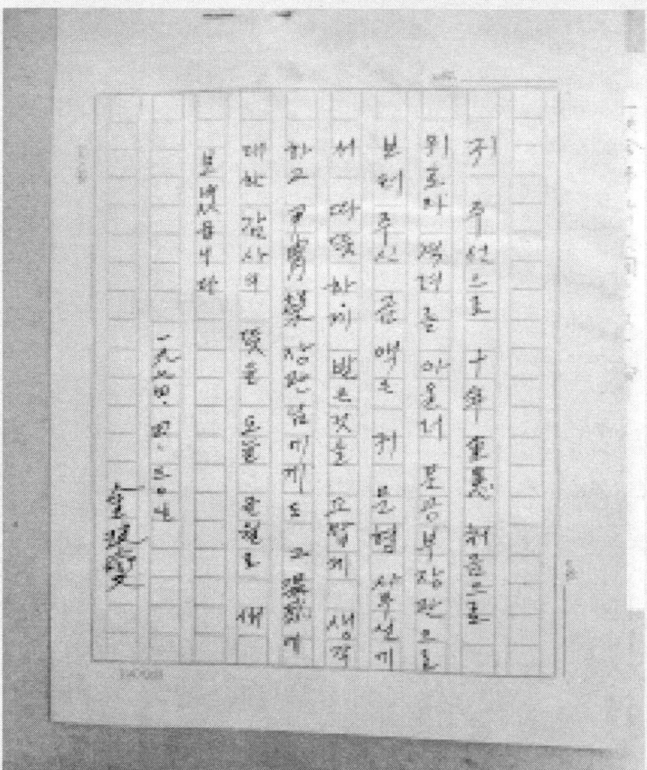

김광섭의 사신

38) 박영준(朴永俊, 1911~1976)

평남 강서 출생. 1934년 《조선일보》 신춘문예에 「모범경작생」으로 당선한 작가이다. 일제 강점기에 시정잡배들이 하는 도둑질과 노름의 주인공을 통해 시대 상황에서 만들어진 인간상을 그린 작가의 사신 자료이다.

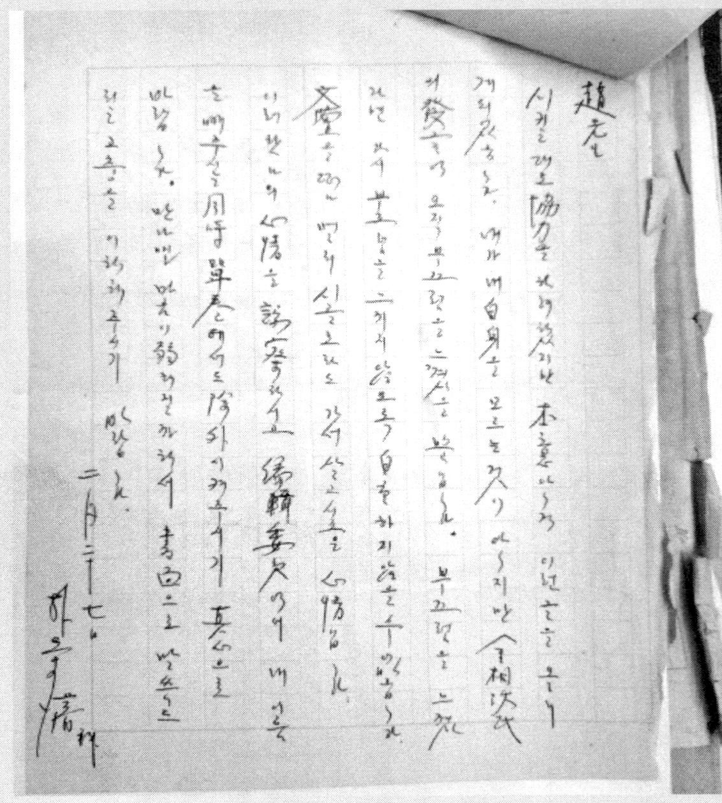

박영준의 사신

39) 안수길(安壽吉, 1911~1977)

1930~40년대 한국 문학 상황이 서구 문학의 수용과 전통론에 대한 쟁점이 화두(話頭)가 되었으나, 해외 이주민의 현실 상황을 소설화했다는 점에서 특이하다고 볼 수 있는 작가의 사신 자료이다.

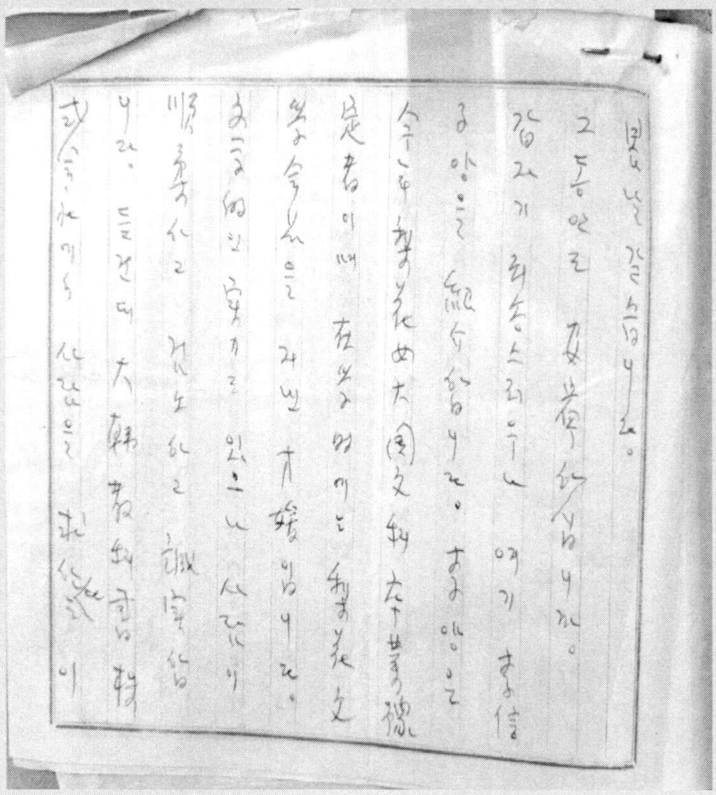

안수길의 사신

40) 허백련(許百鍊, 1891~1977)

현대의 한국화가. 일본의 대표적 남종화가 고무로의 영향을 받았다. 1922년 제1회 조선미술전람회에 전통적인 산수화를 출품하여 입상하였다. 그 뒤 전라남도 광주에 정착해 그림에 전념하여, 시·서·화 겸전의 전형적 남종화가로서 호남 서화계의 상징적 거봉으로 추앙받은 서예가의 사신 자료이다.

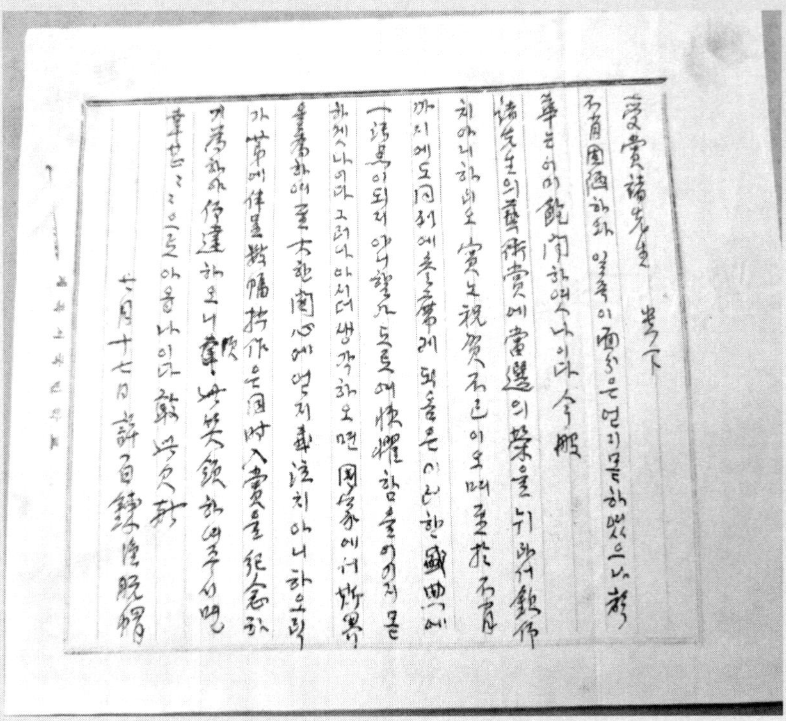

허백련의 사신

41) 양주동(梁柱東, 1903~1977)

천하의 국보 무애 양주동. 그 이름값에 모두들 아연실색(啞然失色)한다고들 한다. 조연현과 양주동과 입담을 겨룬 일화를 남긴 학자의 사신 자료이다.

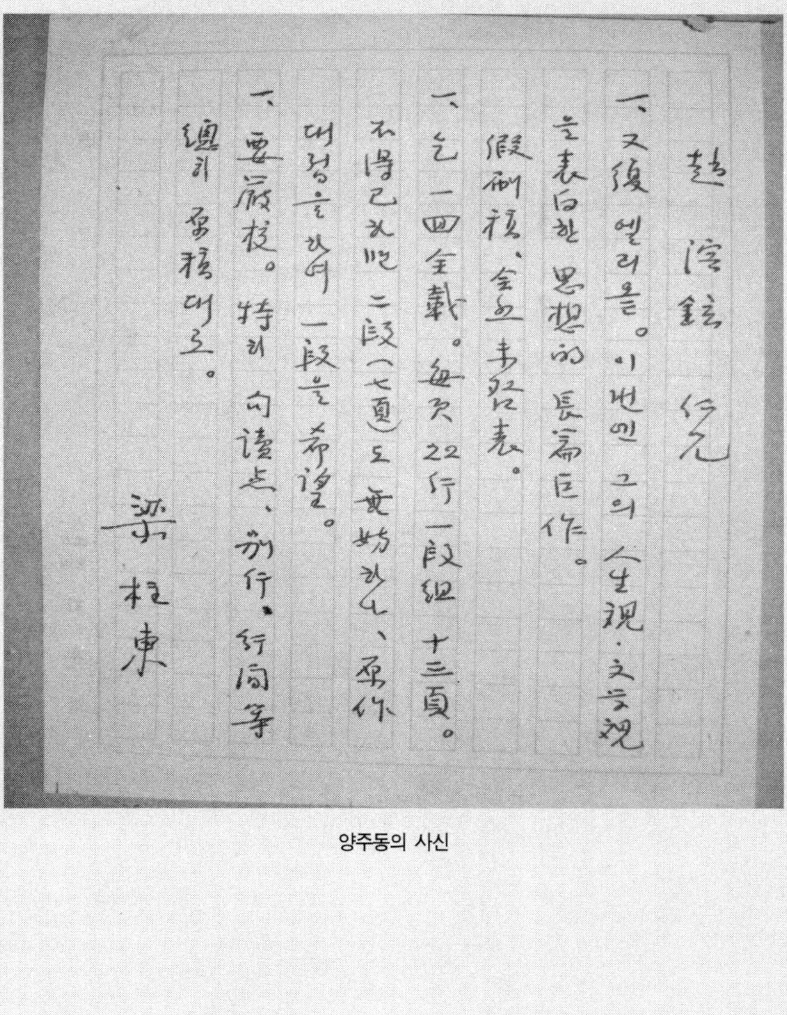

양주동의 사신

42) 장만영(張萬榮, 1914~1975)

현실적인 고통과 창작의 고통에서 애수(哀愁)의 미(美)를 추구한 이미지스트의 사신 자료이다.

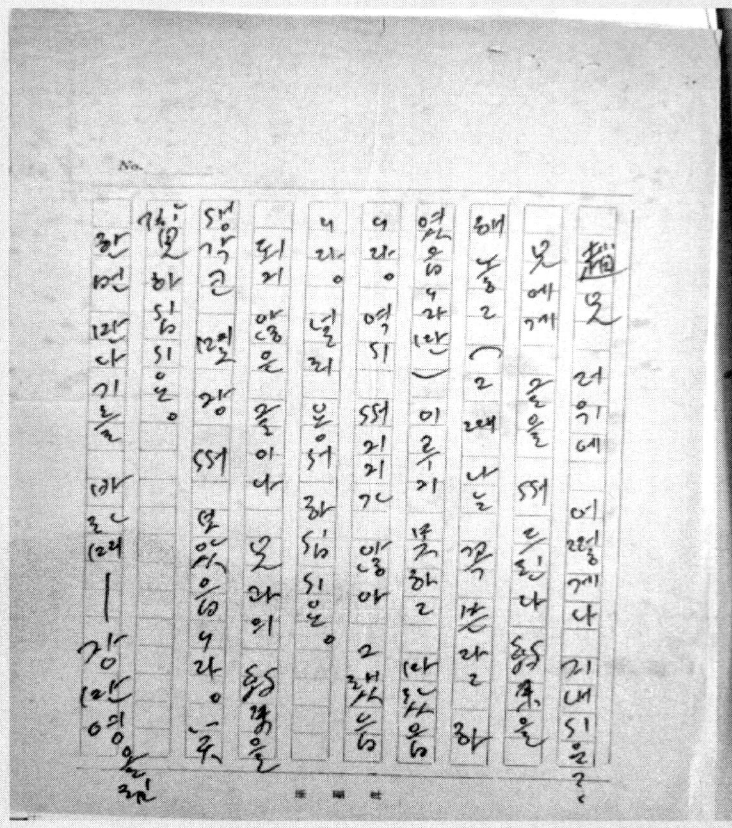

장만영의 사신

43) 조윤제(趙潤濟, 1904~1976)

국문학자·문학박사인 도남(陶南)의 사신 자료이다.

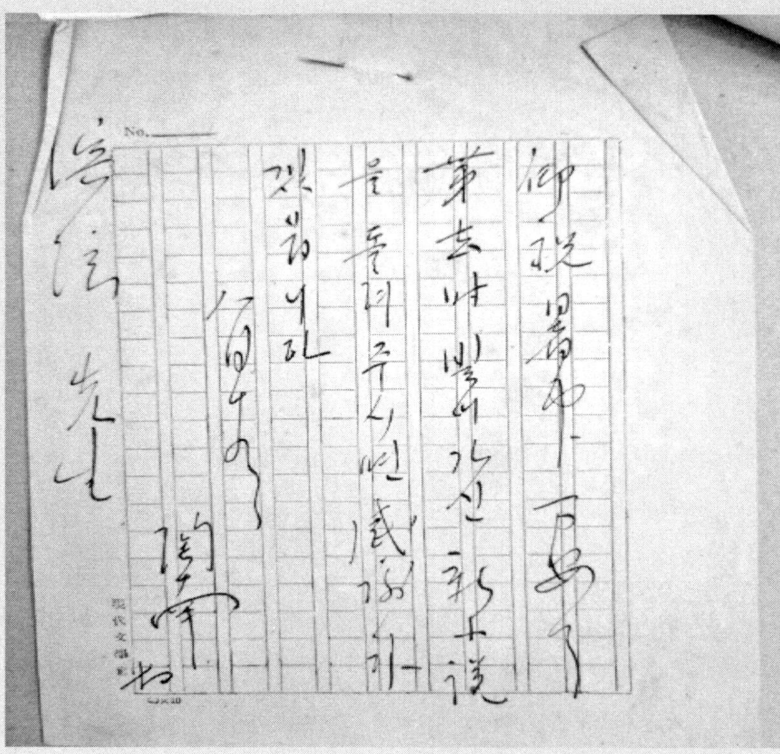

조윤제의 사신

44) 김용제(金龍濟, 1909~1994)

한국문학논쟁사에서 카프 문학과 친일 문학 논쟁에 있는 작가의 사신 자료이다.

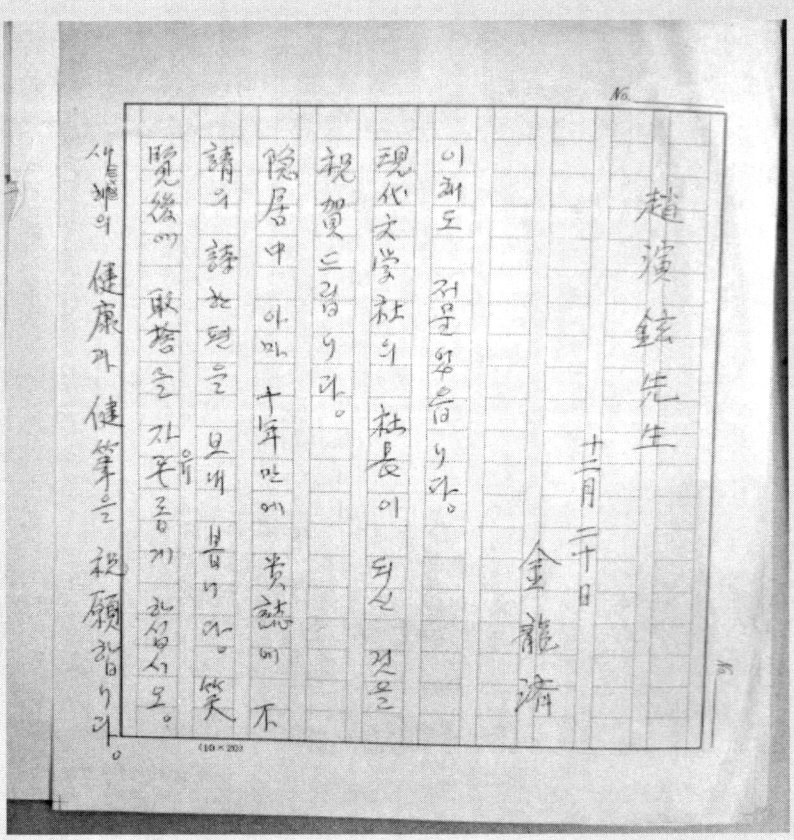
趙演鉉先生

이해도 저물었읍니다.
現代文學社의 社長이 되신 것을
祝賀드립니다.
隱居中 아마 十年만에 貴誌에 不
請의 詩篇을 보내 봅니다. 笑
覽後에 取捨를 자유롭게 하십시오.
새해의 健康과 健筆을 祝願합니다.

十二月二十日
金龍濟

김용제의 사신

45) 강석근(姜錫根, 1925~1975)

1966년 《서울신문》 현상공모에 장편소설 『한국인』이 당선되면서 활동한 소설가이다. 그는 다수의 단편을 창작했으나, 장편소설가로 평가를 받은 작가의 사신 자료이다.

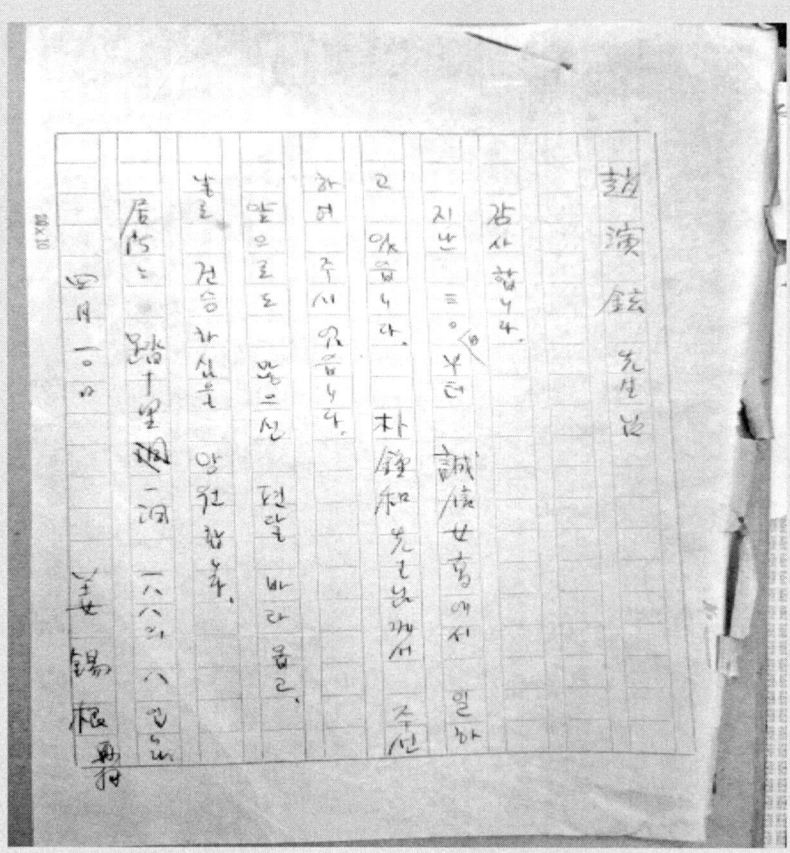
趙演鉉 先生님
감사합니다.
지난 二○부터 誠信女高에서 일하고 있습니다. 朴鍾和 先生님께서 주선하여 주시었읍니다.
앞으로도 많으신 편달 바라옵고,
늘 건승하심을 앙원합니다.
居所는 踏十里 [illegible] 一洞 一八八의 八 입니다
四月 一○日
姜錫根 拜上

강석근의 사신

산청山淸 박종석朴種錫

문학이론가, 문학박사
2015 개정 고등 '국어' 교과서 집필 위원
『송욱 문학 연구』, 『송욱 평전』, 『한국현대시의 탐색』
『작가연구 방법론』(문화관광부 추천 – 우수학술도서)
『현대시 분석 방법론』(울산 작가상)
『비평과 삶의 감각』, 『조연현 평전』, 『현대시와 표절 양상』
『송욱의 실험 시와 주체적 시학』, 『에고티스트 송욱의 삶과 문학』
『박종석의 글쓰기 기술』(수정 증보판), 『우리 시대의 독자』
『바로 써먹는 수업의 기술』 외 교육 저서.

「백석 시의 문체론적 고찰」(전국대학생학술논문발표, 한국학술진흥재단)
「송욱 시 해설」(『 한국문학선집』, 문학과 지성사)
「송욱의 〈시학평전〉 연구」(새미작가론총서 《송욱》 수록)
「고전시론과 현대시론의 한 접점 연구」(창간호 《한국시학연구》 수록)
「김수영의 성(性) 시론」(《동남어문논집》 수록)
「윤흥길의 〈장마〉론」(《동남어문논집》 수록) 외 논문.

작가 사신(私信) 연구 방법론

초판 1쇄 인쇄 2023년 11월 1일
초판 1쇄 발행 2023년 11월 10일

지은이 박종석
펴낸이 박성복
펴낸곳 도서출판 월인
주소 01047 서울특별시 강북구 노해로25길 61
등록 1998년 5월 4일 제6-0364호
전화 (02) 912-5000
팩스 (02) 900-5036
홈페이지 www.worin.net
전자우편 worinnet@hanmail.net

ISBN 978-89-8477-723-1 93810

값은 뒤표지에 있습니다.